郑州大学当代资本主义研究中心资助

郑州大学政治学丛书
Zhengzhou University Political Science Series

制度建设与政治发展

秦国民　石杰琳　著

中国社会科学出版社

图书在版编目(CIP)数据

制度建设与政治发展 / 秦国民，石杰琳著. —北京：中国社会科学出版社，2019.12

（郑州大学政治学丛书）

ISBN 978-7-5203-5671-8

Ⅰ.①制… Ⅱ.①秦…②石… Ⅲ.①制度建设—研究—中国②政治学—研究—中国 Ⅳ.①D6

中国版本图书馆 CIP 数据核字（2019）第 252800 号

出 版 人	赵剑英
责任编辑	赵　丽
责任校对	冯英爽
责任印制	王　超

出　　版	中国社会科学出版社
社　　址	北京鼓楼西大街甲 158 号
邮　　编	100720
网　　址	http://www.csspw.cn
发·行　部	010-84083685
门 市 部	010-84029450
经　　销	新华书店及其他书店

印　　刷	北京明恒达印务有限公司
装　　订	廊坊市广阳区广增装订厂
版　　次	2019 年 12 月第 1 版
印　　次	2019 年 12 月第 1 次印刷

开　　本	710×1000　1/16
印　　张	17
字　　数	237 千字
定　　价	98.00 元

凡购买中国社会科学出版社图书，如有质量问题请与本社营销中心联系调换
电话：010-84083683
版权所有　侵权必究

总 序 一

2016年5月16日，习近平总书记在哲学社会科学工作座谈会上的重要讲话中呼吁包括政治学在内的哲学社会科学创新，这对充分体现新时代中国特色、中国风格、中国气派的政治学的发展，提出了新的更高的要求。

什么是政治学？在弄清什么是政治学之前，需要先弄清什么是政治。早在1940年，毛泽东在《新民主主义论》中就指出："一定的文化（当作观念形态的文化）是一定社会的政治和经济的反映，又给予伟大影响和作用于一定社会的政治和经济；而经济是基础，政治则是经济的集中的表现。这是我们对于文化和政治、经济的关系及政治和经济的关系的基本观点。那末，一定形态的政治和经济是首先决定那一定形态的文化的；然后，那一定形态的文化又才给予影响和作用于一定形态的政治和经济。"毛泽东这段著名论述告诉我们，一个大社会，是由经济、政治、文化三个部分组成的。经济是基础，经济基础决定上层建筑，不仅决定政治的上层建筑，而且进而决定文化的上层建筑。但政治是经济的集中表现，在一定条件下，政治对经济、政治的上层建筑对经济基础又起着决定性的反作用。一定形态的政治又与一定形态的经济一道首先决定一定形态的文化。所以，一定的政治在一定的社会形态中，占有十分重要的不可替代的作用。

为了进一步弄清什么是政治学，让我们进一步从习近平总书记"5·17"讲话中寻找答案。习近平总书记指出："马克思主义理论体系和知识体系博大精深"，"涉及历史、经济、政治、文化、社会、生态、科技、军事、党建等各个方面"；"中国特色哲学社会科学"应该"体现系统性、专业性。中国特色哲学社会科学应该涵盖历史、经济、政治、文化、社会、生态、军事、党建等各领域，囊括传统学科、新兴学科、前沿学科、交叉学科、冷门学科等诸多学科，不断推进学科体系、学术体系、话语体系建设和创新，努力构建一个全方位、全领域、全要素的哲学社会科学体系"。在列举的所有学科中，习近平总书记没有直接讲到法学，这绝不是总书记的疏漏。法学本身不是一个领域，它仅是渗透到社会各个领域的一个工具，是阶级斗争的工具，是阶级意志的体现。法学也十分重要，但在习近平总书记的讲话中，法学在哪？我个人理解，法学涵盖在政治学的之中。

无论毛泽东的论述，还是习近平的论述，都说明我们不能把政治学的内涵理解得过于狭窄甚至偏颇。政治学的研究领域十分广阔，其研究对象应该是经济、政治和文化这三者组成中的"政治"，即也可以称为"大政治"，应是与历史、经济、文化、社会、生态、军事、党建等各个领域相并列的政治领域，而不是仅仅限定于公共政策、公共管理、人事管理、社会调查与社会统计等方面的"小政治"。具体而言，政治学就是研究群众、阶级、领袖、政党、国家、政府、军队、法律以及统一战线、战略策略等方方面面发展变化着的活动及其联系并上升到规律和本质的学问。仅仅研究公共政策、公共管理、人事管理、社会调查与社会统计等方面的"小政治"学，既不能有效地为坚持和发展中国特色社会主义服务，也不利于中国特色、中国风格、中国气派政治学的创新发展。

政治学作为治国理政的学问，其研究应当顺应历史趋势、围绕时代主题、坚持问题导向、满足人民期待。新时代中国政治学的创新需要适应新形势新任务的要求，紧随时代步伐，站在历史高度，坚持正确的政治方向、理论方向和学术方向，从理论与实践的结合上总结和提升马克思主义中国化的经验，在与政治建设和政治发展的互动中繁荣发展中国特色、中国风格、中国气派的政治学。

中国政治学研究的根本任务是为坚持和发展中国特色社会主义政

治制度服务，把马克思主义的基本原理与当今世情、国情、党情相结合，不断解决坚持中国特色社会主义政治制度和依法治国中的重大理论问题和实践问题。在经济全球化、政治多极化、文化多样化、社会信息化的当今世界，在改革开放和中国特色社会主义现代化建设的关键时刻，政治学研究者应该进一步增强责任感和使命感，坚定马克思主义信仰、坚定正确的政治立场、坚持理论与实践相结合，把政治学放到世界和中国发展大历史中去创新，着力建构中国特色社会主义的政治学。

郑州大学政治学团队正是立足"大政治学"的研究视野，服务国家和区域经济社会发展，着力研究"互联网国际政治学""政治安全学""文化政治学"，并取得了阶段性的丰硕成果。其中，余丽教授经过多年潜心研究出版了一部开创性学术著作《互联网国际政治学》，并入选 2016 年度"国家哲学社会科学成果文库"，这在一定程度上填补了业界空白，对我国国际政治学科的建设和发展都具有较为重要的作用。在郑州大学政治学学科荣获河南省重点学科之际，郑州大学政治学学科团队出版"郑州大学政治学丛书"，助力推进郑州大学"双一流"建设。

李慎明

2019 年 7 月于北京

总 序 二

政治学是研究社会政治关系及其发展规律的学问，改革开放四十多年来，在党和政府领导下，在前辈学者开拓和建设的基础上，在政治学同人的共同努力下，政治学已经成为我国哲学社会科学领域的重要学科，成为我国治理现代化建设的支撑学科，培养了一大批治国理政和政治学学术人才。

在习近平新时代中国特色社会主义思想指引下，构建具有科学性、民族性、原创性、时代性和专业性的中国特色社会主义政治学学科体系，建设具有中国特色、世界水平的一流政治学学科，是新时代政治学学科发展和建设的目标之所在。

同时，我们清醒认识到，我国政治学学科发展和建设面临的任务相当艰巨，所涉及的内容和范围也十分广泛。从宏观来看，按照社会科学发展的基本规律，任何一门社会科学学科的发展，首先集中在学科基本理论的发展和突破、研究方法的更新和扩展、重要研究领域的选择和深化这三个方面。按照这一基本规定性，可以认为，我国政治学的学科发展，应该把着眼点放在基础理论的深化发展、研究视角和方法的拓展以及具有重大现实和实践价值的领域确定和研究方面。这就要求我们首先要基于时代的发展和政治实践的进步，深入研究政治学的基本理论问题，以期在政治学基本理论研究方面取得突破性进展，进而形成具有相对成熟和科学的政治学基本理论。其次，在马克思主义政治理论和方法指导下，围绕政治学基本理论问题，结合时代和实践，针对新时代中国特色社会主义现代化和改革开放事业发展提出的重大实践问题，展开深入研究，力求获得重大突破。最后，需要对中国特色社会主义政治实践形成的经验加以总结提炼，上升为政治学的理论形态。

政治学本质上是经世致用之学。政治学的生命力不仅在于其学术价值和理论价值，更在于其实际应用价值，这是政治学研究保持强大生命力的原动力。其中，尤为重要的是，我国政治学研究应该特别关注中国社会和政治发展的独特性。中国作为具有五千年文化传统的东方文明古国，作为中国共产党领导人民在半殖民地半封建社会的基础上建设起来的社会主义国家，作为从传统计划经济转向社会主义市场经济的国家，它的社会、政治、经济、文化诸方面都具有自身的特殊属性，其发展和变革在人类社会文明发展史上亦具有独特之处，其在发展和变革过程中面临的许多问题，更是史无前例。这些独特之处，既是我国政治学学科发展和建设的巨大挑战，又为政治学科的发展和建设带来了独特机遇。

中国特色社会主义发展的新时代，为我国政治学人提供了前所未有的广阔舞台，也呼唤着政治学研究者的新探索、新理论、新创造和新贡献。作为习近平新时代中国特色社会主义事业发展的纲领性文件，党的十九大报告具有鲜明的政治特性，集中展现了中国共产党人新时代锐意开拓发展的中国立场、中国气派、中国风格和中国智慧，周详阐述了新时代中国特色社会主义政治建设和发展的目标任务、总体布局、战略布局、发展方向、方式动力和实际步骤，是新时代中国政治学发展前行的航标和指南针，确立了中国政治学研究的历史方位、根本依据、指导思想、人民属性、主要命题、总体目标、核心精髓以及重大使命。

在新时代的历史方位下，我国政治学人应该坚持辩证唯物主义和历史唯物主义，以人类社会历史发展为宏远视野，以习近平新时代中国特色社会主义思想为指导，根据中国社会主义经济政治社会的历史发展变化，深入研究共产党执政规律、社会主义社会政治建设规律和人类社会政治发展规律，紧紧把握"新时代治理什么样的国家和怎样治理这样的国家"这一重大时代和实践课题,从政治意义上分析和定性新时期、新阶段和新时代的各种矛盾,推进人民民主与国家治理的有机结合,为深入研究中国特色社会主义新时代的治理模式和深入探索中国特色社会主义政治发展道路贡献智慧和力量。

郑州大学政治学团队坚持本土化与国际化相结合,立足扎根中国的深厚土壤,以中国的实际问题为首要关切,着力研究"互联网国际政治学""政治安全学""文化政治学",已经取得了阶段性成果。其中尤其值得一提的是,本学科带头人余丽教授的专著《互联网国际政治学》入选2016年度"国家哲学社会科学成果文库",对学术前沿问题互联网国际政治学、网络空间政治安全管理进行了探索性、战略性、前瞻性的基础理论研究和应用研究,研究报告多次被中共中央和国务院相关部门采纳。

在郑州大学政治学学科荣获河南省重点学科之际,郑州大学政治学学科团队出版"郑州大学政治学丛书",相信必将助力推进郑州大学的"双一流"建设,必将助力我国政治学科的发展和建设。为此,特联系我国政治学科发展的时代和实践使命,以序志贺,并且与全国政治学界同人共勉!

王浦劬

2019年8月于北京

目　录

制度建设篇

社会转型期中国农村公共产品供给体制的构建 ……………（3）
制度视角下的政府管理创新 ………………………………（11）
西方国家政府绩效评估的新趋势 …………………………（18）
经济发展方式转变与政府转型：角色转变和制度创新 …（25）
论政府管理创新的价值取向 ………………………………（38）
村级民主管理制度创新的制约与进路 ……………………（42）
反思与超越：从新公共管理到新公共服务 ………………（53）
论政府管理创新的原则 ……………………………………（62）
论利益协调的制度建设 ……………………………………（69）

国家治理现代化篇

推进国家治理现代化的四个着力点 ………………………（77）
恰适性：推进国家治理现代化的制度建设原则 …………（87）
转变经济发展方式　助推国家治理现代化 ………………（98）
推进国家治理能力现代化重在提高制度执行力 …………（106）
国家治理能力现代化视阈下提升制度执行力的着力点 …（116）
大数据助力地方政府治理能力的提升 ……………………（128）

新时代夯实国家治理能力现代化的四个维度……………（136）
中国政府决策体制的演进、特色和发展逻辑……………（149）

政治发展篇

政治环境对政治系统的作用分析……………………………（161）
中国早期现代化路径的辩证分析……………………………（169）
政治稳定视野下的利益机制问题研究………………………（175）
政治稳定视角下制度认同的建构……………………………（184）
公平：政治稳定的价值基础…………………………………（192）
发展中的稳定：重要战略机遇期中国政治稳定的现实之道……（204）
凝聚共识：重要战略机遇期深化改革的关键………………（213）
网络时代意识形态安全的战略思考…………………………（226）
坚持中国共产党的领导 走中国特色社会主义政治发展
 道路
  ——中国共产党与中国政治发展学术研讨会暨中国
   政治学会2011年年会综述 ………………………（234）
中国政治参与的非均衡结构及其调适………………………（245）
网络参与对民主发展的启示…………………………………（254）

后　记 ……………………………………………………………（259）

制度建设篇

社会转型期中国农村公共产品供给体制的构建[*]

一

一般来讲，农村公共产品是指农村地区农业、农村或农民生产、生活共同所需的具有一定非排他性和非竞争性的产品或服务。中国现行的农村公共产品供给体制是在继承人民公社时期制度框架的基础上形成的。1983年废除人民公社制度后，实行家庭联产承包经营责任制。在这种制度下，农村的基本经营单位和核算单位发生了变化，农民不再是纯粹的集体经济组织中的生产者，而是具有相对独立性的生产经营者，拥有独立的生产经营权、劳动自主权和剩余索取权，这种变化导致了农村公共分配关系的变革。这种农作制度由集体化农业组织向非集体化农业组织的变迁使人民公社时期农村公共产品供给机制失去了存在的基础，因此，要求对农村公共产品供给体制做出相应调整。调整后的农村公共产品供给体制具有以下特征。

1. 以农村基层政府和村委会为供给主体

农村公共产品的供给主体即农村公共产品的供给者。由于公共产品供给中存在外部性和"搭便车"现象，农村公共产品供给中存在市场失灵和私人供给的无效率或低效率困境。政府作为社会公众利益

---

[*] 原载《中国行政管理》2005年第8期，作者秦国民。

的代表，有责任、有义务来提供公共产品。在人民公社时期，人民公社和生产大队及生产队在农村公共产品供给中处于绝对的主体地位。1983年以后，乡级政府和村民委员会分别成为农村的基层政府和集体组织。与人民公社时期相比，尽管乡级政府和村民委员会组织在权力职责、筹资能力、筹资方式上已大不相同，但是，它们作为农村公共产品主要提供者的地位却没有太大的改变。

2. 以制度外财政收入为主要筹资渠道

乡（镇）政府取代人民公社成为农村基层政权后，承担起了本辖区公共产品供给的职责。但是，履行这些职责所需要的费用却不能由乡镇政府的制度内财政收入完全负担。1994年分税制改革后，由于制度设计中没有充分考虑到乡镇政府的财政利益，这次财税体制改革不但没有增加乡镇政府的制度内财政收入，反而因共享税分配比例低，税源有限，大多数乡镇政府的制度内财政收入陷入困境。① 在这种情况下，乡镇政府处于一种矛盾地位：既要依照法律履行职责，提供公共产品，但是又没有相应的税收支持。于是，通过财税体制外筹集供给公共产品的资源便成为必然的选择。目前，中国乡镇制度外的财政收入来源主要有四个方面：（1）乡镇企业上缴的利润和管理费；（2）乡镇统筹资金，包括农村义务教育、计划生育、优抚、民兵训练和交通建设五项统筹以及乡镇政府按照国家规定征收的其他收入；（3）各项罚没收入；（4）各种集资、捐赠。②

3. 以外部政府或组织的需求为决策目标

实行家庭联产承包责任制后，乡镇政府或村组织可以就开办某项公共事业或举办某项工程向本辖区农民筹集摊派费用，即采用一事一收费的公共资金筹集形式。由于乡镇政府及村组织追求的目标与辖区

---

① 张军：《乡镇时政制度缺陷与农民负担》，《中国农村观察》2002年第4期。
② 林万龙：《农村社区公共产品的制度外筹资：历史、现状及改革》，《中国农村经济》2002年第7期。

内农民的需求并不是完全一致,于是,为了达到政府的目标,农村公共产品的供给就主要不是由本辖区农民的需求决定的,而是由外部政府或组织决定的,这样就造成了目标与需求的错位。在政绩考核、职位升迁及经济利益的驱动下,农村基层政府及其部门为了维护部门或个人的利益,往往会利用掌握着公共资源的权力,提供不反映农民需求的公共产品,发生了目标冲突。再加上缺乏有效的公共产品供给谈判制度,农民无法在公共产品供给决策中反映自己的意见,表达自己的需求偏好,最终形成了一种不反映自身需求的带有强制性的公共产品供给决策程序。这是"压力型体制"在农村公共产品供给决策中的一种典型表现。

二

税费改革前的农村公共产品供给中,乡镇政府和村委会,也就是农民自己负担了大多数的公共产品供给。这些公共产品和公益事业主要是依靠对农村的"三提五统"来支持的。税费改革中,为了减轻农民负担,取消了"三提五统"。为了保证农村一些主要的公共产品供给,中央和地方政府出台了相应的政策,以保障这些公共产品的供给。具体来讲,这些政策的影响包括如下几个。

1. 改变了以农民为公共产品单一供给主体的格局

税费改革前,农村义务教育占用了农村公共产品供给资金的一半左右,是乡镇政府和农民的主要负担。鉴于这种情况,税费改革中取消了专门向农民征收的农村教育附加费、教育集资费和农村中小学危房改造基金等收费项目。此外,诸如乡镇道路建设、优抚、五保户赡养、计划生育、民兵训练等具有公共产品性质的公共服务和公益事业也都纳入乡镇政府预算开支中。对于超出本级政府财政预算之外的部分,则通过上级政府的转移支付解决。这样,就改变了原来以基层政府和农民为公共产品单一供给主体的不合理格局,初步建立了基于不同层次公共产品划分之上的由各级政府分别负担属于自己相应层次的公共产品供给职能的体制。

2. 初步建立了比较规范的公共产品供给筹资机制

税费改革前，农村公共产品供给的筹资渠道主要是通过制度外收费项目获得的，这些项目主要由乡镇统筹和自筹资金组成。由于制度外筹资渠道极易引发乱收费、乱集资，并进而加重农民负担，因此，税费改革取消了绝大部分的制度外筹资项目，如原来属于预算外支出项目的乡镇统筹、农村教育集资等专门向农民征收的行政事业性收费和政府性基金、集资以及屠宰税，这实际上等于取消了乡镇的制度外收入。

这些政策的实施在农村地区初步建立了比较规范的公共产品供给筹资机制，但同时也出现了农村公共产品供给的危机。

首先是农村公共产品供给的资金危机。税费改革中，首先是乡镇政府用于提供公共产品的财政收入。作为中国"压力型体制"的末端，乡镇政府在农村公共产品供给中处于极不对称的地位——事权大，财权小，不仅要承担本社区几乎所有公共产品的供给和公共服务的责任，还要承担本应属于上级政府包括中央政府应该承担的民兵训练、义务教育等开支。所以，在税费改革前，乡镇政府财政状况已是入不敷出、负债经营。税费改革实施后，取消了在乡镇政府财政收入中占据30%—40%的各项收费，这使原本就捉襟见肘的乡镇财政雪上加霜，原来勉强可以维持的一些公共产品供给也面临被停止的危险。

其次是农村公共产品供给的失衡危机。农村公共产品供给的失衡危机表现为四方面：一是农村公共产品结构的失衡，一部分公共产品供给不足，而另外一部分公共产品则供给过剩。农村公共产品结构失衡，表现为农民急需的和涉及农村可持续发展的公共产品供给不足，而农民较少需要的公共产品则供给过剩。二是城市与农村公共产品供给的失衡。由于长期的"重工轻农"政策和不合理的财政分配体制，再加上人为的政策限制，形成了中国目前城乡分割和分治的"二元结构"。在这种体制下，同为国家公民的农村居民与城市居民却享受着差距甚远的公共产品和公共服务。三是地区间公共产品供给的失衡。中国农村公共产品供给体制是以地方政府为主尤其是以县乡政府为主，以省级和中央政府为补充的格局。这种格局使地方公共产品严重依赖于地方财政收入，而中国各地区经济发展不平衡的局面是众所周知和由来已久的，这就必然导致不同地区之间公共产品和公共服务水平出现差距，突出表现在东部沿海经济发达地区和中西部各种条件都比较落后的地区。四是农村公共产品成本负担的失衡。现行的农村公共产品和公共服务成本分担中存在严重的非累进制，[①] 导致以农业收入为主和低收入的农户往往承担了更多的成本。因为在筹集用于供给公共产品的税收和集体资金时，应遵循能力负担的原则，收入多者多负担，收入少者少负担。但中国现行的税费征收过程却是违背该原则的，造成了农村公共产品成本负担的失衡。

三

中国农村公共产品供给危机产生的原因是多方面的，既有体制性的原因，又有历史性的原因，其中单一的供给体制是农村公共产品供给危机的主要原因。第一，作为农村公共产品供给主体的地方政府，尤其是乡镇政府的财政权和事权不对称，财权小而事权大。第二，农村基层政府公共财政职能的错位。作为农村公共产品和服务供给主体的乡镇基层政府自从取代人民公社以来，就一直在参与地方经济发展，受此影响，乡镇政府的财政错位问题也十分突出。地方基层政府把本应该用来提供公共产品和公共服务的财政收入大量投资到经济建设中去。第三，农村公共产品供给体制的落后。家庭承包责任制的引

---

① 雷小康、贾明德：《有效解决我国农村公共物品供给问题的对策研究》，《农业经济导刊》2003年第6期。

人逐步动摇了集体化时期的农村公共产品供给制度，中国农村原来提供地方公共产品的供给机制失去了存在的基础。① 首先是农村公共产品供给失去了经济基础，其次是农民对公共产品的需求发生了变化，最后是农民的集体意识在市场经济体制下逐渐淡漠或者说缺乏集体意识。② 市场经济的个体优先观念深入人心，农民也变得越来越理性，再加上公共产品和公共服务都具有一定的利益外溢性，所以，农民从自身利益出发，不关心、不愿意投资公共事业。第四，缺乏一个基于公平的政府间转移支付制度。中国目前的财政转移支付制度未能发挥其应有的作用，不仅没有解决地区间的不平衡问题，反而加大了这种差距。原因在于中国目前财政转移支付制度中存在许多问题。首先是基于效率来确定转移支付额，即仍然用"基数法"来确定转移支付，上缴税收越多的地区，得到的转移支付就越多，而上缴税收少的地区则得到的转移支付越少。这使财力比较充裕、发展较快的地区得到的转移支付多于一些贫困落后地区，结果有可能是富者越富，穷者越穷。

面对目前中国农村公共产品和公共服务供给危机，我们认为，改革现阶段农村公共产品供给体制，实施多元化战略，是一条可行的有效之路。

1. 农村公共产品供给主体的多元化

由于农村基层政府财政能力的不足和政府供给效率的固有限制，单一的政府供给也可能是无效率或者低效率的。因此，应该根据农村公共产品的层次和性质构建多元化的农村公共产品供给体系。农村公共产品的供给主体大致可以划分为政府供给主体、私人供给主体、第三部门供给主体三类。（1）政府供给主体。政府代表社会的公共利益，政府有责任、有义务提供那些市场供给失灵的农村公共产品。

---

① 张军、何寒熙：《中国农村的公共产品供给：改革后的变迁》，《改革》1996年第5期。
② 孟志中：《中国农民需要彻底的意识与观念更新》，《调查世界》2003年第6期。

（2）私人供给主体。从政府的角度来看，政府提供公共产品在实践中存在"政府失灵"。政府作为一种制度安排，其同市场一样，在向公众提供公共产品和公共服务过程中同样存在交易成本。政府提供公共产品和服务的交易成本甚至比市场还昂贵，效率也没有私人提供的高，那么就应该由私人提供。（3）非政府组织主体。各种非政府合作性的农村社会服务机构和组织也是农村公共产品和服务提供主体之一，这部分组织主要包括各种专业协会、农村经济合作社以及农业科技示范园基地等。它们在一些领域和生产环节为农民提供相应的技术服务和生产信息。今后，政府、私人和非政府的农业协会将成为未来中国农村公共产品和服务的供给主体。

2. 农村公共产品资金来源的多元化

税费改革后农村公共产品之所以出现供给短缺，一个重要原因是用来提供公共产品的资金来源太依赖于政府，当政府不能筹集到足够的资金时，必然会影响到公共产品的供给。因此，应该实现资金来源的多元化。实际上，当供给主体多元化后，用来供给公共产品的资金来源也相应地多元化了。目前中国公共产品的主要筹资渠道就包括政府的财政资金、经济组织渠道、社会渠道、国外渠道、私人渠道、市场渠道。[①]

在实现筹资渠道多元化的过程中，筹资方式也出现了多样化。从理论和实践的角度来讲，筹资方式有以下几种。首先是行政方式。农村公共产品和服务供给的行政方式筹资，主要指政府通过财政预算渠道为农村公共产品和服务提供资金。政府财政作为公共产品和公共服务供给资金的主渠道，特别是在公共财政体制确立后，将为农村公共产品和公共服务供给在筹资方面提供制度保障。其次是市场方式。其主要是指依靠市场经济中的等价交换和有偿使用原则，通过市场向社

---

① 张军：《农村公共产品供给的转型——体制、政策于筹资方式比较》，《调研世界》2003年第6期。

会筹资金的一种方式。最后是援助方式。包括社会与地区、社会对个人和群体、地区与地区之间带有帮助和救济性质的资金投入方式。这既不是行政方式，也不是市场方式，而是对农村公共产品和公共服务建设的无偿援助。

3. 农村公共产品供给方式的多元化

农村公共产品供给方式是指供给主体如何来组织农村公共产品的供给过程。随着农村公共产品供给主体和资金来源渠道的多元化，农村公共产品供给方式也必须是多样化的，大体上可以分为直接供给和间接供给两种主要方式。直接供给方式是指政府作为供给主体直接提供某些农村公共产品或者公共服务。在市场经济体制下，一般来讲，采用直接供给方式的多是一些纯公共产品，如农村的义务教育，通常是政府直接开办学校、提供校舍和教学的经费开支。间接供给方式也称"民营化"方式，是指政府可以将农村公共产品委托给私人来提供。这主要是对于那些可以收费的农村公共产品所采用的供给方式。具体来讲，间接供给方式有以下几种形式：（1）公共产品和公共服务供给业务的合同外包；（2）特许经营和授权经营。对于具有规模经济效益的自然垄断行业，政府可以将垄断性经营特权授予企业或者个人，让其在特定领域里提供服务；（3）政府补贴企业、非政府组织及私人的供给方式。政府为了提高效率或弥补财力不足，可以通过直接补贴或间接补贴的方式，来鼓励和帮助私人或企业提供农村公共产品。

总之，要化解社会转型期农村公共产品和公共服务供给危机，必须改革农村公共产品和公共服务供给体制，以市场化为方向，重构一个相互支持、相互补充的"多元化"的农村公共产品供给体制。

制度视角下的政府管理创新^{*}

制度是一系列影响人类行为的规则和规范，新制度经济学派代表道格拉斯·C. 诺斯说："制度是一个社会的游戏规则，更规范地说，它们是决定人们的相互关系的系列约束。制度是由非正式约束（道德的约束、禁忌、习惯、传统和行为准则）和正式的法规（宪法、法令、产权）组成的。"① 制度有以下几种特点。

稀缺性。从某种程度上来说，制度也是一种稀缺性资源，由于现实社会的复杂性以及人类行为的多样性，作为规范人类的制度不可能对每一种行为都建立起相应的制度约束，制度总显稀缺；同时，由于制度实施条件的限定性，一种制度在一种环境中合理正当，移植到另一种环境中则未必合理适当，这也导致了制度的稀缺性。

社会性。制度对一定范围内的所有人都具有普遍的公共效力，每个人都必须遵守制度，都享受制度的保障，违反制度会受到惩罚。制度的产生，是多方利益代表之间博弈的结果，政府最后对制度的选择确定是其价值偏好的体现。

稳定性。制度作为约束人们行为的规则，是现实的和具体的，在一定时间空间内不会经常发生改变，稳定性是制度存在的理由，也是制度最基本的特征，它一方面能带来秩序的稳定，减少生活中的不确定性；另一方面由于环境的变动性，这种稳定性也会表现出滞后性，

---

* 原载《郑州大学学报》2007 年第 4 期，作者秦国民、王伟。

① ［美］道格拉斯·C. 诺斯：《制度、制度变迁与经济绩效》，刘守英译，上海三联书店 1994 年版，第 3 页。

原有的制度如不加以调整就会成为行动的羁绊，与环境的变动性构成一对矛盾。

制度在政府管理创新活动中具有十分重要的地位，天然存在于政府管理活动中。制度是政府提供的公共物品中最重要的一类，政府正是通过对各种制度（包括法律和规则）的制定和实施，来实现对社会政治生活、经济生活及文化生活的管理。同时，政府也对各种非正式约束，特别是道德观念、风俗习惯和意识形态等加以引导，使之朝着有利于社会良性健康运行的方向发展[①]。

合理有效的制度如能得到较好的贯彻，就能在政府创新管理活动中发挥积极作用，但在现实中，由于制度本身的某些弊端，或者是制度的实施贯彻不力，在政府管理创新中发挥的作用有限，表现为制度短缺和制度剩余两种情况。所谓制度短缺，是指制度的实际供给不足，不能满足对制度的需求，它既表现为制度供给数量的不足，也表现为制度供给主体的供给意愿和能力不足，还表现在制度供给主体在执行和实践制度方面的能力和意愿的不足，这在制度和政府管理创新活动中是一个普遍现象。制度剩余是指由于制度本身的无效性，或者制度不再具有时效性，但没有及时给予废止。在政府管理创新实践中，它突出表现为不同的制度主体同时对同一事务的重复管理。制度的增多也未必能带来管理能力的增强，相反，由于制度安排的复杂性，一方面，无效制度的存在加大了政府管理创新的成本，给管理活动带来不必要的限制；另一方面，多个制度主体的多重介入，极易形成互相推脱责任、"多重制度管理"最终却陷入"没有制度管理"的尴尬境地。

由于制度短缺与制度剩余现象的存在，同时政府管理活动又需要合理的制度机制来保障，所以从某种意义上说，政府管理创新活动就是一场制度构建的革命，这也正是从制度视角下研究政府管理创新的

---

① 傅大友等：《行政改革与制度发展——地方政府改革的制度分析》，上海三联书店2004年版，第13、116页。

价值性所在。因此，要保证政府管理创新活动的顺利进行，必须纠正制度方面的弊病。制度制定主体要根据实际情况，从客观需要和动态的角度出发，及时修订、完善已有制度，同时废止不合理制度。哈耶克也认为，我们不应该用愚蠢的人类制度来增加事物的不可预见性，相反，我们要尽可能地通过改进人类制度来扩大正确预见的概率①。因此，政府管理创新活动，在一定程度上就是政府通过对制度的修订、完善、废止等行为来重塑政府，进而建立一个适应市场经济发展、符合时代变迁要求的行为规范、运转协调、公正透明、廉洁高效的政府体制。

政府管理创新是指在行政系统、行政环境发生变化的情况下，政府及其职能部门根据面临的实际情况，在观念、制度、组织结构、管理手段和技术等方面进行的富有开拓性的转变和调整。从内容上看它包括观念、制度和技术创新，而制度创新是关键。改革开放以来，我们在制度方面也进行了一系列的创新活动，但在创新的重点、难点、目标和路径选择等方面的不确定性，造成了制度创新的不均衡性。目前，制度视角下的政府管理创新活动，存在以下几方面的问题。

第一，"官本位""权力本位"等政府管理理念的存在，造成制度伦理滞后。制度本身蕴含着制度制定主体一定的伦理追求、道德原则和价值判断，它指导制度的实施，进而影响政府管理活动的结果。在"官本位""权力本位"等制度伦理下，制度的制定靠统治者个人的主观偏好、有限理性来确定，制度制定不科学，导致政府管理创新实践运行成本高。同时，在制度制定中，利益集团作为影响政府制度选择的重要力量，它们的参与动机与行为给制度选择会带来利弊并举的影响，在"官本位""权力本位"等制度伦理下，政府官员设租、寻租现象大量存在。

第二，在管制型的政府模式下，制度剩余现象大量存在。政府

---

① [英] 弗里德里希·奥古斯特·哈耶克：《自由宪章》，杨玉生等译，中国社会科学出版社1999年版，第55页。

"大而全"对同一事务的多重管理、过多干预造成制度剩余的大量存在，在纵向上，不同层级的政府在功能、职责和机构设置上高度统一和雷同，每一级政府都在为管理相同的事情而不是特定的事情制定出类似的制度；横向上，政府的管理活动是全方位的、无限的，政府与社会、政府与市场的关系不明确，一些部门利用公共权力直接进入市场的现象非常严重，以权力为中心、短视性的制度安排造成了制度剩余的大量存在，同时培育了部分利益集团，干扰了正常市场秩序，损害了人民利益。

第三，制度与政府管理环境不协调，制度的滞后性凸显。制度与政府管理环境是辩证统一的，环境是制度运行的前提，一定的制度要在一定的管理环境下运行；同时，制度要与环境相协调，制度制定主体要根据环境的变化及时作出调整。在市场经济条件下，政府的管理环境发生了变化，但是反映到制度上，还存在计划经济的烙印，造成制度短缺与制度剩余现象并存。一方面，政府管理环境实现了由计划经济逐步向市场经济的过渡，各个领域都发生了深刻变化，但面对诸多的新情况、新问题，却缺乏相应的制度予以规范，存在严重的制度真空地带。同时，由于制度的滞后性，原有制度的功能在新环境下已经不能正常发挥了，但制度制定主体没有根据环境的变化做出相应的调整，这也造成制度短缺现象十分严重。另一方面，长期以来，政府对市场的强势干预，加剧了市场的畸形和转型的不确定性，造成了大量的临时性、短期性制度的存在，这些制度既不公平、透明，也很容易成为政府官员设租、寻租、牺牲公众利益的工具，这都是制度剩余弊病的有力体现。

当前，制度视野下政府管理创新活动存在的弊病，主要由制度的非均衡性造成的，即制度的供给不能满足制度的需求，人们对既定的制度安排和制度结构处于一种不满意的状态。但是，一种制度的存在，一般来说，应该是能使受制度约束的行为主体从中获益。正因为如此，实现制度的均衡性成为政府及其成员活动的永恒追求。同时，尽管从某种程度上来说，非均衡是一种常态，制度的均衡只是一种理想的状态,即便偶尔出现也不会持续存在,影响制度均衡的诸多变量都处在连续的变化之中①。但由于制度的非均衡性会给管理活动带来诸多弊端,人们就有必要通过调整制度安排使制度的供需接近均衡。

首先,规范制度制定,为政府管理创新活动提供制度前提与保障。制度制定者要坚定树立"公民本位"的制度伦理,制度安排要为大多数人谋福利,克服个人的主观偏好,正视利益团体的影响,主持社会正义。古希腊哲人亚里士多德曾说过,政治学上的善是"正义",正义以公共利益为依归,因此,作为制度制定的主体,一方面,政府应努力实现权力本位到权利本位的转变,以促进社会的公正与进步,积极维护公民公共利益为目标,制度制定要广泛采纳各方建议,克服个人的有限理性和短视。另一方面,制度与人的动机、行为有着内在联系,利益集团作为影响政府制度选择的重要力量,它们的参与动机与行为给制度选择会带来利弊并举的影响,在产生激发民间资源、开拓利益表达渠道、整合民间资源等积极影响的同时,在目前民主制度不健全的情况下,也会带来很大的负面效应,诱使政府官员利用手中职权,牺牲公共利益来谋取个人私利,作为制度制定主体,政府要正视这种影响,以高尚的制度伦理抵制不良因素的干扰。

同时,扩大民众参与、采取专家听证等形式,增强制度的科学化、民主化,减少制度执行的阻力。一方面,政府制定制度,很重要的行为就是在多个制度中进行选取,作出决定。专家听证,可以使更大范围内的专家群体为政府出谋划策,在择优的过程中,专家团通过科学论证,决定取舍,有效避免重大的制度选择失误。另一方面,在很多情况下,并非没有制度,而是人们对制度有抵触情绪,不执行制度,因此,扩大民众参与,民意可以得到更为充分的表达,广大民众与政府能有更多直接交流的平台,可以更好地满足民众利益表达的诉求,增强制度的合理性,减小制度执行中的阻力。

---

① 傅大友等:《行政改革与制度发展——地方政府改革的制度分析》,上海三联书店2004年版,第116页。

制度建设篇

其次,确保制度实施,为政府管理创新活动的运行营造良好环境。根据政府管理环境变化,不断推进制度创新。制度是稳定的,客观管理环境是变化的,稳定是相对的,变化是永恒的,任何制度结构,在实践过程中都会经历制度均衡、制度非均衡、制度创新的不断循环过程。作为规范政府行为的各项制度,由于管理环境的变化,制度会逐渐失去原有的功能,给政府管理活动带来负面影响,这就要求人们根据变化对制度做出相关调整,推进制度创新,打破原有的稳定性,建立新的稳定性,增强制度对环境的适应度。同时,制度创新要坚持以观念创新为前提,只有把观念更新了,才能以新的视角来审视制度。

现代产权经济学提出,人类维护产权有三个层次,即法律、制度、道德。法律的存在和运转要依靠制度,制度的有效运作要有制度精神,这就是孟德斯鸠所说的法的精神,三个层次发生脱节,制度的运作就会产生问题,发生磨损、短缺现象,因而就需要不断进行制度创新,这就是制度发展的规律性现象。① 公平、正义、平等、民主是现代法治的基本精神和原则,也是制度和道德的内在价值追求。法是定型化、规范化、条文化的制度,是制度的总结,同时,由于市场经济的法治性,政府有必要利用立法手段将管理实践中效果较好的制度上升为法律,这也是市场经济环境对政府管理创新的客观要求。制度上升为法律会使其更趋完善,在实践中产生的效果更为显著,制定和实施的目的得到更全面的实现。

非正式制度作为人们在长期社会生活中逐渐形成的习惯风俗、伦理道德、文化传统、价值观念等,是对人们行为的非正式性约束规则。非正式制度的作用是双向的,与正式制度是辩证统一的,当正式制度被社会群体接纳时,非正式制度能促使正式制度的执行,反之,会对正式制度产生巨大的排斥。由于世界的复杂性以及人们的有限理性,面对错综复杂的事务无法迅速、准确、低成本做出决定的时候,

---

① 曹沛霖:《制度纵横谈》,人民出版社 2005 年版,第 22—23 页。

人们往往借助于非正式制度中的意识形态、非理性知觉等作出选择。在政府管理创新活动中，政府要注意加强对公民的意识形态、价值观等的引导，培养公民的正义、诚信意识，提高公民对政府制度的接受能力。同时，政府自身也要发挥非正式制度的作用，加强对政府成员的伦理道德教育，提高官员的公仆意识，在制度遵守、执行等方面起到良好的示范作用。

西方国家政府绩效评估的新趋势[*]

20世纪70年代末80年代初以后,在政府职能不断扩张以及信息技术革命的影响下,西方国家纷纷开始行政改革。值得注意的是,这场改革不是以意识形态或宪政层次上的改革为主,而是以管理技术变革的形态出现的。其最具实质性的内容是提高行政绩效,并以此为依据使政府获得新条件下足够的合法性。评估是评判政府绩效至关重要的环节和广泛运用的行政管理技术。20世纪90年代以来,西方国家政府绩效评估出现了新的发展趋势,深化对这些趋势的研究,对于把握世界各国政府改革的未来走向,提高中国政府的绩效,有着重要的理论和实践意义。

一 政府绩效评估重心位移

传统公共行政学由于受到经济学的影响,把效率和经济(节约)作为行政组织管理活动的两个基本原则,所谓效率是指利用有限的资源提供更多更好的服务,而所谓经济则是花费更少的资金保持和提高服务水平。在传统的公共行政学视野中,经济特别是效率无可置疑的是公共行政组织管理活动的出发点和终极目标。古利克就曾经断言:"在行政科学中,不论是公共的还是私人的,基本的

---

[*] 原载《中国行政管理》2008年第5期,作者秦国民。

'好处'在于效率。"①但是，公共行政组织不仅仅是执行政策的工具，而且对于广大民众生活的各个方面都具有决定性的影响，它担负着广泛的社会责任，正如威尔逊所述："行政学研究的目标在于了解：首先，政府能够适当地和成功地进行什么工作。其次，政府怎样才能以尽可能高的效率及在费用或能源方面用尽可能少的成本完成这些适当的工作。"②尽管，实现以较少的投入换取较大的产出即经济和效率目标固然是公共行政的价值追求和目标之一，但绝不是其核心价值，更不是唯一的价值准则和终极目标。以效率作为衡量指标，仅适于那些可以量化的或货币化的公共产品和服务，而许多公共服务性质在上很难界定，更难量化，且分配效率亦不易理解。况且公共行政组织的公共性质带来了目标的多元性，目标多元性又要求不同目标之间存在替代和竞争关系。因此，用传统行政管理学的"效率"作为标准衡量政府产品的缺陷日益凸显。这种效率理论侧重于管理的过程和系统自身的成效，而不注重管理的结果与影响，具有十分明显的纯经济性和数量化倾向。

随着社会现代化和政治社会化的发展，政府的性质发生了显著的变化。政府由权力的集中代表者转变为公共服务的执行者，这就要求政府不仅要追求行为的高效率，更要重视政府给公众提供公共产品的质量和社会服务的水平。因此，效率逐渐降到次要位置，政府效能上升到主导地位。因为政府效能强调的是，数量和质量的统一，功效与价值的统一，目的与手段的统一，过程与结果的统一。效能从而成为公共行政组织管理活动的核心价值。因此，要求政府从效率优先转变为效能优先，即从"效率政府"转变为"效能政府"。从国际行政改革的实践来看，效率与质量的平衡成为当代行政改革关注的焦点。各国政府也都把能否向社会提供高质量的社会公共产品和高水平的社会

---

① ［美］罗伯特·A. 达尔：《公共行政科学：三个问题》，彭和平、竹立家等译，载《国外公共行政理论精选》，中共中央党校出版社1997年版，第151页。
② ［美］伍德罗·威尔逊：《行政学研究》，彭和平、竹立家等译，载《国外公共行政理论精选》，中共中央党校出版社1997年版，第1页。

❋ 制度建设篇 ❋

服务作为衡量政府绩效的首要指标。在新公共管理者看来，公共管理首要的基本价值在于"3E"，"3E"即经济、效率和效果曾被西方学者认为是绩效评估的"新正统学说"。随着新公共管理运动的深入，质量也日渐成为评估的主流范畴，围绕质量形成的指标数量不断增加。

但当代公共管理以民主宪政为基础，强调追求人民主权、社会公正、公共利益和社会责任等多元价值。脱离了这些基础，公共管理就将迷失方向，无力承担起捍卫民主政治价值的责任，并最终丧失公共性。正如佩龙和葛尔力所指出的，以市场效率为导向的新公共管理与民主价值之间存在冲突，即自主性与公民责任、个人远见与公民参与、秘密性与公开性、风险承担与公共财政监护之间的冲突。因此，现代公共管理的正当性或合法性必须奠基于足以承担责任并能实现民主社会的价值基础之上。① 客观地讲，新公共管理也并非彻底放弃了公共管理的政治责任，它对民主社会公民权和公共利益的关注也没有完全丧失，但它们处于从属的地位。按照这种趋势发展下去，公共管理将日益脱离"公共性"而混同于管理学和经济学，以至于可以在某种意义上说，它会因自己的成功而衰败。登哈特等人提出新公共服务说，认为"在民主社会里，当我们思考治理制度时，对民主价值的关注应该是极为重要的。效率和生产力等价值观不应当丧失，但应当被置于民主、社区和公共利益这一更广泛的框架体系之中"②。随着新公共服务所追求的价值理念（如公平、公共利益、民主等）的发展，政府绩效指标除了单纯的"3E"之外，还包括质量、公平、责任、回应等在内的综合性的要素结构。进入20世纪90年代，当代政府的管理目标从单一地追求效率目标拓展为全方位的追求社会公平、提高效率以及服务质量、强化公共责任和提高公众的满意度。

---

① 张成福：《公共行政的管理主义：反思与批判》，《中国人民大学学报》2001年第1期。
② [美] 凯瑟琳·纽科默、爱德华·詹宇斯等：《迎接业绩导向型政府的挑战》，张梦中等译，中山大学出版社2003年版，第123页。

二 政府绩效评估主体日益多元化

传统的金字塔式的等级结构把公众排斥在绩效评估系统之外，限制公众在绩效评估中的作用，不利于公共部门改进服务质量。现代公共管理认为，政府的主要职责是为公众提供公共产品和公共服务，它必须以确保社会公共利益的实现为己任，以公众满意为根本价值取向。因此政府绩效评估应以公民为中心，以公民满意为政府绩效的终极标准，评估过程有公民的广泛参与等。在美国，公民的角色很早就被认为是很活跃的，而不仅仅是遵守法律或投票，公众评议和市民活动一直都受到鼓励。[①] 美国国家公共生产力中心主任马克·霍哲教授在其《公共部门业绩评估与改善》一文中指出："只有政策制定者和市民积极主动地参与业绩评估——参与让政府机构对他们的开支负责，对他们的行动负责，对他们的承诺负责这样的评估过程，上述的多重目标才能实现。"[②]

无论是社会公众还是公共行政组织本身，都只是指有权对公共行政组织进行绩效评估的一个大范围的主体。在实际操作过程中，对行政组织进行绩效评估还必须由专门的机构来实施。政府绩效评估自然是公共问题，是政治问题。同时，又是个技术问题，因为政府绩效评估需要引入一定的测评技术，包括问卷的设计、成本与效益的测量等等。这里涉及的诸如政府经济、教育、社会福利与救济、环境保护、医疗卫生等职能履行的情况以及其近期或远期效果，都需要科学测评才能作出结论。因此，为了避免社会评估中的短视和盲动，必须有科学的引导与制约，把政治约束与技术约束结合起来。政府绩效评估作为政治行为应由相应的政治实体来完成，如国家权力机关或公民组

---

① [美]凯瑟琳·纽科默、爱德华·詹宇斯等：《迎接业绩导向型政府的挑战》，张梦中等译，中山大学出版社2003年版，第123页。

② [美]马克·霍哲：《公共部门业绩评估与改善》，张梦中译，《中国行政管理》2000年第3期。

织。同时作为技术问题，它应该由独立第三人以科学或技术的规范来实施。美国民间机构锡拉丘兹大学坎贝尔研究所自1998年以来与美国《政府管理》杂志合作，每年对各州或市的政府绩效进行评估，并发布评估报告，引起了政府和民众的广泛关注。

三　政府绩效评估方法日趋科学化

现代信息科学技术的发展，为科学绩效评估提供了坚实的物质技术支持。至今，国外政府绩效评估中最具代表性的方法主要有三种："3E"评价法、标杆管理法和平衡计分卡法。它们分别代表了政府绩效评估的三个不同发展阶段。"3E"评价法是政府绩效评估体系探索上的开端，标杆管理法标志着对政府绩效全面评估的开始，平衡计分卡法明确提出政府要以长远的眼光对社会的发展作出远景规划，思考其在社会发展中应承担的使命，指导政府绩效评估。

为了更好地控制政府行政权力的不断膨胀和财政支出，在20世纪60年代，美国会计总署率先把对政府工作的审计重心从经济性审计转向经济性（Economy）、效率性（Efficiency）、效果性（Effectiveness）并重的审计，从单一指标扩展到多重指标，这就是政府实施绩效评估的雏形，俗称"3E"评价法。

"3E"评价法更强调成本的节约，强调经济性，这是"3E"评价法的根本价值准则。由于政府在社会中所追求的民主等价值理念和"3E"评价法单纯强调经济性之间存在矛盾与冲突，后来又加入了"公平"（Equity）指标，扩展为"4E"。但是这些改进和完善都无法消除这一方法过分强调经济性的本质缺陷。为了避免"3E"审计的片面性，美国的政府绩效评估体系由硬性指标和软性指标共同构成，硬性指标是由美国会计总署承担的对政府的绩效审计，软性指标是由社会大众对政府的评价，定期发布政府支持率，以增强政府执政地位的合法性和政策的权威性。

"3E"评价法存在的内在矛盾促使政府绩效评估方法的进一步探

索。政府管理借鉴私营企业的做法越来越多,标杆管理法的应用就是其中之一。

20世纪80年代,由美国俄勒冈州政府直接领导的俄勒冈进步委员会(Oregon Progress Board, OPB)在分析标杆管理的指标体系时认为,"标杆管理测评旨在使一个机构、城市或社区的福祉走向特定的境界和理想的状态"①。这种理解显示的是一种对内部情况的关注:所谓的"最佳"不是由外部某个政府机构树立的,而是组织对自身未来前景的展望。标杆管理法的第一步是确定标杆,作为政府奋斗的目标,在每一个实施阶段结束后都把结果与确定的标杆相比较,进行阶段性的总结评估,以便对下一阶段的方法作出调整,直至最后达到标杆水平,确定更高的标杆。

与"3E"评价法相比,标杆管理法在指标体系构建上更加全面与完善。标杆管理法克服了"3E"单一的经济化和效率化,它的指标体系比较全面,除了经济层面的指标外,还包括政府提供的公共产品质量的评估指标。指标体系的内容在一定程度上引导着政府努力的方向。标杆管理在评估方法上具有的独特性在于,通过比较来实现评估,以评估促进与更高水平的比较,引领着政府的努力方向。而3E评价法仅仅集中于实施结果的审计,缺乏标杆的引导和激励作用。

1992年,哈佛商学院教授罗伯特·S.卡普兰和大卫·P.诺顿开发出了一种新型的侧重于企业的绩效评估方法:平衡计分卡法。该方法从四个角度来评估管理组织的绩效:顾客、财务、内部业务和内部创新与学习,并要求彼此之间保持适度的平衡。在评估的四个维度中,顾客和财务的角度注重组织的现状,而内部业务角度和创新与学习角度则关注组织的长远发展,后两个维度是保证组织未来的顾客满意和财务优化的内在动力。平衡计分卡在公共部门运用时应把握的关键点,政府要以实现全社会的长期、稳定、良性发展为己任,引领社

---

① [美]帕特里夏·基利、史蒂文·梅德林、休·麦克布赖德等:《公共部门标杆管理》,张定淮译,中国人民大学出版社2002年版,第35—36页。

会前进的方向正确，保证政府行为的科学性和前瞻性。针对政府来讲，平衡计分卡体现在把政府对社会发展所承担的眼前责任与长远责任结合起来，更重要的是承担起引导社会良性发展的重任。因此平衡计分卡是一个既注重当前发展又关注长远战略的评估方法，这是评估方法上的一大突破。

此外，西方国家政府绩效评估逐步走向法制化。立法保障是开展政府绩效评估的前提和基础。1993年，美国第103届国会通过《政府绩效与结果法案》(GPRA)，以立法形式确立了对政府行政管理进行绩效评估的制度。GPRA要求各联邦机构制定未来5年的战略规划报告；每年提供定量化目标的年度绩效规划报告；对照年度绩效定量目标检查其完成情况，形成年度绩效评估报告。英国1997年颁布的《地方政府法》也规定，地方政府必须实行最佳绩效评价制度，各部门每年都要进行绩效评估工作，要有专门的机构和人员及固定的程序。日本也于2002年出台了《政府政策评价法》。所有这些表明，西方国家政府绩效评估正在逐步走向法制化。

经济发展方式转变与政府转型：
角色转变和制度创新[*]

1995年中共十四届五中全会通过的"九五"计划和2010年远景目标建议中提出两个根本性转变，即从传统计划经济体制向社会主义市场经济体制转变和经济增长方式从粗放型向集约型转变；2006年发布的"十一五"规划纲要再次强调"必须加快转变经济增长方式"，建设资源节约型、环境友好型社会，实现可持续发展。然而，直到2007年党的十七大和2008年国际金融危机爆发后，转变发展方式的车轮才真正启动。固然过去转变方式迟缓与特定发展阶段的赶超战略有关，也受陈旧的发展观念羁绊，但是，政府职能转变不力恐怕是重要的制约因素。现阶段发展方式转变不可逆转，但转变的成败仍旧取决于政府转型。

一 经济发展方式转变的历史 必然倒逼政府转型

如果说近年来中国经济发展方式转变纯粹是2008年国际金融危机及其后世界经济环境新变化的应对之举，不免失之偏颇。事实上，2007年党的十七大就强调加快转变经济发展方式，完善社会主义市场经济体制。多年来经济高速增长背后积累的弊端已到了必须清算的

---

[*] 原载《中国行政管理》2014年第11期，作者石杰琳、秦国民。

时候，且原有的增长动力不再适应向高收入阶段的迈进，加之国际金融危机的冲击，中国经济发展方式转变刻不容缓，而发展方式转变的历史必然性倒逼政府转型。

第一，经济高速增长背后的结构性矛盾及其不协调、不均衡问题叠加凸显，传统的粗放型经济增长已走到尽头。投资、出口与消费的结构失衡；制造业产值大但科技贡献小，自主创新弱；资源枯竭、环境破坏，对经济发展的约束趋紧；区域和城乡发展不均衡，社会贫富差距过大；经济、社会发展不协调，社会建设长期滞后等，都是既有发展方式不可持续性的体现。国际经验表明，当一个经济体进入中等收入阶段后，快速发展中积累的矛盾常集中爆发，而原先的经济增长机制和发展模式无法有效应对，就会出现系统性风险，导致经济停滞，这即落入"中等收入陷阱"。中国经济能否避免"陷阱"，出路在于转方式、调结构，尽早消解深层次矛盾与风险，为可持续发展创造条件。近年来中国政府审时度势，采取灵活的宏观调控保持经济稳定，但是财政与货币政策应对短期困难并不能解决宏观经济中的根本问题，要谋求长期发展必须实施发展方式转变。而发展方式转变必然要求政府深化改革。因为既有发展方式中存在的不协调、不均衡和不可持续问题都与"政府主导型"经济模式和"经济建设型"政府角色有直接或间接的关联。要改变低成本竞争和依赖资源要素投入的粗放型增长，要从追求经济规模扩张转向以发展质量和效益为重心，要遏制贫富分化加剧、关切社会公平和包容性发展，都迫切需要政府转型，破除体制性障碍。

第二，国际金融危机和全球经济调整使中国既有增长方式遭遇困境。金融危机带来的直接冲击就是中国出口对经济增长的拉动作用下降。危机前的十多年里，中国年均超过20%的出口增长有力支持了经济年均近10%的高速运行，特别是加入世贸组织后经济实力快速提升，印证了对外贸易是"经济增长的发动机"的论题。然而，经济增长过于依赖出口的"短板"在金融危机冲击下显露无遗。危机使欧美市场需求急剧收缩，造成中国出口大幅减少，国内工业生产迅速回落，就业下降，充分显现外生动力模式的脆弱性，加之后危机时代国际环境的新变化，中国出口拉动 GDP 增长的惯常路径遭遇空前阻力。其一，金融危机后贸易保护主义盛行，针对中国的贸易摩擦频频发生，表明中国出口环境严重恶化。其二，美欧经济"再平衡"和"再工业化"增大中国出口压力。中国制造业原已被新兴国家奋发追赶，而今又面临美欧"再工业化"和高端制造业的强势竞争，处于两面挤压的境地。其三，一旦美国力推的 TPP 谈判成功和 TTIP 付诸实施，国际贸易中的建章立制和全球经贸格局重构都会弱化中国的贸易大国地位。若中国加入 TPP，必定在知识产权、环境、公平竞争、劳动权益等方面受到高标准的规则约束；若不加入，作为制造业大国、进出口贸易大国的中国可能在新的世界贸易格局中"被边缘化"。分析表明，中国的贸易环境和盈利机会已经发生了重大变化，经济增长如果不尽快从依赖外生动力转向以内生动力为主，即由依赖出口拉动 GDP 转向以内需为主同时兼顾出口的拉动作用，那么，经济前景堪忧。而拉动增长由依赖出口转向主要依靠内需，必然需要体制机制改革和有关政策调整。多年来中国大规模投资多由政府主导，以银行的信贷膨胀和政府公开或隐性的赤字支持，过度投资带来的生产能力扩张造成产能过剩，在内需不足之下只能靠外需。由于劳动者的收入增长赶不上生产扩张的速度，国内消费需求不足成为中国经济运行中挥之不去的顽疾。因此，改革投资体制，消弭政府扩张投资的冲动，提高国民收入分配中劳动报酬水平，加快以人为核心的新型城镇化等，助推由生动力向内生动力的转变。

第三，原有发展战略过时、增长动力消退或枯竭无法契合向高收入阶段迈进。经济发展阶段理论和国际经验昭示，发展进程顺利推进的关键是根据阶段演进和客观条件变化适时转变发展战略和方式。中国进入中等收入特别是上中等收入阶段后，要求新的经济战略及发展方式与之相适应，恰如世界银行《东亚经济发展报告（2006）》所言，"各经济体赖以从低收入经济体成长为中等收入经济体的战略，对于它们向高收入经济体攀升是不能够重复使用的"。因为"进一步的经济增长被原有的增长机制锁定"。有关研究也认为,拉美国家落入"中等收入陷阱"的原因之一,就是未能在中等收入阶段适时转变发展方式,致使矛盾集中爆发,经济增长无法持续。经济增长依托动力驱动,而国际金融危机后我国出口的拉动作用减弱,加之高投资率带来的产能过剩已使经济运行潜伏危机,表明原有驱动经济增长的动力消退,同时曾经为经济效率提高做出贡献的其他动力也趋于枯竭,比如人口红利开始消失,"刘易斯拐点"出现,要继续通过农村剩余劳力向城市工商业转移以提高效率的潜力已不大;简单加工业的低工资成本优势也将风光不再。[①] 我们已不能指望过去的驱动力拉动经济增长了,必须转变发展方式,寻找和培育新的增长点和动力。而获得新的增长动力和源泉,根本路径是改革和创新,换言之,深化改革和实施创新,是激发经济动能的两大引擎。改革不单是经济体制改革,也包括政治体制和社会、文化、生态体制改革;创新也不单是科技创新,更包括制度创新、体制机制创新、管理和模式创新。很显然,政府本身转型则是全面深化改革和创新驱动发展的根本所在。

二 政府角色转变是经济发展方式转变的前提

发展方式转变的着力点,是由依赖外生增长动力转向以内生动力为主,由要素的低成本投入驱动增长转向依靠技术进步、创新驱动,由付出资源消耗、环境污染代价的增长转向资源节约型、环境友好型的增长,由贫富差距拉大、经济社会发展失衡下的增长转向包容性增长、协调性发展,但这些转变都依赖于政府转型,而政府转型首要体现的是角色转变。

1. 中国政府角色转变的两个向度

第一,实施政府由"主导市场经济"向"服务市场经济"转型。

[①] 吴敬琏:《中国如何避免落入"中等收入陷阱"》,http://www.iceo.com.cn/column/28/2012/1011/258407.shtml。

经过30多年的经济体制改革，中国建立了市场经济社会，但由于市场作为主要配置资源的机制尚没有理顺，生产要素的价格形成受到行政干预，不能反映资源稀缺程度、市场供求关系和环境损害成本，妨碍了资源的节约使用，也鼓励了低成本竞争；更有庞大的官僚体系借助行政权力主导社会稀缺资源配置，"政府主导型"经济色彩浓厚。政府通过行政法规使国有企业享有金融、电力、能源、铁路等行业的特殊经营权、产业政策的倾斜支持、银行低息贷款和资本市场融资的优先权等，不仅使各类市场主体的公平竞争受到压制，市场活力得不到释放，而且政府手中的资源配置权力也为滋生腐败提供了温床。政府过多介入经济活动，使企业不得不依赖政府谋求自身的生存与发展，如果不能参与政府给予优惠政策的项目，就会在竞争中处于不利地位甚至被淘汰。[①] 这迫使企业经营者不是把精力用于市场上寻利，而是主要用于对政府有关部门的交易，实际上是寻租。[②] 拉美一些国家的经验表明，依赖一个庞大的拥有巨大权力的政府主导经济，纵然也能在一定时期内创造经济繁荣，但是不公平的竞争、低效率的运行、滋生腐败的空间，最终会导致经济停滞。

应该说，"政府主导型"经济是后发国家经济起飞时期的普遍模式，即使成功跨越"中等收入陷阱"的东亚经济体在经济起飞时期政府干预的范围和力度也较大，只是随着市场经济发展到更高阶段，政府干预的程度逐渐减弱。中国的现代化进程与东亚经济体有极大的相似性。在中国从低收入过渡到中等收入乃至中上等收入的发展中，政府的经济管理职能强大，可在很大程度上替代市场配置资源，在克服市场失灵的同时的确也带来经济高增长，但高增长背后积累了结构性缺陷和不协调、不均衡问题以及权力寻租等弊端。有如学者所言，"我们初步建立了社会主义市场经济体制框架得益于政府的推动，但同时也使我们产生了'诺斯悖论'，即中国市场经济体制的建立主要

---

① 杜创国：《政府职能转变论纲》，中央编译出版社2008年版，第67页。
② 卢现祥：《新制度经济学》，武汉大学出版社2004年版，第300页。

是政府推动的，中国社会经济的一些问题又主要与强有力的政府有关"。① 特别是竞争性地方政府模式是过度投资、地方债务、产业结构恶化、房地产泡沫等问题的症结所在。2013年3月，李克强总理在十二届全国人大一次会议记者会上指出，要"把错装在政府身上的手换成市场的手，这是削权，是自我革命，有割腕的感觉，会很痛。但是，这是发展的需要，是人民的愿望"，并宣布将在任内削减1/3以上的行政审批事项。之后不到一年，国务院各部门的行政审批事项从原来的1700多项取消和下放了221项。党的十八届三中全会更快地推进了由"政府主导型"市场经济向"市场在资源配置中起决定性作用"的市场经济转型，与之相应，"主导市场经济"的政府也正向"服务市场经济"的政府转型。所谓"服务市场经济"，就是搞好宏观调控，保持宏观经济稳定；加强市场监管，维护公平竞争秩序；提供公共产品（如制定制度、规则，发展教育、卫生、社会保障等）；消除市场负外部性（如调节贫富不均、惩治环境破坏等），弥补市场失灵。为"市场在资源配置中发挥决定性作用"提供服务，让"无形之手"释放能量，是目前中国市场化改革的最大亮点。

第二，实施政府由"经济建设型"向"公共服务型"转型。在计划经济体制下，政府充当经营与投资主体，政企不分，以政代企。改革开放后，在以"经济建设为中心"的政治决策实践中，政府的经济干预依然突出，以GDP为导向的政绩考核体系和干部晋升机制促使一些地方官员热衷于介入微观经济活动，替企业决策、谈判、"招商引资"，为企业到北京跑"部"钱进。"经济建设型"政府做了许多应由市场起作用的事情，越俎代庖，职能错位；同时该由政府提供的公共产品和服务长期供给不足，职能缺位，甚至把一些本应由政府承担的公共产品和服务推向市场，推向社会，致使社会管理和公共服务职能弱化。进入21世纪，随着政府在市场经济条件下的职能定位愈益明确，职能体系愈益清晰，让政府由"经济建设型"回归职

---

① 卢现祥、李小平：《中国模式：问题与反思》，《福建论坛》2011年第1期。

能本位的要求愈益强烈。检视改革开放以来经济高速增长的同时，政府在公共产品和服务供给上未能充分满足民众日益增长的生活需要，民众强大需求与政府供给公共产品不足的矛盾凸显，表明政府由"经济建设型"向"公共服务型"转变势在必行。当然，"经济建设型"政府转型，并不是绝对否定"以经济建设为中心"，而是应改变政府把主要精力用于投资上项目，却疏于社会公共产品与服务供给的既往做法。[①] "公共服务型"政府的内涵，就是强化政府的社会管理和公共服务职能，政府不再充当经济建设主体、投资主体，也不再直接配置资源和干预微观经济活动，更不寻求部门利益、集团利益，而是恪守"公民本位"的行政理念，奉行"为民兴利"的服务宗旨，集中精力、合理配置财力，为公众和社会提供均等化的公共服务和产品，保证公民需求在公共管理中的支配性地位。

从"经济建设型"向"公共服务型"政府转变，不仅是政府职能回归正位的必然结果，而且也适应了社会转型的需改革开放以来，伴随经济、政治结构的快速调整和持续变动，整个社会处于转型之中。一方面，人们的自主性和独立意识增强，多种多样的利益主体形成，利益分化加剧，不同主体间的冲突与摩擦增加，客观上需要公共管理者政府调解和重视协商，既让合法的利益诉求得到充分表达，又通过协商与谈判形成社会共识；另一方面，社会转型带来的剧烈动荡，也迫切需要强化政府的社会管理和公共服务职能。过去长时期里政府将资源集中于 GDP 增长有关的领域，造成社会保障、医疗卫生、基础教育、环境保护等民生领域投入不足，社会建设长期滞后于经济发展，加之一些地方官员对社会转型带来的风险认识不到位，习惯沿用旧思维、老办法来应对诸如劳资关系紧张、劳动争议和纠纷、群体性抗争征地等新的社会矛盾，往往适得其反。因此，顺应中国经济转型、社会转型的需要，强化"公共服务型"政府角色，既有利于市场在资源配置中起决定性作用，又利于回应民众对社会公共产品的需

[①] 石杰琳：《中西方政府体制比较研究》，人民出版社 2011 年版，第 167—168 页。

求，而且为发展方式的转变提供了必要条件。

2. 政府角色转变是经济发展方式转变的前提

实际上，从"经济建设型"向"公共服务型"政府转变、从"政府主导型"向"市场主导型"经济运行机制转变，本身就是经济发展方式转变的核心内容，正因如此，政府角色转变是发展方式转变的关键。

不能否认，"经济建设型"政府和"政府主导型"市场经济是中国特定历史阶段的必然。第一，在传统社会主义价值观里，政府干预经济社会生活具有无可置疑的合理性。改革开放后，虽然在20世纪90年代初我国就提出建立社会主义市场经济体制的目标，但是，长期计划经济体制下政府的深度干预有着极强的历史惯性和路径依赖。第二，面对西方发达国家的强大压力，为迅速改变落后面貌，后发国家在"赶超"中政府对经济的主导是不可避免的，事实上也是必要的。在市场发育不充分、体系不完善，法律制度不健全，价格机制也不成熟的条件下，政府的经济干预可以弥补市场机制之不足，并能在消除市场障碍、创造发展条件以及推进市场化改革方面发挥关键性作用。正如当年马克思在评论大卫·李嘉图的自由竞争思想时所阐述的，在资本还无法以自己的力量自由运动时，它会依靠政府这根"拐杖"开拓和发展市场，逐步形成市场经济制度。对于后发国家来说，发展之初往往依赖政府的强大力量，通过政府主导型模式释放出的巨大制度能量，启动、培育市场机制并促进其发展成熟。然而，随着经济发展和市场发育、健全，"拐杖"就渐渐成为多余。当这个时机到来时，就需抛开"拐杖"。第三，在从低收入迈向中等收入阶段的过程中，投资和人力要素是主要的发展动力，政府对经济的深度干预不仅必要而且易成功。我国改革开放后经济快速成长在很大程度上得益于"经济建设型"政府促增长的政策干预。但从中等收入向高收入阶段的攀升中经济复杂性提高、多样性增强，创新和效率成为新的经济驱动因素，倘若政府依然沿袭过去的干预套路，则消极作用会大大超过正向效应。

目前进行的经济发展方式转变是系统、深刻的变革,没有政府的转型是难以想象的。20世纪90年代中期,鉴于资源投入驱动的粗放型增长方式对中国经济良性发展的制约已经显露,第九个"五年计划"就曾提出转变经济增长方式,但十多年里转变未果,一个重要原因就是行政管理体制改革滞后,核心是政府职能转变不到位,职能越位、错位、缺位现象长期存在。历史经验启示我们,没有从"经济建设型"向"公共服务型"的政府转变、从"政府主导型"向"市场主导型"的市场经济转变,经济发展方式的转变无法奏效。因为不转变"经济建设型"政府角色,政府仍然会将手中掌握的一切资源注入与GDP增长相关的领域,投资结构扭曲、债台高筑;各级地方政府仍然会忙于上项目、兴工程和完成经济指标,为短期内GDP快速增长不惜过度消耗资源甚至污染环境;而同时,与民众生活密切相关的社会事业、基本服务依然会投入不足、公共产品供给短缺,社会建设滞后于经济发展的状况长期持续。如若不改革"政府主导型"经济模式,政府继续掌控过多资源配置,不同所有制经济主体的差别地位仍将扼杀公平竞争,民营企业因"先天不足",仍然只能在夹缝中求生存、愁发展。若政府控制资源价格的形成机制不变,依靠生产要素低成本投入的经济模式也将延续,土地、能源、资本等要素市场发育不畅的状况终难改观,浪费资源、破坏环境的行为因付出成本过低也无法遏制。分析可见,经济发展方式转变与"经济建设型"政府角色转变和"政府主导型"经济模式转变密切相关,政府转型是实现经济发展方式转变的前提条件。

中国发展方式转变的主要挑战不在经济本身,而在于政府职能切实转变。随着国际金融危机的冲击渐渐淡去,政府应从容退出经济主导地位,发挥市场配置资源的决定性作用。党的十八大后,简政放权,解放市场成为中央政府锐意改革的方向。但也需清楚,"让市场在资源配置中发挥决定性作用",并非意味着拒绝政府的任何作用或"去功能化",而是要让"政府发挥更好的作用",恰如斯蒂格利茨所说：问题不在于经济活动中是否应该有政府干预，而在于政府到底要干些什么。① 该由政府履行的服务、监督职责必须强化。

三 经济发展方式转变的保障是制度创新和政策调整

如同国防、公共设施、基础教育、卫生防疫是政府提供的公共产品一样，制度安排和政策制定也是公共产品的组成部分，甚至是最重要的一类公共产品。正是政府拥有制度安排、政策制定并使用合法手段使之强制执行的职能，才使我们指称的"顶层设计"具有特别深厚的含义，"经济发展方式转变有赖于政府的制度创新与政策调整"。

第一，经济发展方式转变是一个复杂的系统工程，没有政府的"顶层设计"，发展方式转变迫切需要政府的制度安排和政策保障。其内在逻辑是，制度供给和政策制定是政府的基本职能和管理方式，舍弃制度供给和政策制定，政府对经济社会的管理乃至干预便无从谈起。因此，政府转型也必然体现为制度安排和政策规定的革新。对于发展方式转变来说，制度创新、政策调整就是实质所在。每一次改革，制度与政策都是首先要考虑的；况且制度因素原本就是经济发展的一个内生变量。政府对于"经济增长"和"经济发展"的内涵厘清与否，对于人和自然的关系、经济发展和社会进步的关系以及公平与效率、政府与市场等关系的认知如何，都会导致不同的制度安排和政策规定，而不同的制度安排和政策规定将深刻影响发展方式转变的进程。所以，经济发展方式转变的实现有赖于政府的制度能力和政策水平的提升。

第二，现阶段中国经济社会领域的确存在不合时宜的制度和政策，亟须变革。比如计划经济时代遗留下来的户籍制度、非市场化的资源价格形成机制以及近年来凸显变革迫切性的收入分配制度、干部

---

① 曹沛霖：《制度纵横谈》，人民出版社2005年版，第160页。

GDP考核制度等，正是这些关键性的制度和政策革新影响着发展方式的转变实现。应该说，户籍制度的变革对于缩小城乡差距、统筹城乡一体化发展及扩大国内消费需求有着深远的意义。城乡分割的户籍制度适应了特定历史条件下农村支持城市、加快工业化进程的目标需要，但它是导致城乡二元结构长期存在和发展不平衡的制度原因。不革新户籍制度就无法实现城乡统筹、协调发展。同样，资源要素的价格形成机制不改革，不利于从资源消耗、环境污染的粗放型增长向资源节约型、环境友好型的增长转变，不利于从要素低成本投入驱动增长向科技创新驱动的增长转变。特别是政府如果继续对高污染、高排放的传统能源补贴或不合理定价，不但无助于资源节约、环境保护，而且阻碍新兴能源与清洁技术的开发与使用。而以GDP为中心指标的官员政绩考核制度虽极大地激发了地方官员发展经济的积极性，但"一俊遮百丑"的偏向有违科学发展观的要求和政府职能定位。必须加大社会管理和公共服务在政绩考核体系中的分量，并将生态文明建设纳入国民经济核算体系和政绩考核体系中。再有，改革与完善收入分配制度，提高居民收入在国民收入分配中的比重、劳动报酬在初次分配中的比重，逐步缩小行业工资收入差距，建立覆盖全部国有企业、分级管理的国有资本经营预算和收益分享制度等，都有助于改变过去经济、社会发展不协调的状况，有助于推动从贫富差距拉大的经济增长向包容性增长、共享式发展转变。

　　第三，政府在制度创新、制度变迁上具有不可替代的比较优势。制度创新，既体现为对现有制度安排进行变革，如上文所论及的；也体现为创设一种崭新的制度，如通过资源产权制度对过去没有产权规定或没有办法行使产权的自然财富由政府或某一机构代表社会行使产权，缺失产权自然会出现"公地悲剧"。再如土地确权，保护农民的土地财产权；开征环保税，在节能减排和环境保护方面发挥调控作用等。制度创新的目的在于增强制度的恰适性，即体现制度与路径发展方式在时空中的适应性和平衡性。政府是推动系统性、大规模制度创新的关键主体，它能够综合自身的强制性手段和权力资源推动制度创新的发生。经济发展方式转变制约因素中，既得利益集团是一个阻力。计划经济体制下金融、通信、电力、能源等行业形成行政性垄断，单纯依靠市场自发力量无法改变利益格局。政府具有合法强制力，当新制度安排与旧制度发生抵触时，它可以进行有效的强制性干预，使新制度合法覆盖旧制度，改变"锁定状态"。① 目前中国政府为适应发展方式转变而进行的制度创新和政策调整，从新制度经济学视角就是制度变迁，即一种效益更高的制度（目标）对另一种制度（起点）的替代，也是制度从僵滞阶段经由创新阶段再到均衡阶段的发展。② 与诱致性制度变迁由个人或一群人在响应由制度不均衡引致的获利机会时自我倡导、组织和实行不同③，强制性制度变迁则指政府颁布命令和法律，政府是强制性制度变迁的主体和推动力量，可以凭借强制力、意识形态等优势减少或遏制"搭便车"现象，从而降低制度变迁成本，有效回应制度需求或主动进行前瞻性制度安排；特别是对核心的旧制度，迫切需要政府通过强制性制度变迁来完成诱致性制度变迁不能完成的任务。这里，新制度经济学为论证"经济发展方式转变有赖于政府进行制度创新"提供了注脚。政府作为制度公共品的提供者，有权决定改革的时机、制度变革的强度和实施的范围。

当然，这并不意味着基层行为者发起的诱致性制度变迁对于中国发展方式转变毫无意义，正是基层行为者的制度需求为制度变迁提供了方向，也为政府的强制性制度安排积累了经验。就强制性制度变迁而言，中央政府的顶层设计固然重要，但地方政府对于发展方式转变的制度、政策革新并非无足轻重。中央政府适用于对整体性制度的安排和对障碍较大的旧制度的变更，而地方政府主导的制度变迁更适用于当地情况或者经验积累的制度创新。

---

① 王覃刚：《中国政府主导型制度变迁的逻辑及障碍分析》，《山西财经大学学报》2005年第3期。

② 卢现祥：《新制度经济学》，武汉大学出版社2004年版，第160—162页。

③ ［美］R. 科斯、A. 阿尔钦等：《财产权利与制度变迁——产权学派与新制度学派译文集》，刘守英等译，上海人民出版社1994年版，第374页。

四 结语

由于国际金融危机后经济增速下落，同时，过去数十年高速增长背后积累的结构性矛盾以及不协调、不均衡问题陡然突出，中国面临的"中等收入陷阱"风险加大。于是，转变经济发展方式成为规避"中等收入陷阱"的根本途径。然而，经济发展方式转变的前提是政府转型。这首先体现为政府角色转变的两个向度，实质是政府职能转变问题，它是中国经济发展方式转变的组成部分；其次体现为政府进行制度创新、政策调整以适应发展方式转变的需要，或者说，经济发展方式转变实则是政府的制度变迁、政策革新。制度本是经济增长的决定性因素，所以，当我们谈及"改革释放红利""改革是经济增长的动力"时，制度创新、政策调整以及体制机制改革自然是其题中之义。

论政府管理创新的价值取向[*]

市场机制不能自发产生社会主义经济基础，也不能自发地坚持为大多数人谋福利和走共同富裕之路。因此，必须发挥政府的调控作用，以促进收入分配公平化；坚持社会主义方向是政府管理创新的基本价值取向，管理创新应建立符合服务型政府的管理体制和行为方式，从而不断提高政府效能。

20世纪80年代以来，西方发达国家普遍掀起了一场政府改革运动。政府再造、政府管理创新成为一段时期内各国政界、学界乃至社会各界所津津乐道的热门话题。与之相对应的是，中国的经济体制改革和政治体制改革取得了显著的成效，政府管理面临的国际国内环境和任务也发生了深刻变化，这些为政府管理创新提供了广泛的实践和理论背景，然而中国的政府管理创新并非一帆风顺，在管理创新的重点、方向、步骤和目标的选择上，产生了一些不同的看法与分歧。因此，对政府管理创新的价值取向进行分析具有重要的现实意义。

一 坚持社会主义方向是政府管理创新的基本价值取向

政府管理创新是指由行政环境、行政任务的变化引起的行政职能、行政方式、行政作风、政府政策法规、行政体制等各方面的一系

---

[*] 原载《人民论坛》2005年第1期，作者石杰琳。

列新变化。从总体和一般的角度来考察，政治、经济体系的运行逻辑是，经济上的每一次相对重大的变化都可能改变政治运行状态乃至改变政治运行规则，而政治上的这种良性回应也推动着经济的发展和进步。党的十一届三中全会以来，随着国家主导意识形态的"与时俱进"不断调整和改革，中国政府管理经济的模式在经历了政府控制经济（计划经济）、政府主导经济（双轨制）的历史阶段之后，转变为政府推动经济（市场经济体制），社会主义市场经济从确立到完善在探索中朝着成熟的目标不断迈进。市场经济的不断深化决定了政府管理必须从传统的计划经济时期的管制运行状态中解脱出来，与社会主义市场经济全面对接，建立服务市场主体的"亲市场"的现代政府。而市场经济本身也给政府管理创新造成了压力和提供了启发。其实，纵观当前世界各主要国家的政府改革，莫不是对现代市场经济发展的回应，同时也无不广泛借鉴了市场经济的诸多原则和方法。正是从这个意义上说，中国的政府管理创新同样是以市场经济的深入为逻辑起点的。

坚持社会主义方向是政府管理创新的基本价值选择。建设社会主义市场经济的核心是建立市场制度，而政府管理创新是建立市场制度的关键。从管理创新的总体趋势来看，削弱管理职能、加强服务职能是一个大方向和总体目标。政府管理创新在于：首先，保证市场经济沿着社会主义方向发展。中国的市场经济，是社会主义市场经济，必须坚持社会主义方向。但是，市场机制不能自发产生社会主义经济基础，也不能自发地坚持为大多数人谋福利和走共同富裕之路。因此，政府必须高度重视在市场经济中如何保证社会主义方向，这也是社会主义政府管理创新所要解决的问题之一。其次，促进社会公平分配。在市场经济条件下，市场机制自发调节收入分配的作用是极其有限的，市场的作用和人们对利润的疯狂追逐必然会引起收入分配严重不公平。只有通过政府的调控作用才能维护劳动者正当的劳动收入，规范不正当经营或过高的利润收入，从而促进收入分配公平化。最后，加强宏观调控。市场经济的发展，市场机制的自发作用，不可避免地引起经济波动，出现周期性的衰退或高涨，甚至产生严重的经济危机。实现宏观调控是社会主义国家职能一项繁重的任务，在稳定经济方面发挥着极其重要的作用。通过建立有效的制度，引导资源配置，调整国民经济结构，可以实现经济结构的平衡和稳定金融秩序，减少资本市场过度投机，减少经济增长的不稳定因素，克服经济发展中的盲目性和不确定性。

重新界定政府职能在市场经济中的地位是政府管理创新的重要内容。由于市场失灵和市场有效之间公共产品与私人产品之间并非截然对立，并且随着国民经济的发展和市场化程度的提高，公、私之间的界限可能会发生变化，这就增大了界定政府职能的难度。由于中国国情的特殊性，中国政府必须把市场经济国家经过几百年建立和不断发展完善、政府分阶段完成的各种职能集中在一个较短的时间内完成，这就决定了中国市场经济条件下政府职能转变的特殊性和艰巨性。这种特殊性和艰巨性要求政府一并执行和实现多重职能：（1）创造有效率的良好市场环境；（2）为市场提供必要的规则和制度框架，维护市场竞争性和规则性；（3）驾驭市场化进程，纠正市场失灵和弥补市场缺陷，着力培育市场，完善市场经济体制；（4）提高政府的有效性，加强宏观调控，适度干预经济；（5）解决计划经济时期遗留的大量问题，尤其是清除高度集中的计划经济体制留下的弊端；（6）解决转轨国家普遍面临的转轨性衰退问题，并促进宏观经济的增长与稳定；（7）完成十分艰巨的经济结构改造和产业结构调整任务等。

二 提高政府效能，促进社会进步和协调发展是政府管理创新的核心价值

政府管理工作的核心是效率问题。行政效率是在保证政府管理活动目标方向的正确以及有益成果的前提下，行政活动的产出与投入之间的比率。各国政府改革的事实一再证明，政府管理与其他任何管理一样都始终是以提高效率为基本诉求的。效率是现代政府管理的生命

线，也是现代管理的主要目标，效率是创新的内在要求。效能是在效率既有含义的基础上进一步引进效益"成本—收益"和"投入—产出"等分析工具而逐渐明晰的概念，它强调效率，同时也重视结果，注重绩效，以能否提供优质的公共服务满足社会公共需求为衡量行政效能的标志。一般来说，政府和市场相比，由于本身所固有的公共性以及在产权等方面上的模糊性，它天生不具备提高效能的强烈的内在需求，因而效能问题成为各国政府面临的普遍性难题。毫无疑问，进入经济全球化时代以后，灵敏高效的政府管理既是回应现代社会生活的客观需要，也是判断一个国家、一个地区竞争力的重要指标。这就要求我国政府一方面要构筑一个分工合作、互相协调、合理布局、相互制衡的政府管理体制，另一方面要在运作时讲究"成本—收益"分析，使每一个政府部门和人员的职、责、权、利高度统一，从而达到"投入—产出"的高效。

判断政府管理创新重要性的标准，评价行政管理创新意义的尺度，不是行政系统本身的优劣，也不是行政系统整体效率的高低，更不是对某些人或社会集团带来利益的大小，而是应把着眼点放在整个社会和全体人民的整体利益和共同利益方面。不仅要看行政管理创新是否提高了行政系统的整体效率，更重要的是要看行政管理创新是否推动了社会经济、政治、科技、文化、教育、法制、道德等各个方面的全面进步，是否提高了全体人民的生活质量，行政管理创新的最大价值应该是对社会大系统的积极影响。中国电子政务为群众提供广泛便捷的信息服务。

村级民主管理制度创新的制约与进路[*]

村级民主管理制度创新基于两个基本认识：一是改革开放以来以村民自治为载体的村级民主管理制度是对人民公社时期农村基本管理制度的变革乃至创新；二是在村民自治的框架下，近年来民主管理中出现的新机制、新模式，是制度创新的新实证。从民主管理制度创新的视角切入对村民自治的研究，意义在于，民主管理制度创新是村民自治体制的实质内容，且基层民主已被纳入中国特色政治制度的范畴，而村民自治则属于基层民主制度的组成部分。

一 村级民主管理"制度创新"阐释

何谓"制度创新"？新制度经济学者对"制度创新"有多种解释，其中认为"制度创新既包括根本制度的变革，也包括在根本制度不变的前提下具体运行的体制模式的转换"。[①] 笔者认为，改革开放后，伴随着农村以家庭联产承包责任制为标志的微观经济体制改革，乡村管理模式发生了从以权力集中、政社合一为特征的人民公社体制转向以"四个民主"为内容的村民自治体制的巨大变革，这实属乡村管理模式的一次"根本制度"的创新；不仅如此，村民自治体制还是村级民主管理制度得以创新的载体。近年来，各地出现的村级民

---

[*] 原载《中共福建省委党校学报》2012年第11期，作者石杰琳。
[①] 卢现祥：《新制度经济学》，武汉大学出版社2004年版，第114页。

主管理的新机制和新模式，比如：海南省创造的村民会议分片召开法，提高了决策效率，降低了决策成本；山东一些地方创造的村务大事村民公决方式，强化了民主决策的效果；不少地方实行的"两票制"选举，使村民在村主任、村党支书的选择上有了更多的发言权。凡此种种，构成了村级民主管理制度"具体运行模式"的创新实证。

之所以把村民自治为载体的民主管理制度视作对人民公社体制的突破或者制度创新，笔者认为有以下几个原因。

第一，村民自治框架下的民主管理实现了社会与国家一定程度的分离。人民公社体制的特征是政社合一、权力高度集中，"强国家—弱社会"模式使任何处于国家控制之外的独立社会力量不能也没必要存在，基层群众的自治功能由政府的行政管理职能所取代。而村级民主管理是在政社分开、政府放权于社会的制度环境中实施的，村民自治体制实现了社会与国家的分离，一定的自主性社会空间就使自治意识成长、制度建构成为可能。

第二，村民自治制度中民主管理确立了农民的主体地位。村民自治民主管理的核心就是对农民民主权益的承认和保护，让村民当家做主。在这里，村民的政治参与能动性、主体性与人民公社时期村民被"民主管理"有着根本不同的情形和心境。村级自治组织村委会既是农民与国家打交道的权威基层组织，又是集体经济的法定代表人，同时还是村级事务的管理者和村内公共事务的组织者。而村委会必须由全体村民选举产生，村务大事必须经全体村民讨论决定，村务管理必须按全体村民制定的《村民自治章程》和村规民约实施，村务特别是财务必须向全体村民公开，接受其监督。① 正是农民的主体意识和自主行为是村级民主管理制度创新的动力。

第三，村民自治体现了制度化的"民主管理"，是包括"民主选举、民主决策、民主管理和民主监督"在内的有机统一体。尽管人民

---

① 徐勇：《从村治到乡政：乡村管理的第二次制度创新》，《山东科技大学学报》2002年第3期。

公社工作条例中也规定生产大队长、监察委员由社员代表大会选举，生产队长、会计和其他管理委员都由社员大会选举，"但由于公社的一元化管理体制特点，决定了村干部的任免权主要取决于上级政府而不是民众，一些地区村干部任职长达一二十年，说明并不存在真正意义上的定期民主选举"。[①] 人民公社也设置有社员代表大会，生产队也设置有社员大会，并规定了"三级"体制的重大事项需要民主议决，但由于高度的生产计划性和权力向公社集中，社员大会可讨论的事项极为有限。而在村民自治的制度安排中，民主选举是基础。《村组法》和各地的选举办法系统而明确地规定了村委会选举的程序，实践中定期举行村委会换届选举。选举是保证村干部向村民负责、为村民服务的必要步骤。民主决策是村民自治的关键。有关法律、制度规定村务大事必须经全体村民大会或代表会议讨论决定；在"两委"会议研究提出具体意见后必须经村民会议或代表会议讨论、征求意见。民主管理是村民自治的根本。通过自治章程和其他规章制度包括村民会议和代表会议议事规则、财务管理制度、民主理财制度等，把村民的权利和义务、村级组织的职责、工作程序规定清楚，用制度规范村干部和村民行为。民主监督是村民自治的保证。通过村务公开制度、民主评议村干部制度、集体财务审计监督制度、村委会定期报告工作制度等途径来实现。可以看出，村民自治下的民主管理既有制度规定，又有实际运行的机制和步骤。通过"四个"民主的环环相扣，把村级民主管理制度落到实处。

第四，村民自治制度凸显了"民主化"的价值目标。国家通过制度设计赋予村民管理自己事务的权利，提高了乡村治理的绩效。而从党的十七大报告将基层民主纳入中国特色政治制度的范畴来看，村民自治作为基层民主的表现形式是以"民主化"取向为价值目标的，并非工具主义的考量，"它实现了由解决实际问题层面的工具理性向

[①] 白钢、赵秀玲：《村民自治通论》，中国社会科学出版社2004年版，第19页。

作为目标追求层面的价值理性的升华"。① 尽管"消极目的观"认为村民自治主要是解决农村公共事务的管理问题，但不可否认，村民自治制度设计体现了"民主化"的"治理途径"。村民自治的实施，体现了新农村建设中管理民主的要求，而村级管理民主化是中国历史上不曾有过的事情。

近30年来，村民自治制度实施取得了巨大成效。实践中，村民的自主创新行为推动了民主管理新机制、新模式的接连出现，如前文中提及的"两票制"选举、村民公决大事等，河南邓州市独创的"四议两公开"工作法，在全国也形成了示范效应。近年来各地民主管理实践中创造的新机制、新模式，当属村级民主管理制度创新的新的实证。

二 村级民主管理制度创新的制约因素

中国农村基层民主尚处于发育成长阶段，现实的问题和发展的压力都要求在政治民主大势所趋的背景之下，不断进行村级民主管理制度的创新。然而，多方面制约因素的存在，致使村级民主管理制度创新时常遭遇瓶颈。

其一，制度安排本身对村级民主管理制度创新的制约。由于《村组法》对于乡镇政府的行政权与村级组织的自治权的职能划分过于原则化，只是指出了乡镇政府与选举产生的群众自治组织之间是"指导"与"协助"的关系，而未具体说明基层政府"指导、支持、帮助"的内容与方式，也没有明确描述村委会"协助"的范围和方式。因此，民选产生的村委会被作为乡镇政府下属机关的情况相当普遍，致使基层群众性自治组织的功能被"消解于无形之中"。但相反的情况也时常多见，即村委会以民选合法性为后盾对抗来自乡镇政府的必要指导，致使双方时常陷于行政权与自治权的掣肘之中。同样，法律

---

① 王连巧：《新农村建设背景下的村民自治走向》，《中国政治》2010年第3期。

法规关于村"两委"的权限划分不够细化，也带来"两委"的矛盾问题。《村组法》规定："村民委员会是村民自我管理、自我教育、自我服务的基层群众性自治组织，实行民主选举、民主决策、民主管理、民主监督。"同时也规定："中国共产党在农村的基层组织，按照中国共产党章程进行工作，发挥领导核心作用。"应该说，强调农村党支部对村委会的领导权，符合国家宏观政治体制的设计，也是党政关系在乡村社会管理中的具体体现。但是，由于没有明确划分"两委"的权限范围，比如村党支部的领导核心作用如何发挥、村委会如何展开自治活动，就给领导权和自治权的互相侵扰埋下了伏笔。正如看到的，村委会主任强调行使法律赋予的自治权力，要实现自我管理、自我教育和自我服务，而村支书也强调行使对村级事务的领导权力，决定本村经济建设和社会发展中的重要问题，两者围绕"谁说了算""谁居主导地位"而发生的争执在一些地方相当严重。事实上，正是为了避免村"两委"之间的协调困难，河南等地乡村实施了"两委"主要成员"一肩挑"的新机制。然而"一肩挑"的机制也涉及党政不分、权力监管的问题。现有法律法规不完善及带来的权力主体间的矛盾，对乡村民主管理制度创新产生负面影响。

其二，基层民主的初级发展阶段对制度创新造成一定的制约。目前村级民主管理凸显发育不成熟的阶段性特征。如民主选举中存在不规范现象，特别是"贿选"、家族及黑恶势力影响选举，损害了民主选举的公平与公正。说明中国农村民主管理进程尚处于初级阶段，也反映了农村社会生态的复杂性和进行民主法治建设的艰巨性。再如，村务公开中存在不真实、走过场的现象。有的地方村务公开只注重或者简约为财务公开；一些村庄公开栏里只有题目，没有内容，这无疑挫伤了村民实施民主监督的积极性。又如，片面重视民主选举，而对民主决策、管理和监督落实不到位。有的村"两委"在提交村民会议或村民代表会议的决策事项之前，不做调查研究和听证，加之村民集体意识淡薄，各持立场，争论不休，致使村民会议或代表会议议事难、协调难、决断难的情况突出。在个别村，一些重大事项仍由村干部说了算。"官本位"的传统意识以及民主监督缺乏手段和机制,造成村民对干部的监督权利虚化。所有这些偏向和不成熟,都构成对村级民主管理制度创新进程的"梗阻"。

其三,农村经济基础薄弱对村级民主管理制度创新的制约。一定的经济发展水平影响其民主政治的发展程度和运行效果。村级民主管理既然是适应我国农村经济体制改革而发生的,那么,它的进一步发展也必然要求与乡村经济良性互动。调查发现,凡是村级民主制度创新相对活跃的地方,其地域经济总体发展水平相对较高。某些偏远区域经济发展水平较低,村民们为生计奔走,不大关心村级公共事务和民主管理的问题。河南等农业大省村级经济状况参差不齐,经济条件好的区域民主管理水平高,村民参与的热情也高于经济落后区域。出于历史和自然条件的原因,有的村集体除了共有的土地外没有任何公共积蓄,"两委"连办公必需的纸和笔都没有。有的村遗留问题多、包袱重、负债累累,致使一些有能力的人望而却步,不愿参选。可见,较高的经济发展水平对村级民主管理制度创新是一种经济支持。村民对基层民主生活的关心,与其经济生活条件和集体经济的发展程度有直接的相关性。

其四,村民传统的思想意识对村级民主管理制度创新的制约。调查发现,不少村民缺乏权利、责任意识。有一些村民对村委会成员及其行为确有意见,但他们不想通过参与民主管理活动来改善状况。如果多数村民在民主管理过程中表现出极大的冷漠与被动,就必然使奠基于政治参与的村级民主管理失去内源性动力。再就是农民的合作意识、法治意识尚不够强。由于受历史传统的遗留、自身素质的局限以及乡村社会文化背景的影响,村民们往往看重眼前利益,而对基于长远利益之上的乡村社会共同体建设不感兴趣,这就使村级民主管理制度创新的推动力不足。加之传统封建文化的影响根深蒂固,"人治""权大于法"的意识依然潜在地影响着人们的思想和行为,这无形中制约着村级民主管理的制度化进程。

其五,乡镇干部认识偏差、村级自治体制滞后对民主管理制度创

制度建设篇

新的制约。村民自治的实施意味着基层政府直接治理乡村权力的剥离，表明"社会自治"力量的勃起。然而，部分乡镇干部对村级民主管理的精神实质认识不足，想当然地认为村民素质不高、民主意识不强，推进自我管理、自我服务的条件还不成熟；更有一些乡镇干部对从计划经济条件下"政府主导""行政命令"转变为市场经济条件下"社会自治""基层民主"感到很不习惯；还有不少干部把基层民主选举理解为唯一的要事，不懂得四个"民主"是有机的统一整体。正是思想意识上的偏差，使一些干部在行为上产生背离，要么把村委会视作附属机构牢牢控制，要么把村委会的自治活动视作不接受政府和党的领导，自行其是。毫无疑问，乡镇干部思想认识上的偏差和政府职能的错位，是制约村级民主自治体制发展的因素，而村级民主自治体制的发展程度又关联着村级民主管理制度的创新。再从目前的"村治"格局来看，不管是乡镇政府对村委会进行事实上的控制也好，还是村党支部凭借领导核心地位过于干预村委会的工作也罢，造成的关系紧张，都影响到村级民主管理的效力。因此，村级自治体制滞后性及其带来的附加效应，对村级民主管理制度创新的消极影响不容忽视。

其六，农村"精英"自身的局限性也可能制约民主管理制度创新。乡村社会中的"精英"是村级民主管理制度创新的具体实施者和操作者。"精英"人士的素质高低与能力强弱直接影响到村级民主管理制度创新的进程、质量和成效。目前，乡村社会的"精英"人士主要有两类——"经济精英"和"体制内精英"。由于文化层次所限，他们对党和国家在农村的方针政策、法律法规以及市场经济的基本知识的理解和把握，避免不了一些认识上、执行上的偏差。近年来，不少"经济精英"凭借经济实力和致富的示范效应，在村级民主管理中发挥作用。在一些地方，个体私业主主持"村政"已成为一种现象。那么，"经济精英"主政，其自身素质高低包括政策水平、民主意识及思想品德等，都会对民主管理进程产生重要的影响。"体制内精英"即村干部，经民主选举产生并事实上掌握着村级财产处置权和集体经济收益分配权,如果缺失必要的制度监管和程序约束的话,也有可能发生自利行为。毕竟村级民主管理制度建设还远没有达到完善的程度,普通村民的权利意识还相当薄弱,加之现实社会中村民维权的途径不足和成本较高,这些都会削弱农民群众民主管理和监督的热情。

三 推动村级民主管理制度创新的进路

纵观村民自治近30年的实践,我们为村级民主管理制度创新的成绩感到欣喜,同时也不能不审视前进道路上的障碍因素。打破制约,寻求进路,既是进一步推进村级民主管理制度创新的需要,也是对中国基层民主发展进程寄予的最好关切。

其一,发展农村经济,为制度创新提供物质基础。亨廷顿说过,穷人通常很少参与政治,"对许多穷人来说,最紧迫的问题是解决今天、明天或下周的工作、食品以及医疗问题"。[1] 这里论证了物质基础对民主进程的决定性作用。近年来不少村庄在实行"一事一议"制度时,"事难议、议难决、决难行"的现象比较突出,这固然与个别村民"搭便车"的行为有关,但村级公共服务缺乏有力的财政支持不能不说是一个重要原因。诚如李普塞特所说的,"一个国家越富裕,它准许民主的可能性就越多"[2]。同样道理,乡村民众越富有,他们对乡村社会民主规范的接受能力也越强,对村级民主管理关心的程度就会越高,而村级民主管理制度创新也越有可能发生。所以,必须探索发展集体经济之路,壮大集体经济实力,实现"有钱办事"。当然,除了村级组织要想方设法带领村民致富之外,政府也应切实加快公共财政覆盖农村的进程,将财政投入与引导农民出资出力有机结

---

[1] [美]塞缪尔·亨廷顿、琼·纳尔逊:《难以抉择——发展中国家的政治参与》,汪晓寿等译,华夏出版社1989年版,第124页。
[2] [美]西摩·马丁·李普塞特:《政治人:政治的社会基础》,张绍宗译,上海人民出版社1997年版,第27页。

合起来；还应遵循这样的原则，即对下达给不属于村委会日常工作的任务应当匹配相应的财力，杜绝截留政府给村民的补偿、补贴和补助。

其二，转变乡镇政府职能，使政府管理权与村组织自治权衔接与互动，从而为民主管理制度创新提供宽松环境。自村民自治实施以来，乡镇政府转变职能的问题一直存在。乡镇政府是国家在农村的基层政权，而村民自治实际上是政府分权于社会的体制。当村治已发生重大变革之时，换言之，当群众性自治主体开始实施自我管理、自我服务、自我教育之时，乡镇政府职能必须发生相应转变，使乡镇政府"由单一的行政管理转变为围绕农民和农业生产生活提供有效服务"[①]的政府，由过去直接管理乡村事务转变为指导、支持村民自治组织的民主管理活动，否则，乡镇政府就可能成为乡村治理体系中的一个瓶颈性环节。值得注意的是，中共十七大报告首次将基层群众自治制度纳入中国特色政治制度的范畴，并提出"实现政府行政管理权与基层群众自治权有效衔接和良性互动"的目标导向，而要打破这"两权"的衔接与互动困境，乡镇政府的职能转变至关重要。在目前村民自治的制度安排中，乡镇政府与村级自治组织的关系由命令与服从、领导与被领导转变为支持与协助、指导与被指导关系。鉴于此，政府管理权与村级组织自治权的法律划分需要进一步明确；乡镇政府在培育村级自治组织和"还权于民"方面应有切实的措施与办法。而要真正做到政府管理权与社会自治权的衔接与互动，村级自治组织协助乡镇政府的行政管理工作，形成合作关系，也是不可或缺的。

其三，培育、提升村民和干部的现代民主意识，为民主管理制度创新提供文化土壤。村级民主管理制度创新离开广泛有序的民众参与，是不可想象的；而民众的广泛有序参与又需要法治、平等、权利、义务、理性等现代公民文化，这不仅是支撑基层民主有效运作的

[①] 徐勇：《从村治到乡政：乡村管理的第二次制度创新》，《山东科技大学学报》2002年第3期。

精神力量，也是削弱传统宗族关系、人际关系对村级民主管理渗透和影响的重要武器，还是村级民主管理制度创新必备的文化基础。调查中发现，公民文化的宣传在很多地方只是在民主选举村委会那几天才有的活动。因此，必须加大宣传教育力度，让普通村民真正理解村级民主管理的意义所在，积极主动而不是被动地参与到民主管理进程中；着意培育村民的民主权利意识、责任意识、合作意识和法治意识，通过广播、有线电视、互联网、村务公开栏、黑板报、文艺演出等各种形式宣传政策与法规，灌输现代公民思想意识和理念，明确村民的权利与义务，促使其养成依法民主选举和民主管理、依法办事的习惯。

需着力提升乡镇干部和党组织干部的民主管理意识。尽管目前村民自治中还存在许多问题，发展不成熟、运作不完善的情况随处可见，但它作为基层民主发展的基本形式具有深远的意义。乡镇干部应消除"怕失控""怕指挥不灵"的顾虑，党组干部应克服"怕失权""怕大权旁落"的担心，积极支持村自治组织依法行使权力管理自治范围内的事务，并主动探索乡政村治模式下乡镇政府和村党支部开展农村工作的新思路、新方法。

其四，构建与完善村级民主管理制度，为民主管理创新提供制度保障。村级民主管理实践中存在的问题以及制约民主管理创新的制度因素，迫切需要完善村级民主管理的制度安排。现行《村组法》在体例结构、职责界定、民主选举规范、民主决策形式与内容、村委会权力保护和违法行为的认定及其救济等方面，都存在严重的不足，客观上已影响到村级民主管理的顺畅发展。为此，应该在法律上明确乡镇政府和村委会的权能划分，为实现行政管理权与自治权的衔接与互动创造条件；应通过法律修订解决诸如城市郊区选民资格的认定问题、候选人条件的限制问题、违法选举的处置问题等；应对村委会选举中的"贿选"行为做出处理，鼓励村民监督和举报；对于宗族或家族势力大的村庄选举，由政府部门和社会组织组成"观察委员会"进村监督，及时排除不正常现象；应健全村务公开制度，规定凡涉及群众利益、群众关注的问题，必须列入公开内容，财务公开必须细化；应完善村级民主管理的相关程序，如村民代表大会召开程序、民主议事程序、公开办事程序等，规范村级重大事务民主议事、民主决策的范围、程序和方法，更要在制度上保证村民会议和村民代表大会依法行使职权，实现民主决策；应加强村委会工作制度包括建立健全村干部评议制度，对于公共权力组织及村干部的行为过错、应有责任追究机制和惩罚规定；应建立健全监督制度，这既包括县级、基层人大代表会议对乡镇政府指导村民自治工作的监督，也包括广大村民对村委会行使管理权限的合法性、正当性进行监督。

其五，强化培训机制，为村级民主管理制度创新提供人力资源保证。必须用新时代的"人才"理念，着力抓好村干部和其他"精英人士"的素质培训，打造具有较高政治觉悟和文化素质的乡村民主管理和新农村建设带头人群体。至于培训内容和培训方式，要针对"乡村精英"的文化水平、民主素养以及市场意识等方面的突出问题，精心设计，力求贴近乡村工作生活实际。各地对村干部和其他"精英"的培训，为乡村民主管理制度创新积累了人力资源。此外，对"大学生村干部"也要进行村务、党务相关政策法规专题的集中培训。"大学生村干部"进入乡村治理结构中，给农村基层干部队伍输送了新鲜血液，提高了干部队伍的文化层次。但"大学生村干部"的专业知识和经验积累依旧狭窄和欠缺，同样需要纳入计划进行各个方面的培训。"大学生村干部"和机关干部到农村充实"两委"班子，如何与乡村民主选举的制度安排相衔接，也是一个新的课题。

反思与超越：从新公共管理到新公共服务[*]

作为20世纪后期兴起的席卷西方国家的政府改革运动的主导取向，新公共管理注定在当代政府管理的发展进程中占据独特的地位。从政府职能的视域看，新公共管理带来了西方国家政府职能从膨胀、扩张到收缩、卸载的转变，恰如凯恩斯主义引起了西方政府职能从极度有限到大幅扩张的转变一样，具有划时代的意义。新公共管理关于"企业家政府""竞争性政府""顾客导向""社区政府""结果为本""掌舵而非划桨"的表述曾是西方"政府重塑"改革中最有感召力的话语。然而，随着人们对新公共管理主张及其实践的体认与反思，特别是新公共服务理念的嵌入，从新公共管理到新公共服务的转向已经凸显。

笔者之所以说新公共管理开启了20世纪后期西方国家"行政改革的新时代"，是因为它提出了对于传统公共行政的颠覆性的理念与主张。它对传统公共行政管理的僵化、呆板、无效率和官僚主义等的批判与否定，引发了西方国家政府管理的重大变革，而政府职能的调整则是这场变革的核心内容，所谓的政府职能市场化、社会化、分权化、履行方式的企业化和电子化，正是以新公共管理为导向的西方国家政府职能变革的直接结果。

政府职能的市场化，一是根据市场经济的需要定位政府职能，将

---

* 原载《郑州大学学报》2011年第5期，作者石杰琳。

原来由政府承担的部分职能市场化，主要通过私有化、放松管制等方式进行；二是公共服务提供的市场化，即打破政府机构作为公共产品及服务的唯一提供者的垄断地位，让私人公司、社会团体参与公共产品及服务的提供，形成新的供给公共服务的制度安排，并推动竞争以提高公共服务的质量与水平，合同外包、客户竞争等方式是普遍采用的政策工具。如英国撒切尔夫人推行的私有化政策，涉及航空、电信、能源、电力、供水、天然气等多个自然垄断行业，英国从20世纪70年代末开始先后通过了一些法案，在城市垃圾处理、环境保护、公益住房建设与管理、道路建设和公共设施维护等公共事业领域引入了合同外包方式。再如，美国里根政府放松对企业进出口及价格的管制，先后放松了对航空、铁路、卡车、公共汽车、能源等的管制，用市场定价代替了政府定价。

政府职能社会化，就是把一部分原由政府部门承担的职能转由社会直接管理。具体途径：一是授权社区。美国克林顿政府倡导的"再造政府"运动的原则就是建立"社区政府"，即授权社区居民直接参与社区的教育、卫生等公共事务，增加社区在提供服务与管理上的作用。二是充分发挥非营利组织的功能。非营利组织能弥补市场和政府能力的不足，承担市场和政府所不能完成或不能有效完成的社会职能。三是"以私补公"，即用说服、表彰、政策优惠等手段鼓励和吸引私人资本投入原来由政府包揽的事业中。如美国的通信卫星公司等私人企业履行政府所要求的特定的管理职能，政府合作部门则在土地征用等方面给其"伙伴"以某种形式的优惠。

政府职能分权化，就是分散行政权力和政府职能，既体现为中央政府将若干职能、权力下放给地方政府；又体现为政府行政组织内部层级之间的分权，尤其是实行决策权能与执行权能的分离。如美国里根政府继续尼克松的新联邦主义政策，进一步加强各州的自决权与自主权；克林顿政府将联邦政府原来的社会职能逐步向州和地方政府转移，如社会福利、劳动就业、医疗卫生、低收入补助等都由各州解决。法国从1982年开始推行地方分权化改革，重新界定了中央政府与地方政府的权力界限以及权力运作的框架。在西方国家这场分权改革中,共同的趋势就是将大量的事权交给地方,这使地方的公共事业管理范围扩大,权限增加。在改革政府机构、调整行政权力的过程中,实现政府决策职能与执行职能的分离,最典型的例子是英国的"下一步行动方案"中的执行机构化改革和新西兰的公司化改革。执行机构承担具体的政策执行与服务提供职能,实行经理负责制,拥有人事自主权和财政自主权,这超越了层级节制的传统集权模式。

政府职能履行方式的企业化,就是政府部门引进工商企业的管理技术和方法及其激励手段,如成本收益分析、全面质量管理、人力资源开发和利用、结果导向以及讲求绩效、鼓励竞争、激励创新等做法,打造一个高效的、回应性强的政府。新公共管理认为政府应转变为负有责任的"企业家"。只有"顾客"驱动的政府才能满足多样化的社会需求并提高服务的质量。以企业精神改造政府,意欲将"注重效率""鼓励竞争""激励创新""崇尚绩效"的企业精神与理念注入政府组织,以"活化公共管理"。

履行政府职能的电子化,即应用信息技术重组政府部门,在实现办公自动化、电子化、网络化和信息资源共享以提高政府管理绩效的基础上,面向公众,为公众提供各种政策信息与服务,做到政务公开和以公众为中心,并方便公众参与公共决策,以提高政治民主化的程度,这即通常所说的"电子政府"。

由以上可见,20世纪70年代末80年代初以后西方国家政府职能经历的变革是极其深刻的。固然此次变革的背景,既有经济上"滞胀"困境以及由此导致的政府干预经济、社会生活的财政能力降低,成为引发政府职能收缩的导火索;也有政治上的原因,即由政府职能过度扩张导致的机构增加、开支膨胀、行政效率低下、服务质量不高,使各国政府陷入财政危机、信任危机而饱受指责,但此背景下新自由主义理论的兴起,则是直接推动西方政府职能由"凯恩斯革命"后的大幅扩张转变为迅速收缩的思想文化因素。以公共选择学派、货币主义学派等为主导的改革理论对"大政府"价值观进行系统性的

制度建设篇

否定,强调市场自由,反对政府对市场过分干预,以纠正"政府失灵",提高行政效率和服务质量。于是,政府职能卸载和运行方式的改革成为此次西方政府职能转变的主旋律。

很显然,西方国家政府职能市场化、社会化等的变革是以新公共管理的主张和理念为导向的,而新公共管理对政府职能的创新是显而易见的。首先,引入市场竞争机制,实施政府职能定位和公共服务的市场化。推崇市场机制,利用竞争机制和效率机制来改善公共部门,这是新公共管理的基本取向。事实上,新公共管理对传统官僚制的纠正正是从市场竞争机制的角度进行的。传统公共行政是把政府与市场看成一对"此消彼长"的矛盾,而新公共管理则看到政府与市场的互补关系和各自的功能优势。一方面,试图在"政府失灵"之后通过引入市场机制对公共部门进行改革与"再造",如各国政府改革中的民营化、放松规制、合同外包、内部市场等无不建立在市场机制的基础上;另一方面,新公共管理提倡对政府与市场各自的职能进行合理划分,比如在公共产品供给领域,由政府提供核心公共产品,市场参与提供混合公共产品。新公共管理的市场化方案,实现了政府与市场在职能上的彼此分立和各司其职,有助于解决政府运作缺乏效率的问题。

其次,提出政府"掌舵"而非"划桨"的命题,为政府职能定位、卸载乃至优化提供了理论依据。新公共管理对传统的政府管理模式提出了否定,认为"全能型政府"的弊端是政府干预的事情太多,政府不但管了太多不该管、管不了也管不好的事情,而且强政府的干预模式也限制了市场机制和社会力量作用的发挥。为此,新公共管理重新界定了政府与市场、政府与社会的职能关系,将政府职能定位为"掌舵"而非"划桨",由此体现在一些领域里政府职能的退缩和市场价值的回归。再者,新公共管理还主张政府内部的决策职能与执行职能亦适度分开,这是政府机构内部管理职能的划分与转变。一方面,由熟悉政策制定与咨询的高级公务员组成的核心负责政策制定,可谓"掌舵";另一方面,设立相对独立的执行机构负责政策执行和提供服务，可谓"划桨"。在新公共管理看来，决策与执行职能分开，可以发挥二者的功能优势，既保证政府决策的质量，又有利于政策执行效率的提高。

再次，借鉴和引入工商管理的方法和技术是新公共管理的又一大特点，也是西方政府改革的技术层面。新公共管理与以往改革的显著不同点是其私营部门的管理方法和技术在公共管理中的运用。传统公共行政排斥私营部门的管理方式，认为公私部门本质上的不同决定了私营部门管理方法不能适用于公共部门。而新公共管理认为，公共部门管理与私营部门的管理有相通性，私营部门许多行之有效的管理原则、方法和技术都可以为公共部门所采用。西方政府再造中相继推行的具体改革措施如绩效管理、弹性人事制度、注重结果、"顾客导向"等，实际上都是私营部门管理方式与方法在公共部门中的借鉴与运用。借鉴企业家精神，建立"企业家政府"，是新公共管理主张的鲜明体现。

最后，新公共管理以"顾客为中心"的理念和"重塑"政府的诉求，为电子政府的构建提供了思想基础，而电子政府的构建使西方政府治理电子化成为可能。电子政府虽不是新公共管理的直接内容，但它是新公共管理"顾客导向""再造政府"主张的体现。新公共管理认为，政府的职责就是根据"顾客"的需求提供服务，以"顾客"驱动机制增强政府的回应性，以满足信息社会公民多样化的需求。而电子政府构建改变了传统政府的运作方式，为政府职能由管制型向服务型转变提供了物资设备与技术支持。再者，政府"再造"是新公共管理的目标，而电子政府的构建不仅带来政府职能的转变，而且在政府管理制度、组织结构、业务流程、政府绩效等方面都带来了深刻变革。因此说，新公共管理运动与电子政府构建相互关联，新公共管理是电子政府构建的思想基础，而电子政府的构建为政府职能转变和治理手段的更新提供了理想的切入点。

由上分析可见，新公共管理为西方公共部门管理与改革提供了新的思路，突破了传统公共行政的俗套。然而，新公共管理职能创新在一开始就受到抨击。针对新公共管理主张"借鉴和引入私营部门的管理方式"的批评首当其冲。批评者认为公共部门的"公共性"决定了公私部门存在本质不同,把政府管理等同于企业管理的各种实践措施值得质疑。批评者指出,新公共管理强调经济效率固然可以提升政府绩效和能力,但公共行政的本质是以民主宪政为基石,应追求公民权利、公共利益、社会责任等多元价值。以效益为工作的标准与管理责任之间存在冲突。对于新公共管理者极力推崇"顾客导向""顾客至上",批评者指出将公民喻为"顾客"或消费者,本身就是一个不当的比喻。公民在民主治理中的角色是复杂的,既是公共服务的接受者,亦是公共服务的合伙人或参与者、监督者,将政府服务的对象比作"顾客",可能使公民与政府之间的角色错乱。[①] 针对新公共管理极力倡导政府职能市场化,批评者视之为对市场机制的不当崇拜,把公共服务交给私人或非营利组织,意味着政府放弃了部分社会职能,逃避了政府责任,背离了民主社会的基本价值。至于政府职能分权化,批评者指出,分权带来了分散主义、本位主义和地方保护主义以及公共开支的增加。设立众多目标的执行机构,体现了改革者追求公共组织结构的专业化趋势,而专业化、分权化本身与协调存在冲突。

  实践中,西方国家以新公共管理为导向的改革也确实暴露了一些问题,比如通过承包、出租、委托等形式将一些公共服务交由私营企业承担,导致了公共性的丧失。私营部门在提供服务时往往从经济理性出发,如若监督制约机制不力,极易发生降低服务标准或形成新的私人垄断操控价格的现象。英国电信公司在实行私有化后由于操作上的简单化,形成了新的市场垄断,英国电信管理局收到更多投诉反映其服务质量的下降,就是一个例证。合同外包在解决资源如何得以更好地配置的同时,在一定程度上也导致了政府权力的空心化和边缘化;同时,合同外包也不能避免特权、寻租的弊端。至于众多各自独立的执行机构,一些西方学者如伯查尔、普特曼等所做的实证研究

---

① 程样国、韩艺:《国际新公共管理浪潮与行政改革》,人民出版社2005年版,第92页。

中，确认了西方国家医疗、教育、社会福利等领域的执行部门过大的独立性已引起广泛的协调问题。改革中分散化和破碎化的某些做法导致协调困难、效率下降、无政府主义出现，这恰从一个层面反映出新公共管理的分权化改革带来的治理上的缺陷。对新公共管理主张及其实践的反思，使人们逐渐意识到，"小政府"并不是公共行政改革的最佳目标，"好政府"才是公共行政的不懈追求。

20世纪最后20年人们见证了新公共管理运动的波澜壮阔，也亲历了政府职能退却、市场作用增强的深刻试验，尽管新公共管理为导向的政府变革给西方国家带来了新的气象，但实践中微观层面显现的问题，折射出宏观层面上效率与公平、自主与监督、分权和专业化与协调的关系问题依然突出和亟待解决。从这个角度上说，新公共管理所代表的新自由主义开出的药方并不完美。事实上，这也正是在20世纪90年代中期以后新公共管理改革的某些举措或被修正或被终止的原因所在。

近年来西方国家公共服务提供发生了从民营化到逆民营化的新转向。一个很典型的实例，就是"9·11"事件后美国28000名机场保安再次回归国家系统。[①] 英国承包铁路轨道建设公司在2000年破产后，一部分于2003年重新回归国有，新西兰、加拿大、澳大利亚等国也出现了逆民营化现象。正是民营化过程中出现的种种问题促成了逆民营化的兴起，即便说政府财政压力减轻也降低了民营化的动力。逆民营化显示出管理者开始超越公共服务提供过程中只关心交易成本和重视效率的倾向，要从单纯强调市场和效率，转向同时重视效率与政府责任的平衡。从英国工党"协同政府"或"整体政府"的目标框架中可以看到，对新公共管理价值观念和主张的一定程度上的反思与超越。它将参与价值融入公共行政中，尤其是"掌舵"的决策环节中，还添加了增进社会公平的意蕴；针对分权、自治加剧了地方公

---

① 竺乾威：《官僚化、去官僚化及其平衡：对西方公共行政改革的一种解读》，《中国行政管理》2010年第4期。

共服务的"碎片化"现象,英国强调所有政府部门在共同愿景之下形成"整体性的政府""跨界合作",而不是"一盘散沙状政府",从而增进和维护政府体系内部的协同合作。如果说,西方国家对新公共管理模式的反思与纠正,是引起从新公共管理到后新公共管理转向的直接因素,那么,新公共服务理论则为这种转向提供了解释和理论支持,或许新公共服务理论本身就是引发这种转向的背景之一。

新公共服务理论的创立者是以美国公共行政学家罗伯特·B.登哈特为代表的一批公共行政学者,他们认为,新公共服务既可以替代传统的公共管理模式,又可以替代先前占主导地位的新公共管理模式,是一个建立在对公共部门的理论探索和实践创新基础之上的模式。

新公共服务理论认为,政府的职能既不是"掌舵",也不是"划桨",而是"服务"。政府和其他社会组织依据民主和社会标准共同治理,这个过程涉及许多不同的集团和组织的互动,政府事实上就是个参与者,不再处于控制地位,不是"掌舵"也不是"划桨",而是"服务"。政府的作用是在公民和其他组织中产生一种共享的价值,这意味着建立一个包括公共的、私人的和非营利机构的联盟来满足共同认可的目标。公务员不仅要关注法律,还要关注社区价值、政治规范、专业标准和公民利益。[①]

新公共服务理论认为,公共利益是目标而非副产品,而公共利益是共商协同价值观对话的结果。在传统公共行政那里,政策执行的过程是自上而下的、层级的和单向度的;公民的作用是极有限的,行政官员责任的焦点在于确保履行职责时坚持和遵守为他们确定的标准和规则、程序,对公众的直接回应或者负责至少含蓄地被视为不必要和不恰当的。新公共管理从治理理念出发对公民参与以及对国家与社会间的关系表示出关心,但其所谓治理主体多元化,只是执行主体的多

---

① Robert B. Denhardt and Janet V. Denhardt, "The New Public Service: Putting Democracy First", *National Civic Review*, Vol. 90, Issue 4 (Winter), 2001, p. 393.

元化，决策即"掌舵"的权力依然垄断在政府手中。而新公共服务对之纠正主张的是公众的参与，强调社区和公民社会，强调民主和社会资本。认为政府的责任是确保公共利益居于主导地位，确保解决方案本身和提出解决方案的过程符合公正、公平和平等等民主价值准则。

新公共服务理论提出"服务公民而不是服务顾客"。认为政府与公民之间的关系不同于工商企业与其顾客之间的关系，政府不应当首先或专门地回应"顾客"自私的短期利益，公平和平等方面的考虑在许多情况下比直接"顾客"的愿望更为重要，政府对公民的呼声应作出快速敏捷的反应。显然，新公共服务重视公民权胜过重视企业家精神，提出"公民优先"。

不难看出，新公共服务理论突破了限于政府失灵和市场竞争优势的眼界，提出了政府在以公共服务、民主治理和公民参与置于中心地位的治理系统中所扮演角色的一套新的观念，从这种意义上说，新公共服务理论是对人们所熟悉的新公共管理模式的超越。"正是在对新公共管理理论忽视政府服务的公共性和服务性的基础上，新公共服务理论重新回归到关注民主价值和公共利益的轨道上来，为服务型政府的构建提供了重要的思想资源。"[1] 对于构建服务型政府来说，新公共服务模式可能比新公共管理模式更近一步。

---

[1] 燕继荣：《服务型政府的研究路向》，《学海》2009 年第 1 期。

论政府管理创新的原则[*]

20世纪80年代以来，西方发达国家普遍掀起了一场政府改革运动。政府再造、政府管理创新成为一段时期内各国政界、学界乃至社会各界所津津乐道的热门话题。与之相对应的是，中国的经济体制改革和政治体制改革取得了显著的成效，政府管理面临的国际国内环境和任务也发生了深刻变化，这些为政府管理创新提供了广泛的实践和理论背景，然而中国的政府管理创新并非一帆风顺，在管理创新的重点、方向、步骤和目标的选择上，表现出敏感性和复杂性。因此，有必要对政府管理创新的原则进行分析。

一 政府管理创新要坚持社会主义方向

政府管理创新是指由行政环境、行政任务的变化引起的行政职能、行政方式、行政作风、政府政策法规、行政体制等各方面的一系列新变化。[①] 从总体和一般的角度来考察，政治、经济体系的运行逻辑是，经济上的每一点相对重大的变化都可能改变政治运行状态乃至改变政治运行规则，而政治上的这种良性回应也推动着经济的发展和进步。党的十一届三中全会以来，随着国家主导意识形态的"与时俱进"的不断调整和改革，中国政府管理经济的模式在经历了以计划经

---

[*] 原载《郑州大学学报》2006年第4期，作者石杰琳。
[①] 冯静：《经济全球化对政府管理创新的要求及对策》，《中国行政管理》2002年第12期。

济、计划经济为主市场调节为辅的历史阶段之后，转变为市场经济体制。社会主义市场经济从确立到完善，在探索中朝着成熟的目标不断迈进。市场经济的不断深化决定了政府管理必须从传统的计划经济时期的管制运行状态中解脱出来，与社会主义市场经济全面对接，建立服务市场主体的"亲市场"的现代政府，而市场经济本身也给政府管理创新带来了压力和启发。其实，综观当前世界主要国家的政府改革，莫不是对现代市场经济发展的回应，同时也无不广泛借鉴了市场经济的诸多原则和方法。正是在这个意义上，我们说中国的政府管理创新同样是以市场经济的深入为逻辑起点的。

社会主义市场经济的核心是建立市场制度，而政府管理创新是建立市场制度的关键。从管理创新的总体趋势来看，削弱管理职能、加强服务职能是一个大方向和总体目标。政府管理创新，首先，在于保证市场经济沿着社会主义方向发展。中国的市场经济，是社会主义市场经济，必须坚持社会主义方向。但是，市场机制不能自发产生社会主义经济基础，不能有效地巩固社会主义制度，也不能很好地坚持为大多数人谋福利和走共同富裕之路。因此，政府必须高度重视在市场经济中如何保证社会主义方向，这也是社会主义政府管理创新所要解决的问题之一。从理论上讲，政府和市场作为两种基本的制度安排，各有利弊。"市场与政府之间的选择并非一个在完善与不完善之间的选择，而是在不完善的程度和类型之间、在缺陷的程度和类型之间的选择。在许多情况中，它们可能仅仅是一个在不合意和无法容忍之间的选择。"[①] 从实践上看，尽管不同国家、不同地区，甚至同一国家的不同历史时期，所选择的政府与市场的结合点是不同的，但人类社会经济发展史上"绝大多数成功的发展范例，不论是近期的还是历史上的，都是政府与市场形成合作关系从而纠正市场失灵而不是取代市场"[②]。基于对政府与市场二者缺

---

① [美]查尔斯·沃尔夫：《市场或政府——权衡两种不完善选择》，谢旭译，中国发展出版社1994年版，第76页。

② 世界银行：《1997年世界发展内容——变革世界中的政府》，中国财政经济出版社1997年版，第3页。

陷的理性认识,理智的选择不是追求完善的市场机制或者完善的市场干预,只能是在不完善的市场和不完善的政府之间,构建一种有效的协调机制,寻求政府与市场的最佳结合点,以实现政府与市场二元机制的最优结合。

其次,坚持社会主义方向才能更好地促进社会公平分配和实现政府的宏观调控。在市场经济条件下,市场机制自发调节收入分配的作用是极其有限的,市场的作用和人们对利润的疯狂追逐,必然引起收入分配严重不公平。只有通过政府的调控作用才能维护劳动者正当的劳动收入,规范不正当经营或过高的利润收入,从而促进收入分配公平化。同时,市场经济的发展,市场机制的自发作用,不可避免地引起经济波动,出现周期性的衰退或高涨,甚至产生严重的经济危机。实现宏观调控是社会主义国家职能一项繁重的任务,在稳定经济方面发挥着极其重要的作用。通过建立有效的制度,引导资源配置,调整国民经济结构,可以实现经济结构的平衡和稳定金融秩序,减少资本市场过度投机,减少经济增长的不稳定因素,克服经济发展中的盲目性和不确定性。

最后,坚持社会主义方向有利于中国政府职能的实现。由于市场失灵和市场有效之间、公共产品与私人产品之间并非截然对立的,并且随着国民经济发展和市场化程度的提高,公私之间的界限可能会发生变化,这就增大了界定政府职能的难度。由于中国国情的特殊性,中国政府必须把市场经济国家经过几百年建立和不断发展完善、政府分阶段完成的各种职能集中在一个较短的时间内完成,这就决定了中国市场经济条件下政府职能转变的特殊性和艰巨性。这种特殊性和艰巨性要求政府一并执行和实现多重职能:(1)创造有效率的良好市场环境;(2)为市场提供必要的规则和制度框架,维护市场竞争性和规则性;(3)驾驭市场化进程,纠正市场失灵和弥补市场缺陷,着力培育市场,完善市场经济体制;(4)提高政府的有效性,加强宏观调控,适度干预经济;(5)解决计划经济时期遗留的大量问题,尤其是清除高度集中的计划经济体制留下的弊端;(6)解决转轨国家普遍面临的转轨性衰退问题,并促进宏观经济的增长与稳定;(7)完成十分艰巨的经济结构改造和产业结构调整任务等。①

二 政府管理创新要以提高政府效能,促进社会进步和协调发展为限度

政府管理工作的核心是效率问题。行政效率是在保证政府管理活动目标方向的正确以及有益成果的前提下,行政活动的产出与投入之间的比率。各国政府改革的事实一再证明,政府管理与其他任何管理一样,都始终是以提高效率为基本诉求的。效率是现代政府管理的生命线,也是现代管理的主要目标,效率是创新的内在要求。效能是在效率既有含义的基础上进一步引进效益"成本—收益"和"投入—产出"等分析工具而逐渐明晰的概念,它强调效率,同时也重视结果,注重绩效,以能否提供优质的公共服务满足社会公共需求作为衡量行政效能的标志。长期以来,一些政府部门始终存在机构臃肿、效率低下的问题,这不仅造成公共管理资源的极大浪费,同时也严重削弱了各级政府的公信力。一般来说,政府与市场相比,由于本身所固有的公共性以及在产权等方面的模糊性,它天生不具备提高效能的强烈的内在需求,因而效能问题成为各国政府面临的普遍性难题。当前西方各国的政府改革无不以提高效率和效能为其目标,正是基于效率问题上的考虑,它们才广泛引进在这一问题处理得相对较好的市场经济的诸多经验和方法。毫无疑问,进入经济全球化时代以后,灵敏高效的政府管理既是回应现代社会生活的客观需要,也是判断一个国家、一个地区竞争力的重要指标。这就要求中国政府一方面要构筑一个分工合作、互相协调、合理布局、相互制衡的政府管理体制;另一方面,在运作时讲究"成本—收益"分析,使每一个政府部门和人员的职、责、权、利高度统一,从而达到"投入—产出"的高效。否

---

① 郭连城:《经济全球化与转轨国家政府职能转换》,《世界经济》2003年第10期。

则，一个低效的政府不仅会影响其自身的投入产出之比，而且必然会带来其国内市场和国际市场的低效，妨碍全球化高效利用国际社会资源、创造更多社会财富这一目标的实现。同时，行政系统的最大效率不是局部效率的最大化，而是取决于其决定各个局部组成整体效率的最大化。因此，政府管理创新必须围绕着整体效能进行。行政管理系统是一个社会有机整体，其整体与局部是辩证统一的关系，一方面，局部不能脱离整体而单独存在，更不能完全离开整体联系而发挥作用，一旦整体方向失误或整合力丧失，局部就会陷入困境、混乱与内耗，必然会影响整体效率；另一方面，局部又是具有自主性和创造性的，它是整体的基础。整体的效率取决于局部的效率，如果局部处于消极、迟滞、懈怠状态，整体就会失去生机；如果局部出现与整体相分离与对立状态，整体就会发生灾难。因此，要提高行政系统的整体效率，必须处理好整体与局部的矛盾关系，这正是行政管理创新所要研究和解决的问题。

判断政府管理创新重要性的标准，评价行政管理创新意义的尺度，不是行政系统本身的优劣，也不是行政系统整体效率的高低，更不是对某些人或社会集团带来利益的大小，而是应把着眼点放在整个社会和全体人民的整体利益和共同利益方面。不仅要看行政管理创新是否提高了行政系统的整体效率，更重要的是要看行政管理创新是否推动了社会全面进步、是否提高了全体人民的生活质量，行政管理创新的最大价值应该是对社会大系统的积极影响[1]。

三 政府管理创新要以保持社会稳定为限度

政府管理创新需要有一个，也必须有一个良好的社会环境，如果没有社会的稳定，就意味着改革进程的中断，意味着改革成果的丧失。因此，如何保持管理创新中的社会稳定，是人们普遍关心的一个

---

[1] 薛明：《行政管理创新的系统整体性分析》，《中国行政管理》2003年第11期。

论政府管理创新的原则

重要问题。社会稳定不仅意味着社会各领域中各种关系的相互平衡和相互协调，还关系着人们心理的安全性。经过改革开放和持续稳定的发展，中国社会取得了举世公认的巨大成就。实践证明，没有社会稳定，就不可能出现现代化建设的大好局面。改革和发展顺利进行的一个基本前提就是要保持社会的稳定，正如邓小平所言，中国的问题，压倒一切的是需要稳定。没有稳定的环境，什么都搞不成，已经取得的成果也会失掉。中国一定要坚持改革开放，这是解决中国问题的希望。但是要改革，就一定要有稳定的社会环境。

中国的政府管理创新是在十分复杂的条件下进行的。从一定的意义上讲，创新意味着社会利益结构的调整，因此，中国管理创新的每一项举措都会引起人们的极大关注。问题在于，就管理创新的具体过程而言，要触及的利益关系主要集中在既定的权力、地位和经济利益等的关系上，在某个特殊的时段，往往使某些群体"受益"，同时又会使某些群体"受损"，这在客观上容易引起一些不稳定的因素。同时在管理创新的实践上，各种变量因素相互交织，就会使许多已有的社会问题趋于加重，以往不曾遇到的社会问题相继出现。由于每个社会成员的价值取向不同，社会的价值体系出现紊乱，它使社会成员缺乏必要的准则和约束，从而诱发出许多严重的社会问题。

社会稳定是管理创新的内在要求。美国哈佛大学政治经济学教授德怀特·珀金斯指出，一个地区经济高速增长的阶段是和能保持长期安定的政府同时出现的，而长期安定为投资创造了优越的环境，最终促使经济增长。[1]当前影响中国社会稳定的因素主要有：一是官员腐败现象严重。其主要原因是政府的过度干预和官员运用权力的任意性，主要表现为一些垄断行业和部门通过高定价或不合理收费牟取暴利，一些机构和个人利用手中权力"寻租"，搞权钱交易，获取"灰色收入""黑色收入"。另外，严重的制度缺陷也造成机构臃肿，效

---

① ［美］D. H. 珀金斯：《中国：亚洲的又一个经济大国》，金志有译，学林出版社1992年版，第16页。

率低下。二是居民收入差距过大。目前中国的收入差距已超过中等不平等程度（指基尼系数），收入差距过大使低收入者明显成为一个弱势群体，这些弱势群体对这种分配状况产生强烈不满，成为一个不稳定的因素。三是下岗人员增多，失业状况堪忧。由于社会转型期劳动市场发育不足，市场功能与结构存在严重缺陷，目前的再就业工程对解决下岗职工失业问题的作用又不太明显，这已成为影响社会稳定的一个重要因素。四是农民负担过重，财政供养人员过多。管理创新动摇传统利益结构，引起社会不同利益群体的重新排序，新的社会利益群体的利益需求如果在新的结构中无法得到满足，或者原有结构中的既得利益群体的利益如果无法得到制度化的安排，利益群体的冲突就会形成。社会稳定有利于把握各项管理创新的出台时机，有利于把握各项管理创新的推行力度，有利于把握各阶层的承受能力和不同群体的利益要求，有利于保持管理创新的稳定性、连续性和适时性，真正把管理创新的力度、发展的速度和社会承受的程度统一起来，实现社会良性运转。所以，我们必须正确处理创新、发展和稳定三者之间的关系，把管理创新看作一个系统工程，用发展中的社会稳定管理创新的顺利进行。

论利益协调的制度建设[*]

改革开放以来,在中国经济持续增长,人民生活水平普遍提高的同时,人民内部的一些利益关系和利益矛盾趋于复杂和紧张,特别是贫富差距进一步扩大并接近社会容忍限度,社会深层次矛盾日益突出,影响着社会协调健康的发展。区域发展不平衡,利益主体多元化,利益分配不均衡,社会就业问题突出,群体性事件和恶性事件日益增多,这些问题很容易转化为新的利益矛盾并成为社会不稳定因素。其实,在所有这些不和谐现象的背后,都是利益失衡的问题,因此,用制度有效地协调各种利益主体间的关系,形成均衡的利益格局,切实维护和实现社会公平正义,对促进社会稳定和构建社会主义和谐社会有着重大的意义。

一 利益协调制度建设的必要性

面对目前利益主体多元化、利益诉求多样化、利益要求均衡化而实际是利益差距扩大化的复杂局面,要有效处理各种利益矛盾,形成各个阶层和谐共处的利益关系,就要从制度上规范各种利益行为和利益关系,统筹兼顾不同群体、阶层的利益要求。从根本上讲,加强利益协调性的制度建设是保证利益机制有效运行的前提,也是中国利益机制健康发展的基本保证。

---

[*] 原载《人民论坛》2011年9月,作者石杰琳。

制度建设篇

用制度协调平衡社会各阶层利益关系,妥善解决各种利益矛盾,是维护社会和谐稳定的要求。构建社会主义和谐社会,必须保持社会的稳定有序,而社会的稳定有序必须借助于有效的利益机制才能实现。而目前的现实情况是城乡差距、地区差距、行业差距不断扩大,分配不公的矛盾凸显,关系群众利益的民生问题依然较突出,改革与发展的成果尚未充分惠及广大民众尤其是一些社会弱势群体,人民内部的利益矛盾由于利益主体的分化而显得错综复杂。改革的力度加大,协调各方面利益关系的难度加大,从而使社会生活变得复杂化,致使利益格局的变动性和社会机制的残缺性并行。此类问题如不加以有效解决,一旦形成矛盾叠加,就容易使社会失序、局势不稳,阻碍和谐社会的实现。

利益协调的制度建设是利益均衡机制的基础。利益均衡的建立要基于各社会基层利益协调的价值认同,而利益的均衡不可能自发形成,必须借助于政府的利益制度安排。有效的利益制度安排是实现利益均衡的主导性机制,其性质决定了利益均衡的实现程度。加强利益协调的制度建设是解决问题的关键,应通过有效的制度安排,使公民不再成为利益机制制定中的旁观者,将利益机制的制定引入公民依法有序的参与和监督之下,从而促进社会的公平正义。

加强利益协调的制度建设,可以消减利益结构调整带来的利益失衡与冲突。改革开放以后,中国的利益结构发生了很大变化。在允许一部分人先富起来的口号激励下,中国人追求财富的热情在客观上推动了经济社会的发展,但是,随着社会财富的不断积累和增加,分配问题又成为一个需要解决的问题。由于没有合适的制度安排,城乡收入分配失衡;由于公共政策的倾斜,区域发展的失衡;由于存在垄断而出现行业收入分配失衡,已成为构建和谐利益机制的阻力。事实证明,构建和谐的利益机制势在必行。如若缺失有效的利益协调制度安排,不仅会削弱解决经济和社会发展中矛盾冲突的有效性,而且增加了政府维持稳定的成本。

二 利益协调制度建设的原则

利益协调的制度建设，关键在于构建以社会公正为核心的现代社会治理模式，让更多的人共享改革开放的发展成果。利益协调的制度建设包括两个层面：一是制度设计层面，利益协调应当成为结构合理、具体制度齐备、体系完善的制度系统，系统内部利益制度规范之间应具有基本精神的一致性和连贯性，避免和减少制度之间的相互冲突；二是在制度的实施层面，必须严格遵循制度的规范性原则。

制度建设要体现公平正义的社会价值观。维护和实现社会公平正义，涉及最广大人民的根本利益，是执政党坚持立党为公、执政为民的必然体现，也是中国社会主义制度的本质要求。在利益协调的制度建设中，必须体现制度正义和制度公平，使改革创新的成果惠及全体人民。社会稳定的基本问题是社会公正的实现问题，而社会公正的实现机制，在理论上又可以转换为利益均衡和利益保障的实现机制。

利益协调的制度建设要体现完备性，保证社会秩序的连续性和稳定性。在社会秩序方面，有效的社会利益协调在制度设计和制度的实施层面上，应体现包括以下方面的内容：第一，完善的利益表达渠道。完善的利益表达渠道一个特殊功能，是能为不同利益群体反映自己的利益与诉求，表达自己的愿望和不满，提供有效的途径、方式、方法。一个和谐、稳定的利益格局，必须建构完善的利益表达渠道，并以兼顾社会各方面的利益为基本前提。完善的利益表达渠道，可以使公共政策采取公平的价值取向，而不会对某些特别的人或地区倾斜。第二，完善的利益协商机制。建立完善的利益协商机制，通过不同利益主体之间相互协商，在考虑不同利益要求的条件下，能够按照规则和事先约定的程序解决冲突，降低公开冲突和对抗的概率，求同存异，使矛盾得到解决。制度建设应站在公共利益的角度，以平衡利益关系、协调利益矛盾和化解利益冲突为出发点和目标，以期实现社会发展中利益的共享。第三，公正的利益均衡和保障机制。在制度建设及实践中，利益均衡和利益保障机制的建设构成了制度建设保持政治稳定的两项基本任务。利益均衡和保障机制的建立是基于各社会阶层利益协调的价值认同，它不同于衡量收入分配均等程度的平等，它是在市场竞争之上维护共同利益生活的更高的原则。通过再分配和转移支付来救助和扶持弱势群体，这既是我们认知现行利益分配制度的基础，也是我们进一步完善中国利益分配制度的保障。

三 利益协调制度建设需要注意的问题

一个制度安排的效能在很大程度上依赖于其他相关制度安排的存在。在制度设计方面，由于社会是一个内部关联甚为紧密的整体。一项制度安排的动作就可能打破整个社会的平衡。因此，在制度的设计和配置时，必须照顾整体性和平衡性。就目前中国利益协调的制度建设现状看，一方面，由于制度自身尚处于探索阶段，其制度构建不成熟或不完善在所难免；另一方面，受制度自身局限性和运行环境等因素的制约，利益协调在运行实践中还会存在诸多问题，诸如不同利益主体之间、制度与制度之间缺乏体系内应用的协调性，监管制度不健全等。加强利益协调的制度建设，需要我们注重以下问题，并在实践中有所作为。

重视利益协调制度建设的整体性规划。有效的制度建设是保证制度协调的重要环节。任何一项制度建设都会受到制度自身发展程度及所处的制度环境的影响甚至制约，由此说来，制度建设应该是一项系统的社会工程。对此，制度建设要从系统性出发，综合考量各方面的因素，通过持续性的动态建设，逐渐形成结构合理、具体制度齐全且有较强可操作性的制度体系；同时，还要注意到制度自身的完善和相关配套制度建设的并行推进，以保证制度运行的健康性。

考虑到不同利益机制之间的系统性和关联性。利益的诉求、协调、均衡保障机制是一个系统工程，某一具体机制自身存在的问题往往与其他机制相互关联，可能成为下一个运行机制的问题，也可能成为另一机制出现问题的导因,同时,利益机制实际运行中的问题直接影响利益制度安排的效果,如若不能及时得到解决,就会成为阻碍利益机制完善的消极因素。从横向层面讲,即使同一个机制层面的问题,各问题之间也是相互影响、相互制约的,问题与问题之间会形成"利益问题链"。因此,必须把握利益机制构建中所遭遇问题间的关联性,采取综合治理的方式,以取得最佳效果。

注意利益协调制度安排的合理性。就目前情况来看,利益协调中存在的问题,大部分是制度设计得不合理所致,究其原因,一方面是管理者在制度设计中本着方便自身的考量,忽视了被管理者的利益需求,导致制度本身存在不完善问题;另一方面由于受到制度所处环境和经济发展程度的制约,不可避免地出现诸多问题。因此,对于前者可从制度本身寻找原因并加强解决,而对于后者则需营造良好的制度环境。

注意利益协调制度建设的阶段性。利益协调的制度建设是一个系统工程,涉及社会生活的诸多方面,包括不同利益主体之间、城乡之间、不同收入群体之间的关系,因此,确定利益协调制度的阶段性建设,不仅关系到具体制度的设计与运行,而且关系到利益协调在保持政治稳定中的作用发挥。就目前的情况看:一是利益协调的制度建设目标定位缺乏层次性;二是缺乏目标冲突的协调机制。为此,利益协调的制度建设应采用渐进的方式,先解决那些事关重大、影响政治稳定和社会有序发展的问题,正确区分轻重缓急,并根据利益协调自身完善的内在要求和社会发展的需要逐步解决。目前,解决的重点应是在确定公平、公正原则的基础上加强利益诉求协调方面的制度建设,并逐步由权力保障过渡到权利保障。

# 国家治理现代化篇

推进国家治理现代化的四个着力点[*]

推进国家治理现代化是一项复杂的整体性、系统性、协同性工程，既涉及执政党的执政方式改进，也涉及国家制度安排和治理能力提升，还涉及国家、政府和社会的相互关系。因此，推进国家治理现代化，必须抓住改进党的执政方式、推进国家制度现代化、实现治理能力现代化和依法治国四个着力点。

一 坚持依法执政，改进党的领导方式和执政方式

中国共产党是中国特色社会主义事业的领导核心，也是中国国家治理现代化的领导力量和推动力量。在推进国家治理现代化过程中，必须始终坚持党的领导，确保国家治理现代化的正确方向。

在国家治理现代化的背景下，坚持党的领导的关键是改进党的领导方式和执政方式。根据党的十八大和十八届三中全会的要求，改进党的领导方式和执政方式，就是要做到科学执政、民主执政、依法执政，其中依法执政又是关键，因为民主执政和科学执政在很大程度上要通过依法执政体现出来，并且要靠依法执政来保证实现。

坚持依法执政，是党的领导方式和执政方式的重要转换。它要求党主要通过国家政权依法对国家和社会事务实施领导。在国家治理现

---

[*] 原载《中州学刊》2014年第10期，《新华文摘》2015年第1期全文转载，作者秦国民。

代化的语境下，坚持依法执政，实施党对国家和社会的领导，具体体现为将党的领导、人民当家作主和依法治国有机统一起来。

其一，通过国家政权组织体系来执政。党的执政活动应当主要通过各级国家政权组织（即各级人民代表大会及其所产生的行政机关、审判机关、检察机关）来进行，通过各国家机关依法履行职能来实现对国家和社会事务的领导，而不是在国家政权组织体系之外。各级党委应当按照总揽全局、协调各方的原则在同级各种组织中发挥领导核心作用，同时应当支持和保证人大、政府、法院、检察院依照法律积极主动、独立负责、协调一致地开展工作；各级国家机关的党组、党员领导干部和广大党员应当贯彻实施党的路线方针政策，贯彻实施党委的重大决策和工作部署。

其二，使党的干部成为国家机关领导人员和工作人员。依法进入各级国家政权组织，掌握和控制国家权力，这是执政活动本身性质所要求的。因此，承担执政责任的各级党员领导干部（各级党委、党组织领导班子成员），应当尽可能多地在国家机关中担任相应的职务，实行交叉任职，一身二任，并承担相应的责任。领导干部以国家工作人员的身份活动时，按宪法、法律和法规行事；以党员负责同志的身份活动时，按党章和党内法规行事。同时，应当不断改革和完善干部人事制度，以适应依法执政的需要。

其三，将党的主张通过法定程序转化为国家意志。党提出的各种执政主张，包括党的基本理论、党的路线方针政策、重大措施和工作部署，应当转化为国家意志，使党的主张与人民的意志相统一，并以此在全社会推行。这种转化的形式和载体主要有两类：一是以宪法、法律、法规等制度化、规范化的形式所体现的，具有普遍的适用性，作为全社会成员共同遵循的制度和规则；二是以人民代表大会通过的工作报告、发展规划、预算决算、决议决定等民主决策、民主施政的形式所体现的，具有法定的效力，成为当年或者一定时期内国家各机关的重要施政纲领和工作指导文件。

其四，加强对权力运行的监督和制约。各级党组织和全体党员要自觉在宪法和法律的范围内活动，带头维护宪法和法律的权威，并监督法律法规、决议决定和方针政策的贯彻落实。任何组织和个人都没有超越宪法和法律的特权，任何违反宪法和法律的行为都必须予以追究。坚持用制度管权、管事、管人，建立健全决策权、执行权、监督权既相互制约又相互协调的权力结构和运行机制，建立健全有权必有责、用权受监督、失误要问责、违法要追究的监督机制。完善各类办事公开制度，提高工作透明度和公信力。综合运用国家监督、党内监督、民主监督、社会监督等多种监督形式，增强监督合力和实效。

二　把制度建设摆在国家治理体系中的突出位置

正是基于制度的重要性，党的十八大报告强调"要把制度建设摆在突出位置"。十八届三中全会在提出国家治理体系和治理能力现代化时，仍然要求在国家治理体系中"要把制度建设摆在突出位置"。根据党的十八大和十八届三中全会精神，推进国家治理现代化，必须把制度建设摆在国家治理体系中的突出位置。

其一，在国家治理体系结构中，把制度建设摆在突出位置，以制度优势证明道路选择的正确性和理论体系的科学性。党的十八大报告明确指出了中国特色社会主义道路、中国特色社会主义理论体系、中国特色社会主义制度的丰富内涵。必须明确，中国特色社会主义制度是中国特色社会主义道路的前提基础和根本保障，是中国特色社会主义理论体系的实践成果和根本成就。在国家经济、政治和文化的关系结构中把制度建设摆在突出位置，以制度绩效确保经济社会的全面发展。为了全面建成小康社会和全面实现现代化，必须以更大的政治勇气和智慧，不失时机深化重要领域改革，坚决破除一切妨碍科学发展的思想观念和体制机制弊端，构建系统完备、科学规范、运行有效的制度体系，使各方面制度更加成熟、更加定型。

其二，在国家治理能力结构中，把制度建设摆在突出位置，以制度理性弥补人性以及人的能力的局限与不足。人类创造制度反制自身的行为，正是认识到人性中不能自我克服的局限和不足，需要通过外在的制度予以弥补。在制度和人的关系结构中把制度建设摆在突出位置，厉行法治而摒弃人治，目的就在于以制度理性弥补人性的局限和不足。这必然要求制度本身具有良善性，制度本身应更具根本性、全局性、稳定性和长期性。同时，在社会管理过程中，要注重制度建设，以制度创新提高社会管理能力和科学化水平。

其三，在制度与发展的关系结构中，把制度建设摆在突出位置，以制度力量为科学发展提供坚强保障。科学发展是接受制度约束的发展。当前经济社会发展面临的诸多困难和问题，要求我们在制度和发展的关系结构中把制度建设摆在突出位置，以制度力量为科学发展提供坚强保障。要为社会主体的活动提供规则体系，约束社会主体的活动，形成良好的社会活动秩序。要明确资源配置和交易行为准则，消除不确定性，降低合作成本，形成稳定预期，促进交易安全，从而激发社会主体活力、促进主体间合作，为经济社会持续发展提供根本制度保障。

其四，在制度创设与制度优化的关系结构中，把制度优化摆在突出位置，以制度文明为良法善治提供前提和基础。要通过制度创新来治理国家，需要创设大量的正式制度和非正式制度，由此，有必要解除国家机关对制度创设权的垄断，彻底跳出"政策治国"的窠臼。科学发展需要的是良法善治。良法善治是合规范性、合正义性与合目的性的统一，也是合法性、民主性与科学性的统一。良法善治的前提是：制度具有较高的文明程度，高度重视制度本身的执行力和可实施性，包括程序性、可操作性、可核查性和可追究性，高度重视制度的针对性、相对性、整体性、协调性和与时俱进性。制度的创设难能可贵，制度的优化任重道远。我们需要充分认识目前我国制度自我完善的空间，深刻认识制度自我完善的规律，积极探索制度自我完善的机制。

其五，在制度供给与制度贯彻落实的关系结构中，把制度贯彻落实摆在突出位置，以制度落实兑现神圣和庄严的执政承诺。制度供给固然重要，更重要的是已确立的制度在现实生活中能得到贯彻落实。制度的贯彻落实作为中国特色社会主义建设的重要组成部分，是制度实现和承诺兑现的攻坚战，是法治国家建设的主体工程，是全体国民自由、安全和福祉的终极屏障，是国家长治久安和科学发展的根本保障。推进国家治理现代化，尤其要重视法律实施工作，使法律在实施中更加具有尊严，使神圣和庄严的执政承诺在现实中得以兑现。

总之，在推进国家治理现代化的过程中，必须严格遵循制度建设与国家治理的互动关系原则，将制度建设摆在国家治理体系的突出位置，进而把制度建设与国家治理结合起来。

三 全面提升国家治理能力的现代化水平

所谓国家治理能力，就是运用国家制度管理国家事务和社会事务、管理经济和文化事业的能力，也就是制度执行力。它具体体现为国家统筹各个领域治理主体、处理各种主体关系，实现经济社会发展进步的水平与质量。在当下的中国，国家治理能力主要体现在改革发展稳定、内政外交国防、治党治国治军等各个方面。习近平强调，必须适应国家治理现代化总进程，提高党科学执政、民主执政、依法执政水平，提高国家机构履职能力，提高人民群众依法管理国家事务、经济社会文化事务、自身事务的能力，实现党、国家、社会各项事务治理制度化、规范化、程序化，不断提高运用中国特色社会主义制度有效治理国家的能力。提升国家治理能力现代化水平，应从执政党的执政能力、国家机构的履职能力和人民群众的管理能力三个方面入手。

其一，在执政党的执政能力方面，要着力提高党科学执政、民主执政、依法执政水平。中国共产党是社会主义事业的领导核心，也是推进国家治理现代化的领导力量。国家治理现代化离不开党的领导，而党要领导好国家治理现代化，关键是要提高科学执政、民主执政、依法执政水平。

所谓科学执政，就是坚持以马克思主义的科学理论为指导，不断探索并遵循共产党执政规律、社会主义建设规律、人类社会发展规律，以科学的思想、科学的制度、科学的方式组织和带领人民共同建设中国特色社会主义。要科学制定和实施党的理论和路线方针政策，科学设计、组织、开展各项执政活动。在当代中国，科学执政尤其要体现在切实抓好发展这个党执政兴国的第一要务上，坚持以科学发展观统领经济社会发展全局，不断实现好、维护好、发展好广大人民群众的根本利益。要大力推进决策科学化、民主化，努力使党作出的决策特别是关系国计民生的重大决策符合客观规律和科学规律，符合人民群众的愿望。

所谓民主执政，就是坚持为人民执政、靠人民执政，发展中国特色社会主义民主政治，推进社会主义民主政治的制度化、规范化、程序化，以民主的制度、民主的形式、民主的手段支持和保障人民当家做主。要牢牢坚持立党为公、执政为民，真正把广大人民群众的根本利益作为一切工作的出发点和落脚点，切实做到权为民所用、情为民所系、利为民所谋。要进一步健全民主制度，保证人民依法实行民主选举、民主决策、民主管理、民主监督，充分发挥人民群众和社会各方面的积极性、主动性、创造性，共同做好改革发展稳定的各项工作。要不断完善和扩大党内民主，加强对权力的监督，保证把人民赋予的权力真正用来为人民谋利益。

所谓依法执政，就是坚持依法治国、建设社会主义法治国家，领导立法，带头守法，保证执法，不断推进国家经济、政治、文化、社会生活的法制化、规范化，以法治的理念、法治的体制、法治的程序保证党领导人民有效治理国家。要加强党对立法工作的领导，推进科学立法、民主立法，从制度上、法律上保证党的路线方针政策的贯彻实施。各级党组织都要在宪法和法律范围内活动，全体党员都要模范遵守宪法和法律。要督促和支持国家机关依法行使职权，依法推动各项工作的开展，切实维护公民的合法权益。

在推进国家治理现代化过程中，要切实把坚持科学执政、民主执政、依法执政落实到加强党的执政能力建设和先进性建设的实践中去，落实到改革开放和现代化建设的各项工作中去，不断推进党执政的科学化、民主化、法治化，更好地团结带领全国各族人民夺取中国特色社会主义事业的新胜利。

其二，在国家机构的履职能力方面，要着力提高科学立法、依法行政、公正司法水平。国家机构是国家权力载体，也是推进国家治理现代化的组织力量。国家治理现代化离不开国家机构的谋划和推进，国家治理现代化对国家机构的履职能力提出了新要求。这些新要求具体体现在科学立法、依法行政、公正司法三个方面。

科学立法是法治中国建设的前提，也是国家治理现代化的体现。习近平在纪念现行宪法公布施行30周年大会上要求，全国人大及其常委会要加强重点领域立法，拓展人民有序参与立法途径，通过完备的法律推动宪法实施，保证宪法确立的制度和原则得到落实。国务院和有立法权的地方人大及其常委会要抓紧制定和修改与法律相配套的行政法规和地方性法规，保证宪法和法律得到有效实施。中国虽然于2010年宣布中国特色社会主义法律体系已经形成，但这并不意味着立法任务已全部完成。有许多重点领域还需加强立法，个别领域尚有"立法真空"。因此，要继续完善社会主义法律体系，并使所立之法符合正义性、规律性，具有可行性。

依法行政是依法治国的重要内容，也是国家治理现代化的基本要求。要按照建立中国特色社会主义行政体制目标，深入推进政企分开、政资分开、政事分开、政社分开，建设职能科学、结构优化、廉洁高效、人民满意的服务型政府。深化行政审批制度改革，继续简政放权，推动政府职能向创造良好发展环境、提供优质公共服务、维护社会公平正义转变。稳步推进大部门制改革，健全部门职责体系。优化行政层级和行政区划设置，有条件的地方可探索省直接管理县（市）改革，深化乡镇行政体制改革。创新行政管理方式，提高政府公信力和执行力，推进政府绩效管理。严格控制机构编制，减少领导职数,降低行政成本。推进事业单位分类改革。完善体制改革协调机制,统筹规划和协调重大改革。

公正司法是法治国家的标志,也是国家治理现代化的保证。党的十八大报告要求:进一步深化司法体制改革,坚持和完善中国特色社会主义司法制度,确保审判机关、检察机关依法独立公正行使审判权、检察权。习近平多次强调,各级国家行政机关、审判机关、检察机关要坚持依法行政、公正司法,加快推进法治政府建设,不断提高司法公信力,让人民群众在每一个司法案件中都感受到公平正义。要实现司法公正,必须深化司法体制改革,确保司法机关依法独立公正行使审判权、检察权;要让司法回归司法,既不能让司法机关变成立法机关,更不能让司法机关成为行政机关;要让司法机关真正地从事司法工作,实现和保障社会的公平正义;要建立健全社会监督机制,树立司法权威,不使司法判决成为无法兑现的空头支票。

其三,在人民群众的管理能力方面,要着力提高人民群众依法管理国家事务、经济社会文化事务、自身事务的水平。人民是社会主义中国的主人,也是国家治理现代化的推进力量,人民群众的管理能力最终决定着国家治理现代化的程度。根据国家治理现代化的要求,提高人民群众依法管理国家事务、经济社会文化事务、自身事务的水平,重点在于健全民主制度、丰富民主形式,保证人民群众依法实行民主选举、民主决策、民主管理、民主监督,保证人民群众享有广泛权利和自由。

民主选举,是指人民群众根据自己的意愿,按照法定形式,选定国家各级代表机关的代表和某些国家公职人员的行为。民主选举有直接选举和间接选举两种基本形式。人民群众通过民主选举实现其基本政治权利。民主决策,指在决策的规则和程序方面,保证广泛的人民群众参与,倾听人民群众意见并集中民智,使决策建立在民主和科学的基础之上。民主管理,指人民群众作为政治主体参加国家事务和企事业的管理,行使宪法赋予的各项权利并承担宪法赋予公民的责任和义务,特别在基层社会自治中,人民群众直接管理自己的事务。民主监督，指人民群众根据宪法赋予的权力，对国家各级代表机关和公职人员进行监督，以纠正各种违法行为，维护自己的民主权利。

必须强调，人民群众依法管理国家事务、经济社会文化事务、自身事务的能力不是天生的，而是在民主实践中逐步提升的。因此，要丰富民主形式，拓展民主渠道，让人民群众在民主实践中学会民主，在法治实践中遵循法治，只有当广大人民群众真正成为国家和社会的主人的时候，国家治理现代化才会最终实现。

四 坚持依法治国，推进国家治理法治化

推进国家治理体系和国家治理能力的现代化，不仅需要改革和完善现有的体制机制、法律法规，而且必须使这些体制机制和法律法规发挥应有的作用，也就是说，国家治理现代化其实也是一个法治化的过程。因此，坚持依法治国，推进国家治理法治化，是实现国家治理现代化的一个重要着力点。

第一，推进党的执政方式法治化。中国共产党在国家建设中起着整合社会、提供领导、保证发展的核心作用，并因此成了中国法治化建设发展不可缺少的前提。党的执政方式法治化是中国法治化建设顺利推进的前提和有力保障。要推进党的执行方式法治化，首先，关键在于确立有中国特色的权力制约机制，通过合理划分党与人大、行政和司法的权力，同时探索建立党内权力制约机制，进而使党的权力运行法治化。其次，要推动党的执政方式由主要依靠政策转向依靠宪法和法律，使党的政策的制定在宪法和法律的框定内进行。最后，推进党的执政方式法治化还要求实现党的意志与法律意志的有机统一，确保党领导的程序法治化，从而推动政党法治的实现。

第二，推进国家与社会关系法治化。国家与社会关系是法治化建设着重处理的方面，二者关系处理得如何直接关系国家自主性和社会自主性的程度。国家与社会关系法治化，一方面，要强化有限政府理念，通过司法审查密度的强化、法定程序的严格化和行政过程的公开

化等多层次、多渠道对国家权力予以限制,推动国家权力的科学定位。另一方面,要拓展公民权利,通过确认和保障公民的知情权、参与权等程序性权利,来保障公民权利。

第三,推进中央与地方关系法治化。"为保障中央与地方的权力运行不偏离宪法所确立的框架和结构,应当建立中央与地方关系的宪法保障制度"①,从而将中央与地方关系处理纳入具有稳定性、规范性和可操作性的法制轨道。一是应把国家权力的纵向配置纳入具有最高权威的宪法范围,央地关系的核心是权力划分,没有权力划分则央地关系法治化就会流于空谈;二要建立灵活有序的调整机制,"建立中央与地方的权力划分机制、行政系统内部调控机制以至司法审查制度。中央与地方之间、地方与地方之间有可能发生权益冲突。调处纠纷的途径除了行政的、协商途径外,司法的途径是纠纷调处的最终有效途径"。②

第四,推进政治参与法治化。依法有序的公民政治参与是国家治理体系和国家治理能力现代化的必然要求,保持公民政治参与均衡性是国家治理体系和国家治理能力现代化的重要内容,也是公民政治权利得以实现的重要方式,反映着公民在社会政治生活中的地位、作用和选择范围,体现着政治关系的内容。政治参与法治化是通过为公民政治参与活动提供法治平台,引导民众有序开展政治参与活动。推进政治参与法治化,要求不断强化和拓展政治参与的制度化渠道,进一步发挥人民代表大会制度、共产党领导的多党合作和政治协商制度、民族区域自治制度、村民自治等社会主义民主政治制度,推进信息公开化的法治化进程,在保证公民知情权的前提下为政治参与提供必要的基础性条件,从而提高民众的参与质量。

---

① 熊文钊:《法律保障央地关系》,《瞭望》2005年第49期。
② 杨海坤、金亮新:《中央与地方关系法治化之基本问题研讨》,《现代法学》2007年第6期。

恰适性：推进国家治理现代化的制度建设原则[*]

党的十八大报告明确提出，"全面深化改革的总目标是完善和发展中国特色社会主义制度，推进国家治理体系和治理能力现代化"。在"改革进入攻坚期和深水区"的阶段"以更大决心冲破思想观念的束缚、突破利益固化的藩篱，推动中国特色社会主义制度自我完善和发展"[①]。制度的完善与发展已经成为新时期摆在我们面前的重要问题，制度的恰适性问题研究就是对制度完善与发展的探索性研究。制度对两个对象具有存在意义，一个是制度存在的环境，另一个是与制度相关的人。本文试图通过研究制度与环境、制度与人的恰适性探讨中国制度完善与发展的路径。

一 恰适性：中西自古就存在的制度建设原则

制度在我们的生活中被频繁使用并扮演着重要的角色。道格拉斯·C.诺斯认为："制度是一个社会的博弈规则，或者更规范地说，它们是一些人为设计的、型塑人们互动关系的约束。"[②] 诺斯从制度

---

[*] 原载《中国行政管理》2015年第9期，作者秦国民、高亚林。
[①] 习近平：《关于〈中共中央关于全面深化改革若干重大问题的决定〉的说明》，《人民日报》2013年11月16日。
[②] [美]道格拉斯·C.诺斯：《制度、制度变迁与经济绩效》，杭行译，上海人民出版社2008年版，第10页。

的经济功能来描述制度,认为制度为人类提供了一种关于合作与竞争的经济秩序,是一种社会博弈规则,为决定人们的相互关系而人为设定的一些制约。里普森认为:"所谓制度,就是在群体满足公共需求的重复性实践活动中所形成的程式化的行为模式的产物。"① 由此可以看出,制度是经济、社会、政治等领域内的参与人共同遵守的行动章程或规则,是政治、经济、社会组织的一系列秩序规范体系,具有一定的约束性、激励性、规范性和程序性。

制度作为一种"游戏规则"或"行为模式"都是人为设定或创造出来的,以规范人的行为和社会秩序。由此可知,制度的设置与安排是否确实符合当时的时代条件和客观现状,以起到人们期望的积极作用则成了摆在我们面前的现实问题,这涉及制度的恰适性问题。其实通过考察不难发现,在制度建设和制度发展完善的过程中有着制度设计和安排要符合时代条件和客观现状的智慧痕迹。

首先,制度安排要适合环境的要求。制度适合环境不仅包括制度应适合一定的历史发展阶段,还包括制度应适合特定历史阶段内一国的现实条件和状况。在西方,亚里士多德的《政治学》里就有政体要适合不同公民团体的思想,"最良好的政体不是一般现存城邦所可实现的,优良的立法家和真实的政治家不应一心想望绝对至善的政体,他还需注意到本邦现实条件而寻求同它相适应的最良好政体"②。孟德斯鸠在《论法的精神》中说:"要维持原有政体的原则,就应该维持原有的疆域,疆域的缩小或扩张都会变更国家的精神。"③ 在中国,王夫之先生曾言:"为政之患,闻古人之效而悦之,不察其精义,不揆其时会,欲姑试之而不合,则又为法以制之。"萧公权先生评价说,船山先生制度原理之一就是"法制随时代以演变""制度宜适时

---

① [美]莱斯利·里普森:《政治学的重大问题》,刘晓等译,华夏出版社2001年版,第44页。
② [古希腊]亚里士多德:《政治学》,吴寿彭译,商务印书馆2012年版,第179页。
③ [法]孟德斯鸠:《论法的精神》,张雁深译,商务印书馆1982年版,第126页。

恰适性：推进国家治理现代化的制度建设原则

应世"①。"适时应世"就是既要适合当时的时代条件，又要适应现实时代的客观情况，已经充分展现了制度对环境的恰适性原则。马克思主义的生产力决定生产关系、经济基础决定上层建筑的原理更是睿智而精辟地道出了制度应与一定的生产力、经济基础相适应的道理。

其次，制度要符合与制度相关的人。密尔在讨论政府在多大程度上是个选择问题时就说，制度是人的劳作，是人的意志力作用的结果，需要人的积极参加才能运转，并须使之适应现有人们的能力和特点。这包含着三个条件：为人民而设的政府形式必须为人民所乐意接受，或至少不是不乐意到对其建立设置不可逾越的障碍；他们必须愿意并能够做为使它持续下去所必要的事情；以及他们必须愿意并能够做为使它能实现其目的而需要他们做的事情。② 从而得出"适合于特定国家的政府形式是在一定条件下服从选择的"结论，这里不探讨密尔的思想和结论，我们只需看到密尔已经充分注意到了政府形式与人民的密切关系，提出二者要互相适合的观点；关于制度和人的关系论述，马奇和奥尔森用制度的"恰适性逻辑"把宏观制度与微观的人完美地结合了起来，根据恰适性逻辑，制度能有效地影响和激励其成员的行为按照组织规则行事而不是追求自己的利益结果，但他们所说的组织规则或制度更多的是一种价值规范；③ 中国"坚持以人为本，尊重人民主体地位"的改革指导思想是坚持马克思主义与中国的基本国情相结合，制度不再是一个阶级统治另一个阶级的工具，而是在人民当家做主的情况下，制度是为人的自由全面发展的目标服务的，把制度的恰适性提到了更高的阶层。

以上古今智者的思想其实就是遵循制度的恰适性的表现。恰适性是事物的一种随自身状态和周围环境的变化而不断变化发展的属性，其中包含重要的规则，即"恰当、合适"。恰适性的前提是至少有两个对象的存在，如 A 对 B 具有恰适性，单一对象本身 A 对 A 无所谓恰适不恰适，因为 A 即 A。制度对两个对象具有存在意义——制度所在的环境和

---

① 萧公权：《中国政治思想史》，商务印书馆 2011 年版，第 613 页。
② 参见 [英] J. S. 密尔《代议制政府》，汪瑄译，商务印书馆 1982 年版，第 7 页。
③ [美] 詹姆斯·G. 马奇、约翰·P. 奥尔森：《重新发现制度：政治的组织基础》，张伟译，生活·读书·新知三联书店 2011 年版，第 262 页。

与制度相关的人,制度所在的环境包括时间和空间两个维度;与制度相关的人则包括制度设计者、制度执行者、制度服从者和维护者等,角色不是严格划分的,各种角色是相互交叉存在的,如设计者和执行者又可能同时是维护者和服从者。所以,制度的恰适性就是制度对其存在的环境和对与制度相关的人的恰当性、适应性,是制度与环境、人的和谐地有机统一。恰适性的制度本身就是为了与环境、人的有机统一而不断改革的制度。就制度的恰适性含义来看具有以下特点。

第一,合法性。合法性也被国内一些学者称为"正当性"或"正统性"。在政治学的研究中,合法性的概念与单纯的法学研究中探讨的"合乎法律规定"的概念是有所不同的,体现在两个层面,一是指人们对制度的认同。制度的设置最终是为人服务的,人民主权就是由人民享有统治和管理国家和社会事务的权力,公平正义的制度才能符合最广大人们的利益,才能最广泛地凝聚共识,推进国家与人的发展进步,更能得到人们的认同。二是指符合法律。具有恰适性的制度是符合法律、依法治国的制度,任何权力的设置和人物活动都应遵循法治的原则,没有不受约束的权力,没有不受法律制约的人,一切制度安排与设置都在法制中进行,在法制中推进制度的完善与发展,避免人治的非理性与随意性因素造成的失误,这也进一步加强了人们的政治认同,增强了制度的合法性。

第二,可行性。恰适性的制度必是可行的制度,首先表现为制度的可操作性,即能够被人们理解和执行。一方面是在制度设计层面使制度具有可行性,通过合理设计制度的具体实现形式,如政权组织形式、国家结构形式、具体体制机制和运作方式等的科学性,使制度具有可行性。另一方面是制度设计符合人的理解力和执行力,理解力是执行力的前提,只有在充分、深入、透彻理解的基础上,才能完整深入地、富有创造性地将制度执行;执行力是将制度安排、决策部署转化为实际成果的能力,再好的制度安排和深入的理解,不执行和落实,不转化为实际结果只能是毫无意义的一纸空文。其次表现为制度的时效性,即及时、高效,在恰当的时间、地点,以最小的资源和时

恰适性：推进国家治理现代化的制度建设原则

间消耗管理社会公共事务。

第三，协调性。协调是和谐一致，配合得当，前提是把相关人和事看成一个有机整体，各部分为着同一目标，协调配合。协调性是事物在发展过程中各要素的协调配合和有机统一。在此处则指为着国家治理现代化这一目标，在制度的设计、执行等过程中制度与其所在环境、制度与人、和制度相关的人与人组成有机整体，彼此之间配合得当，协调一致。首先，恰适性制度与环境的协调性表现为"适时应世"，制度的设计按照恰当、合适的规则随时代发展而发展，随环境变化而变化。其次，恰适性制度与人的协调性表现为：一是制度设计者与执行者协调一致，若执行者没有与设计者沟通协调好，设计者只顾自己设计，执行者只顾自己执行，则各自形成自己的着力点和发力方向，没有完美协调的分工合作，则难以实现目标。所以执行者与设计者协调一致，则从制度设计到执行会比较顺畅，利于设计的好制度得到好的执行。二是制度服从者、维护者与制度设计者、执行者协调一致，即不但设计者和执行者协调一致，而且需要得到制度服从者的理解和维护。各方共同向着一个目标，各自分工又协调合作，被设计出的制度才能充分发挥制度的作用，利于推进国家治理现代化。

理解制度恰适性还要注意：其一，制度的恰适性是制度在时间上的动态性和一定历史时段内空间上的稳定性相结合。纵观人类历史，在不同的历史阶段有着不同的社会形态和政治形态，制度是随着历史的发展而更迭的；但在一定历史阶段内，制度又有着总体上的稳定性。纵观中国历史朝代变革便可明了此理。其二，制度的恰适性是制度的宏观稳定性与微观灵活性相结合。一定时代内的制度具有总体上的稳定性，但宏观制度框架内部也随时世发展有着不断调适的微观灵活性。如古代的变法、近现代的改革等，都是在宏观制度不变的情况下对具体体制的灵活性调适。其三，制度对人的恰适性是制度与人双方的互推共进。一方面，制度对人具有规范作用，其中包括正式制度的规范也包括非正式制度的规范；另一方面，人的思想和能力的提升对于制度的执行和发展完善也具有推动作用。

国家治理现代化篇

二 推进国家治理现代化中制度建设的现状及问题

　　制度的完善与发展是推进国家治理现代化的前提条件，是全面深化改革总目标的首要内容。全面认清中国制度建设现阶段面临的环境和人民的发展状况，对于我们进行恰适性的制度建设和完善发展，推进国家治理体系和治理能力现代化具有重要意义。

　　从制度的时空环境来看，时间上，宏观来说，我们仍处在社会主义的初级阶段；微观来说，"中国发展进入新阶段，改革进入攻坚期和深水区，必须以强烈的历史使命感，最大限度集中全党全社会智慧，最大限度调动一切积极因素，敢于啃硬骨头，敢于涉险滩，以更大决心冲破思想观念的束缚、突破利益固化的藩篱，推动中国特色社会主义制度自我完善和发展"①。空间上，在国际方面随世界多极化和经济全球化的发展，中国在经济、政治、军事、文化等方面既面临着难得的机遇又面临着严峻的挑战，对中国的制度建设提出了新的要求，不但要应对风云变幻的国际局势，还应向世界证明我国社会主义政治发展道路的合理性和优越性。在国内方面，政治上基本形成了一套完备的政治制度，但社会发展带来的问题把体制机制改革提上了议事日程，这就要求进一步发展和完善一套有效的制度来保障，以解决前所未见的问题和挑战，推进国家治理体系和治理能力现代化。改革开放至今，经济发展取得了巨大成果，但同时也使贫富差距有所加大、社会关系复杂化。就中国人民大众的现状来看，随着经济发展、社会关系复杂化，文化的发展也呈现多样性的趋势，利益诉求多元化，伴随人们的主体权利意识增强、思想观念进步、政治意识增强等的是社会责任意识薄弱、道德行为失范、政治参与渠道不完善等问

---

　　① 习近平：《关于〈中共中央关于全面深化改革若干重大问题的决定〉的说明》，《人民日报》2013年11月16日。

题。从与制度相关的人来看，随着"加强顶层设计和摸着石头过河相结合"的提出，如何做好"顶层设计"的工作，科学合理地制定和安排制度设计就对制度设计者提出了新的要求和挑战。

中华人民共和国成立以来，我们随环境变化而不断进行改革并取得了丰硕的成果，探索出了具有中国特色的社会主义发展道路，创建了符合中国的国情的中国特色的社会主义政治制度，保证了中国的制度对中国具体国情的适应性和优越性。但目前，中国改革已经进入攻坚期和深水区，中国特色的社会主义制度的具体体制机制和运作方式等还有需要完善的方面。

首先，就制度的合法性来说，中国的根本政治制度和基本政治制度的设置与安排的合理性与科学性已经凸显了它的优越性，得到了人们的认同，但具体体制机制和运作方式的不完善，影响了人们对制度合法性的认同，主要表现在以下方面：第一，随改革开放的深化，时代的发展，人们的思想不断开放，意识多元，甚至出现了亲西方的思想观念，冲击并淡化对中国价值观等的凝聚力和认同度，这就对我们的凝聚改革合力提出了挑战；第二，一些制度安排还表现出了非公正性，如城乡差距、贫富差距扩大，城乡二元结构等形成，不利与乡村和最底层的制度安排，阻碍城乡、阶层、地区等之间的自由流动，阻碍了公平公正发展的实现，削弱了人们的政治认同；第三，腐败问题也是影响人们认同的重要因素，虽然反腐败力度加大，但如何从源头上防止腐败，如何使防腐反腐制度化、法治化也是需要进一步探索的问题。另外，政治体制改革已经走到了攻坚期和深水区，法治建设已被摆在突出位置，十八届四中全会提出："面对新形势新任务，我党要统筹好国内国际两个大局，更好维护和运用中国发展的重要战略机遇期，更好统筹社会力量。实现中国和平发展的战略目标，必须更好发挥法治的引领和规范作用。"① 完善中国法律体系、保证法律实施、

---

① 习近平：《关于〈中共中央关于全面深化改革若干重大问题的决定〉的说明》，《人民日报》2014年10月29日。

实现司法公正都是我们要进一步去完成的事业。

其次，就制度的可行性方面，一方面就制度的可操作化来说，不但在制度设计层面应立足社会现实，使制度符合人的理解力和执行力。在人的理解力方面，主要问题是观念上不重视，学习不到位，理解不透彻。很多人观念上缺乏制度思维，遇事总绕开制度，找人办事，这样就从思想上忽略了对制度的重视，也影响对制度的学习和理解；此外，对制度安排、决策部署等学习不到位、不透彻直接导致对制度的理解力不足；再者，缺乏历史、国情、经济、管理等相关知识，知识学识储备不足也影响对制度安排的学习和理解。在人的执行力方面，执行力是把制度安排、决策部署转化为实际成果的能力，执行力不足首先与理解力不足有很大的关系，理解不到位、不透彻，执行也肯定不会到位，此外，还存在一些既得利益相关者或地方保护主义者缺乏"割腕"的决心和勇气，根据自身利益而对制度"选择性执行"或"变相执行"的问题，导致设计好的制度的执行力大打折扣。"选择性执行"是根据自己利益考虑，对自己有利的制度贯彻执行，对自己不利的制度则不执行；"变相执行"是虽然表面上按照制度安排部署工作，但具体执行中将不利于自己的制度安排不执行或进行有利修改后执行，使原制度安排变相。另一方面就制度的时效性来说，一种是面对现实问题仓促出台的制度，制度本身容易出现漏洞和问题不说，仓促出台的制度在得不到深入认识和充分理解的情况下，往往出现扭曲执行；另一种是有些制度表现出滞后性。因环境发展变化的速度一般快于制度适应的速度，制度对适应环境表现滞后，没有及时随时代发展而改进，造成一些工作难以展开或进展困难。

最后，就制度的协调性来说，从与环境的协调来看，宏观来说，在中华人民共和国成立以来制度的设计与发展的基础上，中国已经根据中国的自然、社会、人文等情况设计并发展了科学而合理的、适合中国具体国情的根本政治制度和具体体制，但与制度相关的人与人之间存在不协调的问题。第一，由于学习、沟通、交流不足，制度设计者、执行者、遵从者、维护者等没有形成统一的有机整体，各方注意力不集中，反应动作、速度、方向等不一致、不协调。第二，对国家治理现代化这一共同目标学习理解不充分，制度设计者、执行者、遵从维护者等发力方向不集中，改革合力不足，不利于总目标的实现。第三，各方步调不一致，有快有慢，制度设计者把制度设计好，执行者与设计者沟通慢或沟通不足，导致被设计好的制度执行慢，执行不足；或者被执行的制度，没有被及时地维护和反馈，都将影响制度的发展和完善。

三　通过制度的恰适性推进国家治理现代化的路径探析

1. 通过制度合法性建设推进国家治理现代化

保持和增强人们的政治认同，首先，要凝聚共识。只有凝聚共识才能在改革的过程中得到广大民众的理解、支持和认可，增强改革认同，减小改革阻力，降低改革成本，"通过凝聚价值共识、改革共识和利益共识"为改革提供政治认同，[1] 也为推进国家治理现代化提供政治认同。其次，加强制度的公正性建设。主要体现在用制度公平正义地解决人民内部矛盾，更好地推进国家治理体系和治理能力能现代化。"某一组织之所以会采用某一制度，并不是因为它提高了组织的目的——手段效率，而是因为它提高了组织或其参与者的社会合法性。换句话说，某一组织之所以会采用某种特定的制度形式或实践模式，是因为后者在一个更大的文化环境内具有更大的价值。"[2] 制度的公正性与效率并不是一对矛盾体，制度的公正性可以大大地提高效率。第一，通过理论探索来促进制度公正性研究。重视制度公正性的理论探索和研究，从理论上给予支持和支撑，有利于进一步指导制度

---

[1] 秦国民、秦舒展：《凝聚共识：重要战略机遇期深化改革的关键》，《中共福建省委党校学报》2014年第9期。

[2] ［美］彼得·豪尔、罗斯玛丽·泰勒：《政治科学与三个新制度主义》，何俊智译，《经济社会体制比较》2003年第5期。

安排的公正性。第二，发展政治民主来保障制度安排的公正性。政治民主与政治制度是密切相关的，在政治民主充分发展的情况下，人民广泛而有序地参与政治，对政治和制度安排进行广泛的参与和监督，有利形成公正性的制度安排。第三，通过具体制度公正性的建设和实施来推进制度的公正性。制度安排的执行最终落实到具体制度的执行和安排上，制度原则由具体制度来执行和表现，保证具体制度的公正性安排和公正执行可以推进制度公正性建设。第四，加强反腐倡廉建设，使防腐反腐制度化，划清权利范围、厘清权力关系，形成制约权力、防腐反腐的体制机制。第五，加强法治建设，完善中国科学合理的法律体系，做到有法必依，执法必严，违法必究，保证司法公正。

2. 通过制度可行性建设推进国家治理现代化

提高制度的可行性，首先要求制度具有可操作性。前提需要做好制度建设，使制度便于人们理解和执行，因此需要提高人们的理解力和执行力。一方面在观念上提高人们对制度的重视，培养制度思维。只有重视制度的重要性，才能有意识地去遵守制度、维护制度、改善制度。这不但需要宣传教育，还需要提升人们的政治文化水平，提高人们的政治素质和政治能力，加深人们在心理上对于制度的理解和认识，使人们对于现阶段要实行的制度能够充分地理解。另一方面加强学习，不但要学习被设计出的制度和制定出的方针政策，还需制度相关者拓宽相关知识领域，如历史、国情、经济、政治等知识。新设计的制度需要执行者和服从者、维护者的充分理解，才能明白应该如何执行好、服从好和维护好制度，而理解是建立在充分和深入学习的基础之上的；拓宽知识领域，全面掌握相关学科知识，尤其是历史、政治等学科知识，有一定的知识储备和知识结构，在制度学习和实践过程中才能有足够的知识支撑，才能全面理解并克服实践中的问题和挑战。其次，增强制度时效性，就特定时间空间上的问题做及时的、有针对性的处理，这不但要求制度设计者和执行者时刻关注时事的发展变化，及时做出反应，还要求将这种及时高效本身制度化。第一，应面对不断出现的新形势、新问题,对一些体制机制及时改革,及时更新;第二,在及时的基础上,使制度建设和体制机制改革程序化、制度化,严格按照一定程序,从调研、草案、试点、反馈、修改,到正式出台、执行、再反馈、再修改等,严格按照程序步骤,提高制度建设科学性,避免制度的超前、仓促、滞后等问题,以降低管理和改革的成本,减小改革阻力。

3. 通过制度协调性建设推进国家治理现代化

制度协调性包括与环境的协调性和与制度相关的人与人的协调性。在制度对环境的协调性方面要做到制度的"适时应世"。目前中国的制度安排立足中国具体国情,并不断进行改革,已经做到了"适时应世",但需要解决人与人之间不协调的问题。首先,对全面深化改革的总目标学习透彻,目标一致,凝聚改革合力。目标明确而一致是共同完成一项事业的前提,若一部分制度执行者、服从者等不理解总目标是什么,不知道怎样实现总目标,则会存在一部分人一头雾水地执行制度或服从制度,难免在过程中分散合力并问题百出。其次,将改革各方凝聚为统一的有机整体,合理分工,协调配合。为着明确的总目标,制度制定者、执行者凝聚为有机整体,明确自己的定位和分工,各自履行好自己的职责,并共同服从,共同维护制度。最后,加强各方彼此的沟通交流,尤其加强制度制定者、执行者之间的沟通交流,彼此加深理解,配合及时,步调一致,齐步并进,才能共同和谐一致地实现目标。

转变经济发展方式
助推国家治理现代化[*]

党的十八届三中全会提出全面深化改革的总目标是完善和发展中国特色社会主义制度，推进国家治理体系和治理能力的现代化，同时强调政治、经济、社会、文化、生态文明改革的系统性、整体性和协同性。而目前正在进行的经济发展方式转变就是一项涉及多个领域改革的宏大工程。文章认为，经济发展方式转变的逻辑与推进国家治理现代化的改革要求契合一致，做好经济发展方式转变这篇大文章，必将推动国家治理现代化的进程。

一 转变经济发展方式：倒逼行政体制改革，政府转型、简政放权助推国家"管理"走向"治理"

行政管理体制改革，核心是政府职能转变，它是制约经济发展方式转变的关键。这是由20世纪90年代中期后经济增长方式转变迟缓而得出的经验反思。而今经济发展方式转变刻不容缓，强大的压力与动力使改革行政管理体制、转变政府职能势所必然。过去几十年经济发展中"政府主导经济"色彩浓厚。由于市场作为主要配置资源的机制尚没有理顺，政府在很大程度上替代市场配置资源，

---

[*] 原载《人民论坛》2015年第11期，作者秦国民、韩靖。

在克服市场失灵的同时确也带来了经济的高速增长,但高增长背后积累了诸多经济、社会矛盾。政府管制矿产、能源、土地等资源要素的价格,非市场化的价格形成无法真实反映供求关系、资源稀缺程度和环境损害成本,鼓励了低成本竞争和长期依赖资源要素大量投入的粗放型增长;政府通过行政法规使国有企业享有金融、能源、电力、航空、铁路等行业的特殊经营权、产业政策的倾斜支持、银行低息贷款和资本市场融资的优先权等,不仅阻碍了各类市场主体间的公平竞争,扼杀了市场体制的活力,而且政府手中的资源配置权力也为滋生腐败提供了温床,它迫使企业经营者不是把精力用于市场上寻利,而是用于对政府有关部门的寻租,而寻租活动又诱使政府官员热衷于政策干预的供给。近年来中国官员腐败案件频发,政府手中过大的资源配置权力则是体制性原因。同样,"经济建设型"政府也是"政府主导经济"的自然延展,政府官员一味追求GDP增长,集中资源注入与GDP增长相关的事项,甚至不惜掠夺性地使用资源、破坏生态环境以打造"短平快"项目,制造"形象工程""政绩工程";忙于微观经济活动,替企业谈判、"招商引资",越俎代庖,职能错位,但应由政府提供的公共产品和服务却长期供给不足,职能缺位。显然,这种现象背后是以GDP为主要指标的政绩考核体系和政治晋升机制的激励。以GDP增长论英雄,必然促使地方官员竭力运用手中资源追求GDP。因此说,实施经济发展方式转变绝非单纯的经济体制改革问题,而必须有政治领域的改革跟进。从经济体制改革到行政体制乃至政治体制改革的联动,正是经济发展方式转变推进国家治理现代化的逻辑演绎。理顺政府与市场的关系,让市场在资源配置中起决定性作用,这既是经济体制改革的核心,也是行政体制改革的着力点。

第一,经济发展方式转变要求经济领域深化市场化改革。要求加快完善现代市场体系,实行统一的市场准入制度、统一的市场监管,探索负面清单准入管理方式和优胜劣汰的市场退出机制,以改变原有经济发展中市场开放不足、竞争公平性欠缺、运行透明度不高的缺陷；加快要素市场的发展，完善主要由市场决定价格的机制，推进水、石油、电力等领域的价格改革，把政府定价严格限定在重要公用事业、公益性服务、网络型自然垄断环节。

第二，经济发展方式转变要求改变政府主导经济的状况，让市场在资源配置中发挥决定性作用。这就必须转变政府职能，简政放权，大幅度减少政府对资源的直接配置和对微观经济活动的干预，减少不必要的行政审批，实现政府由"主导市场经济"向"服务市场经济"转变、由"经济建设型"向"公共服务型"转变，回归自己的职能本位，在搞好宏观调控、维护市场环境和秩序、提供公共服务、加强市场监管等方面"更好发挥政府的作用"。

第三，经济发展方式转变触动政治体制改革的意义深远。转方式，首先就是从过去追求数量规模扩张转向追求发展质量和效益，注重经济增长与社会发展、资源、环境的协调，关切社会公平和人的发展。但以 GDP 增长为目标的"经济建设型"政府与干部政绩考核和政治晋升机制有内在的联系。干部政绩考核体系以 GDP 为主要指标，一俊遮百丑，客观上阻碍了粗放型经济发展方式向集约型的转变。因此，加快经济发展方式转变也迫切需要完善干部政绩考核体系。同时，这一改革不能不触及对以权力过于集中为特征的政治晋升机制的反思。此外，经济发展方式转变要求政府简政放权，公开权力清单，"让权力在阳光下运行""法无授权不可为""把权力关进制度笼子"，这体现了现代政府治理的新理念、新思维。十八届三中全会强调"制度反腐"，促使反腐工作进入常态化；对建构权力运行体系，要求"决策科学、执行坚决、监督有力"，表明了更清晰的指向。

应该说，经济发展方式转变与政治领域的改革，相辅相成。简政和放权于市场，从全能政府到有限政府；用制度约束权力，从行政命令到依法行政，这种转变无疑为由"国家管理"走向"国家治理"铺陈了条件。

二 转变社会发展方式：强化政府的社会治理和公共服务角色，催化社会治理体制、方式创新

过去30多年，在"以经济建设为中心""发展是硬道理"的导向下经济高速增长，"隔几年上一个新台阶"，但经济建设优先、社会建设滞后的状况表明经济发展与社会发展严重失衡。其突出表现：一是伴随经济增长，区域、城乡差距乃至贫富差距不断扩大；二是政府集中精力忙于经济赶超，社会管理职能弱化，公共产品供给长期不足。而经济发展方式转变的要求之一，就是让社会发展与经济发展同步、协调，这就必须强化政府的社会管理和公共服务职能，并推进社会领域改革与创新。一方面，经济发展方式转变推进经济体制、行政体制改革，促使政府简政放权，减少对市场活动的直接干预，这就为强化政府的社会管理和公共服务职能创造了条件；另一方面，中国正处于从中等收入向高收入迈进的关键阶段，同时经济、政治结构快速调整和变动，整个社会处于转型之中。利益格局发生变化，影响群众切身利益的问题增多，民众对政府的社会管理水平和服务能力提出了更高要求；同时，人们的自主性和参与意识增强，不同主体间的冲突、摩擦增加，客观上也需要公共管理者注重调解与协商，既让合法的利益诉求得到充分表达，又通过协商与谈判形成社会共识。因此，顺应经济发展方式转变和社会转型的需要，提高政府的社会管理和公共服务水平，创新社会治理新体制、新方式，是社会领域改革之必然。

第一，社会发展方式转变要求由区域、城乡贫富差距扩大，经济社会发展不平衡的经济增长转向包容性增长、协调性发展。市场经济条件下，市场决定资源配置是一般规律。理顺政府与市场的关系，让市场在资源配置中起决定性作用，这是推动政府职能回归本位的直接因素。过去长时期里，政府在社会保障、医疗卫生、教育、环保等民

生领域投入不足，造成政府公共服务职能某种程度上缺失，离民众的要求有相当大的距离。转变发展方式，要求把保障和改善民生放在更加突出的位置。近年来政府以保障和改善民生为重点，实施医改、城乡居民养老以及保障性住房等民生工程的步伐加快。财政改革也促使"建设财政"向"公共财政""民生财政"转型。十八届三中全会指出，"财政是国家治理的基础"，既要在优化资源配置、维护市场统一等方面发挥经济职能作用，也要在促进社会公平方面发挥社会职能作用。可以说，实施包容性增长，实现发展成果更多更公平地惠及全体人民，促进社会公平公正，解决好人民最关心、最直接、最现实的利益问题，就是深层次的国家治理。

第二，社会发展方式转变要求改革不合时宜的社会管理制度与政策。比如实施包容性增长，不能不改革现行的收入分配制度。能否"分好蛋糕"是"做大蛋糕"的主要约束条件，不"分好蛋糕"将直接造成继续"做大蛋糕"的动力不足。[①] 中国初次分配中资本、管理等要素所得较高，劳动所得比重较低甚至持续下降；居民收入在国民收入分配中比重过低；再分配中政府用于教育、就业、医疗、社会保障的支出占财政总支出的比重长期徘徊在30%以下，处于世界较低水平，这表明国民收入二次分配并不到位。[②] 因此，深化收入分配制度改革，优化收入分配结构，是缩小贫富差距、维护社会稳定的迫切需要。再如，户籍制度虽然适应了特定历史条件下农村支持城市、加快工业化进程的目标需要，但它是导致城乡二元结构长期存在和发展不平衡的原因之一。户籍制度变革对于缩小城乡差距、统筹城乡一体化发展及其扩大内需有特别重要意义。

第三，社会发展方式转变催化社会治理体制和方式创新。原有社会管理体制重政府作用、轻多元主体参与，重管理控制、轻协商服

[①] 迟福林：《经济发展方式转变与政府发展理念变革》，载魏礼群主编《科学发展与行政改革》，国家行政学院出版社2010年版，第90页。
[②] 汪玉凯：《后危机时代中国经济转型与政府改革》，载魏礼群主编《科学发展与行政改革》，国家行政学院出版社2010年版，第50页。

务，重人治、轻法治，而现阶段社会转型带来的新情势愈益显现原有管理体制的局限性，因此，改革社会管理体制需要创新之举。探索社会治理体制，强调治理主体多元化，既发挥党委、政府的领导和主导作用，又鼓励和支持社会各方面参与，实现多元社会主体合作共治，这是社会治理走向现代化的重要标志。将市场与社会纳入国家治理的主体范畴，建构政府、市场、社会在社会治理体制中各归其位，这是放权于市场、放权于社会的逻辑延伸；就社会治理方式来说，需要改变过去注重自上而下的单向管制，以行政命令为主，过于刚性、生硬而易引发社会冲突和矛盾的做法，既要坚持依法治理，运用法制方式化解社会矛盾，又要注重民主治理，拓宽民主渠道，扩大公民有序参与，通过协商、疏导的方式解决问题。

三 转变生态发展方式：重塑"生态文化"和建设生态文明制度体系，促进国家治理的现代化发展

在传统发展观中，生产规模扩大、产值增加是最为重要的事情。尽管资源、环境对一个国家经济可持续发展至关重要，但增长主义并不顾及粗放型生产活动对于资源使用、环境保护所造成的消极影响。过去几十年中国经济的高速增长付出了资源过度消耗、环境严重污染的代价，致使资源有限性、生态脆弱性与经济增长粗放性的矛盾十分突出，资源、环境对经济可持续发展的约束也愈益凸显。原材料、能源短缺和对外部供给的依赖性加大；空气、水、土地被污染的情形加重，持续的雾霾天气，污染的湖泊、河流、地下水、田地乃至荒漠化的森林，都引起了国内外高度关注。基于中国二氧化碳排放量大幅增长，国际气候谈判中要求中国加大环保力度、承担国际责任的压力增大。因此，发展方式转变迫切要求由资源消耗、环境污染型的经济增长转向资源节约型、环境友好型的经济发展。

第一，转变生态发展方式推动确立"生态文化"理念。污染、破

坏生态环境与人们缺失"生态文化"有关,"与天斗、与地斗""人定胜天""改造自然、征服自然",这些陈旧认知妨碍经济发展方式转变。改革开放初期,我们倡导"不管白猫黑猫,抓住老鼠就是好猫",适应了当时调动一切因素大力发展生产力、尽快摆脱落后面貌的时代需要,但如今中国已从低收入上升到中等收入乃至从中上等收入向高收入攀升的阶段,科学发展、可持续发展理念要求我们处理好经济增长与资源、环境之间的协调关系,从过去单纯追求 GDP 增长而不惜浪费资源、污染环境的旧俗套转变到注重资源节约、环境友好的经济发展上来,这是从"增长文化"到"生态文化"的重大转变。让"不管白猫黑猫,浪费资源、污染环境就不是好猫""善待自然、保护自然"的"生态文化"真正确立。

第二,生态发展方式转变加速科技进步在资源节约、环境保护上的应用。先进技术能够减少资源消耗、浪费和对环境的污染、破坏,提高劳动生产率,降低成本,它是缓解经济发展与资源、环境紧张关系的根本之道。比如开发和使用低碳技术,是节能减排的关键途径;技术创新对新能源的开发利用更为重要。美国的"页岩气革命"是能源革命,也是科技革命。目前世界上新能源的技术竞争异常激烈。美国在发展清洁煤技术上占有先天优势,德国重点发展低碳发电技术,英国重点研究可再生能源,中日两国在太阳能与风能等能源上持续给力。新能源的开发利用对于传统能源不足又面临巨大环保压力的发展中大国中国来说,意义非凡。节约资源、保护环境也必然推动循环经济的发展。传统经济模式下,人们消费后的废品燃烧或填埋,燃烧释放大量的温室气体和毒气,填埋造成地下水和田地污染。循环经济模式下废弃物经技术处理后再生利用,使经济发展既能减少对资源的开采使用,也由于不排放废弃物而减少对生态环境的污染与破坏。清洁生产、再生资源回收利用、绿色产业和绿色消费等是发展循环经济的途径。

第三,保护资源、环境需要生态文明制度保障。十八届三中全会指出,建设生态文明,必须建立系统完整的生态文明制度体系,实行严格的源头保护制度、损害赔偿制度、责任追究制度、完善环境治理和生态修复制度、健全自然资源资产产权制度和用途补偿制度。可以说，这些制度成为国家治理体系现代化的生态文明建构。其中，深化资源税改革和实施环境保护税，让资源使用者、环境污染者付出补偿成本，是资源有偿使用制度和生态补偿制度建设的重心。深化资源税改革，由"从量"变为"从价"，提高资源税税率有利于限制资源消耗，促使人们在税负传导下注重资源使用中的节约，促进使用资源的厂商和消费资源产品的消费者有动力调整自身的生产行为和消费行为。而开征环境税，使用经济手段迫使企业为排污造成的污染承担成本，有利于淘汰污染企业和优化产业结构。因此，环境税的征收标准一定要高于治理成本，还要借助司法力量严惩主观恶意私排偷排的行为。

以上分析清楚说明，中国经济发展方式转变绝非经济改革的单兵突进，而是多领域改革的联动、协同，且改革涉及国家治理的深层次问题。因此说，经济发展方式转变有助于推进国家治理现代化。

推进国家治理能力现代化
重在提高制度执行力[*]

古往今来在治国理政中，立法虽难，执行更难。推进国家治理现代化，核心问题是国家治理能力的提升。国家治理能力是国家运用制度管理公共事务、经济、社会发展、文化事业和生态建设的能力，也就是制度执行力。再好的制度如果得不到有效执行也是无济于事的。因此，提升国家治理能力现代化，重在提高制度执行力。如果没有实现制度执行力的现代化，那么推进国家治理能力现代化很难实现。

一 何为制度执行力

制度是规范人的行为、调节人的关系的规则。制度的生命和活力在于被执行，如果得不到切实的执行，制度就失去了存在的价值。这涉及制度的执行力问题。所谓制度执行力，通常是指主体执行制度的能力，国家治理能力可以表现为许多方面，但核心是制度执行力，即现有制度能够得到有效执行。制度执行力通常包括制度建构能力、制度运行能力、制度创新能力三个层面。为了科学掌握制度执行力，有必要结合制度有效性来理解。

制度执行力与制度有效性是一个问题的两个方面，制度执行力要

---

[*] 原载《中国行政管理》2016年第9期，《新华文摘》2016年第24期全文转载，作者秦国民、秦舒展。

通过制度有效性来体现，反过来，制度有效性要通过制度执行力来实现。从这个意义上讲，制度有效性其实也就是制度执行力。什么是制度有效性？关于制度有效性的标准，虽然自古以来就是众说纷纭，但制度有效性必然涉及制度绩效和制度运行效果。

制度绩效主要是指制度运行过程中取得的成效是制度运行的综合效果。如果把制度当作一个内在的封闭系统，制度绩效的指标可以从以下方面考察：一是制度建构的质量标准。即制度能否提供公民需求的基本公共产品，如社会秩序、公民基本权利的保障、法治和基本公共品等。二是制度供给的认同状况。主要体现为公民对制度的态度，即对制度的认同状态和实际参与。三是制度的恰适性。即制度对其存在的时空环境条件下，制度的制定者、执行者对制度的设计与执行和进行制度完善的能力。就制度的恰适性来看，主要内含制度的合法性、可行性、动态性、有效性和自我调整、自我纠错能力等特征。

考察制度的有效性，制度运行的效果是一个重要的、不可忽略的因素。制度运行是指制度的执行过程，具体表现为制度是如何在实践中发挥作用的。制度运行的效果如何，可以从以下几方面考察。

一是向社会提供稳定的秩序。制度的产生本身就内含着人对于秩序确定性和安全的追求。人类社会的文明之所以不断得以创造和发展，一个重要原因，就在于人类在长期的社会实践过程中找到了一种解决矛盾和冲突的办法，这种方法就是制度。

二是促进经济、政治和社会系统结构和功能的优。实现经济、政治和社会系统结构和功能的优化，是经济、政治、社会有序运行与和谐发展的重要标志，而这能否实现在很大程度上依赖于制度。制度执行主体通过主观能动性的发挥，在与周围的制度环境不断地进行物质、能量和信息的交换中求得生存和发展。

三是提供有效的参与和表达渠道，凝聚制度共识方面制度运行的有效性离不开共识的达成，制度共识对于制度体系可以产生强大的支持力量，促使制度权威的形成；另外，有效的制度运行能够为形成良好的利益表达机制、协调机制和利益整合机制创造条件，让不同利益群体的观点在制度的框架内进行充分的参与和表达，在表达中寻求价值、利益和公共政策的最大公约数。因此，社会公众的民主参与和利益表达的可控性也是衡量制度有效性的标准之一。

四是向社会提供有效的社会公共品。在现代社会中，政府向社会提供有效的公共产品是政府的基本职能，也成了国家制度的合法性来源之一。随着生产力的提高，科学技术的进步，公共产品的内容越来越丰富，所以，在考察中可以重点考察社会稳定、利益机制构建、医疗卫生、教育、基础设施建设等方面，可把这些方面作为衡量制度绩效的基本标准。

五是制度自我调整和适应能力。制度对两个对象具有存在意义——制度所在的环境和与制度相关的人。制度所在的环境包括时间和空间两个维度；与制度相关的人则包括制度设计者、制度执行者、制度服从者和维护者等。[①] 这涉及制度的恰适性问题。制度之所以具有生命力就在于其适应性。尤其是随着社会经济环境变化的加速，制度的适应力和调整力越来越重要。制度的自我调整能力尤其要关注制度自身的反思能力，尤其是制度的制定者和执行者对于问题的判断能力和自我纠错能力。[②]

制度有效性对于国家治理能力现代化具有根本性意义。历代政治家和思想家也高度重视制度的有神性，塞缪尔·亨廷顿在比较了各国发展后明确指出，"当今世界各国之间最重要的政治分野，不在于他们的政府形式，而在于他们政府的有效程度"。[③] 邓小平在20世纪80年代曾经提出，评价一个国家的政治体制、政治结构和政策是否正确，"关键

[①] 秦国民、高亚林：《恰适性：推进国家治理现代化的制度建设原则》，《中国行政管理》2015年第9期。

[②] 杨雪冬：《究竟用什么标准衡量一种制度的有效性》，《北京日报》2014年3月3日。

[③] [美] 塞缪尔·亨廷顿：《变化社会中的政治秩序》，王冠华、刘为等译，上海人民出版社2008年版，第1页。

看三条：第一是看国家的政局是否稳定；第二是看能否增进人民的团结，改善人民的生活；第三是看生产力能否得到持续发展"。① 这些应该作为我们今天评价制度执行力和制度有效性的重要依据。

二 制度执行力是国家治理能力的重要体现

1. 国家治理能力必须通过制度的有效执行体现出来

国家治理能力既要有一定的制度载体，更要有有效的制度执行。治理能力现代化，一方面是国家治理体系的完善和治理手段、治理功能的完备，制度设计符合社会发展的要求，具有可行性、针对性、可操作性；另一方面也包括治理者本身的素养、对制度的理解能力和执行能力等。

中国政府的治理能力基本适应现代化发展的要求，但是在制度执行力上还存在一些问题。从改革开放30多年来的治理实践来看，中国的经济建设、政治发展、社会事业和生态治理也已取得了举世瞩目的成就，我们建立和完善了中国特色社会主义制度，国家的治理体系和治理能力也在不断提升，但是我们的制度优势还没有充分地发挥出来，其中一个原因就是在制度执行力上仍然存在一些问题，有法不依、执法不严、违法不纠、选择性执行制度执行中的打折扣等现象，仍然是目前制度执行中的突出问题，由于制度执行中缺乏有效的权力监督和约束机制，制度执行过程中受到人为因素的干扰时有发生，影响制度有效性的发挥，而制度不能有效执行直接影响到制度预期效果的实现。因此，在推进国家治理能力现代化时，应把提升制度执行力摆在突出位置。

2. 制度的有效执行过程是国家治理能力的重要体现

首先，制度执行能力是国家治理体系和国家治理能力的集中体

---

① 《邓小平文选》（第3卷），人民出版社1993年版，第213页。

现。从制度主体行为的执行层面上看，国家治理体系首先是一个完善的制度体系，它有三个不同的层级：一是宏观层面，即国家的国体和政体；二是中观层面，即政党制度、司法制度、人事制度、监察制度等；三是微观层面，即具体的管理制度、工作制度等。三个不同的层级共同构成了完整的制度体系，并发挥不同的功能。国家治理能力是国家运用制度管理社会各个方面事务的能力，体现着制度的执行过程，为有效推进国家治理能力现代化提供了基本前提。

其次，制度执行促进制度功能的有效发挥。静态的制度安排，依赖于制度的动态有效性运行。制度只有运行起来才能有效发挥它的如下功能。一是秩序功能。提供有效的秩序是制度的基本功能，从国家制度来看，就是把矛盾和冲突控制在一定的范围内，避免社会的动荡和破裂。就具体的单个制度来说，它作为种外在强制力，能起到规范和约束社会成员行为的作用。二是价值定向功能。制度作为合法性的体现，具有为社会共同体选定集体价值目标的定向功能，这一功能的发挥直接影响和主导着社会利益分配的方式，也决定着产权和产品的所有，秩序形成发展的目标取向。三是制度的激励功能。制度作为约束、规范人们行为的规则体系，规定了人们的行为方式和空间界限，规定了人们的选择取向

最后，通过制度执行来优化制度绩效，奠定制度自信的基础。虽然制度建构和制度的不断完善为推进国家治理能力现代化提供良好的制度基础，但是再好、再完善的制度设计如果得不到有效的执行而去谈及治理能力的提升，显然是空谈。因此，现阶段最重要的是在制定和完善各种制度的同时，努力提高有效制度的供给能力和执行能力，通过制度的优化来提高制度的绩效，把已有的制度执行好，奠定制度自信的基础。应当看到，中国不少制度处于沉睡之中，要么没有被执行，要么存在选择性执行，造成制度执行力不足，制度的绩效大打折扣。因此，必须从理论和实践上充分认识到，制度的执行过程正是国家治理能力的提升过程。

三 影响制度执行力的制约因素

影响制度执行力的因素是多方面的，既有执行主体的能力和素养、制度时空环境等方面的因素，也存在制度层面的因素。概括起来看，影响制度执行力的制约因素主要来自两个方面：其一，是制度本身存在的缺陷和不足尚待弥补；其二，是执行主体的自觉性和主动性尚待提高。具体表现为如下方面。

首先，制度设计缺少针对性和可操作性。制度设计质量的高低直接影响制度执行的有效性。固然制度只有通过切实有效的执行，才能达到制度设计的目标，但是缺乏有针对性和可操作性的制度设计，也很难使制度得以有效地执行。目前在很多方面不乏许多可以称为"形式"的制度，涵盖了社会生活的各个方面，但由于缺乏执行力，一些制度仅仅停留在文本上或者形式上，其制度设计缺少针对性和可操作性是一个不可或缺的因素。一是制度短缺。制度短缺是指制度的实际供给不足，不能满足在制度的执行过程中对制度的要求和具体操作，既表现为制度的供给数量不足、供给主体的供给意愿和能力不足，还表现在制度供给主体在制度执行和实践制度方面的能力和意愿不足，造成执行力不足。[①] 二是制度剩余。制度剩余是指制度本身的无效性，或制度不再具有的时效性，但没有及时地废止，给执行主体在执行过程中很大的执行弹性和选择性，使治理陷入"没有制度治理"的尴尬境地。

其次，制度的认同性不足。制度得以有效地执行一个基本前提就是具有广泛的认同性和支持度。制度认同是衡量制度执行力和有效性的重要基础。如果项制度能得到人们的广泛认同，就意味着具有良好的项制度能得到人们的广泛认同，就意味着具有良好的合法性，反之亦然。一种制度具有了良好的合法性，就会得到人们的遵照执行，制

---

① 秦国民、王伟：《制度视角下的政府管理创新》，《郑州大学学报》2007年第4期。

度的执行力就会明显提高。近年来，经济的发展、社会转型和利益分化等情势的变化，使社会本身缺乏共同的利益观以及建立在共同利益观基础上的价值认同。由于不同利益群体的取向不同，利益群体在许多问题上难以达成共识，于是在制度执行的实际过程中，对同一制度的意见分歧、认识甚至冲突就在所难免。

最后，制度执行环境弱化，制度的有效性和约束性不足。有效的制度建设内涵不但包括良好的制度设计，而且包括有效的制度执行。当前有不少制度未得到很好的执行，一个重要原因就是制度的执行环境弱化，有效性和约束力不足。具体表现在：一是有些领导干部缺乏制度思维，难以使制度达到内化于心、外化于行的境界，缺乏制度遵循的自觉性、持续性，造成制度工作虚拟化，执行制度带有很大的随意性，导致制度的公信力下降和执行环境的弱化。二是在制度建设上重视实体性制度，轻视程序性制度，造成制度在操作上缺乏明确、具体的规定。三是执行中缺乏制度责任。制度是靠人来执行的，领导干部是制定制度和执行制度最重要的主体。制度的有效性和权威性主要取决于领导干部对制度的制度责任。目前制度责任缺位，在执行过程中还往往忽略了制度在执行过程中应承担的责任和制度执行后造成的不良后果应追究的责任，使行之有效的制度也难以落实到位，形成制度"空转"。同时对制度执行的监督检查重视程度不够，致使一些制度流于形式、成为摆设，制度的效力威慑力软弱，造成制度的权威性受到质疑。四是制度之间缺乏内在的一致性、协调性和整合性，内聚力缺失，弱化了制度执行环境和有效性。

四 推进制度建设，提升制度执行力的着力点

1. 要把制度建构和完善摆在提升制度执行力突出的位置

首先在制度设计和完善中坚持制度的公正性、权威性，为提升制度执行力奠定基础。保证制度是关注广大人民群众的根本利益，是制

度设计应坚持的基本理念。为此,一是在制度设计中强调制度的核心价值思想价值,这一核心价值就是要体现以人民为主体的公平正义性;二是避免在制度制定过程中的随意性,维护制度制定过程中的合法性和科学性;三是在制度设计中体现制度的权威性,把权力关进制度的笼子里,体现制度面前人人平等;四是在制度创新和形成的过程中提高公民的参与度,避免制度设计中的局限性。

其次增强制度创新和优化结构,提升制度质量。制度质量是衡量和决定国家治理现代化、提升制度执行力的关键因素。通过增强制度创新,提升制度质量,可以促进和实现制度结构与功能的优化,提升制度执行力。为此,一是在推动制度外部创新的同时,积极推动制度自身的创新,在风险可测、可控、可承受的前提下,深化制度重点领域和环节的创新,及时废止一些过时的制度,修改不适应时代的制度。二是在制度创设与制度优化的关系结构中,把制度优化放在突出的位置,高度重视制度本身的执行力和可实施性,包括程序性、可操作性、可核查性和可追究性,重视制度的针对性、相对性、整体性、协调性和与时俱进性。[①]

最后以制度的恰适性,提升制度认同。制度的恰适性本质上有利于实现人们对制度的认同和人们对制度的理解、执行能力。通过制度的恰适性来提升制度的执行力,需要吸纳来自时间和空间两个维度的有益探索。一方面要吸收中华人民共和国成立以来,特别是改革开放以来中国共产党在国家治理方面的成功探索,尤其是在依法治国、民主决策民主监督、社会治理、政府绩效等方面成功的实践,及时上升为制度安排。对经过实践不适应社会发展需要的制度及时废止。另一方面要对来自地方政府行业的制度创新实践进行实时总结评估,及时将这些局部成功的创新实践上升为国家政策、制度等,并转化为国家治理的普遍实践。

[①] 秦国民:《推进国家治理现代化的四个着力点》,《中州学刊》2014年第10期。

2. 提升制度的运行能力和制度执行中的权威性

首先，优化制度运行环境。良好的制度运行环境可以消除制度运行中的不确定性，降低执行成本，从而激发社会主体的活力。优化制度运行环境，一是领导干部要树立制度意识。领导干部是制度制定、制度执行的最重要主体，制度的权威性和有效性在很大程度上取决于领导干部的制度意识。因此，领导干部应提高制度执行中的自觉性，使执行制度成为有意识的行为。二是制度执行者能力的培养。制度执行者要提升制度执行的能力培养和协调化解矛盾的能力培养，以扎实的能力素质和作风推动制度的贯彻执行。三是制度运行体系须保持通畅，各个管理层次之间的制度运行不能断裂，避免产生制度执行的结构性障碍和沟通障碍，导致执行力削弱。四是增强制度的内聚性。消除不利于制度成长的体制机制，保持制度活力，使规范人们行为的各类制度之间具有内在的一致性、协调性和利益的整合性。

其次，建立和完善制度运行效果评估机制。制度的有效执行，执行后是否有成效，能否达到制度设计的预期目标，这关系到制度的绩效问题。制度的绩效一方面表现为制度所能发挥的功能，另一方面也表现为执行该制度取得的工作业绩，即通常讲的政绩。因此，要提升制度运行的有效性，一是增强制度运行评估的民主性，建立和完善制度执行和执行后的效果应有人民群众的是否赞同和认可的评价机制。通过这种机制将政府的施政行为规范在制度的框架范围内，并对政府及其制度执行绩效做出客观的评价。二是增强制度运行评估的公共性，建立和完善政府的公共职能履行情况评估机制。把政府维护社会的公平正义放在更加突出的位置，建立和完善保障社会公平正义的制度体系，推进基本公共服务均等化，同时应把解决公共服务供给的质量问题等作为评估指标。三是增强制度成本与绩效分析，建立和完善政府运行成本评估机制。良好的制度既是有效治理社会的制度，同时也是廉洁的制度。为此政府的治理应重视制度的成本，树立廉洁政府形象，在强调政府责任的同时，严格控制预算，用制度规范预算，精简政府机构,降低政府治理成本。

最后,在制度执行过程中维护制度的权威性。在制度执行过程中维护制度权威性,一是政府首先应成为制度的维护者、执行者。严格制度执行过程的程序化、法治化和透明化,对公共权力予以监督和约束,推动公共权力的科学定位。二是培养公民的制度文化。良好的公民制度文化是维护制度权威不可或缺的重要方面,其基本要求是将制度文化的理念、原则、目标纳入公民遵守制度的各个环节,培养公民要爱制度,守规则,充分发挥制度在公民社会生活中的规范、引导、保障和促进作用。三是强化对制度执行力的监督制约。对制度执行中的违规者予以追究,也是维护制度权威不可或缺的,应建立和完善制度执行的主体责任、考评和问责机制,并着重发挥党员干部群众的主体监督作用,形成良好的监督环境,切实增强监督的有效性和制度执行力。

国家治理能力现代化视阈下提升
制度执行力的着力点[*]

"制度是一个社会的博弈规则，或者更规范地说，它们是一些人为设计的、型塑人们互动关系的约束。"[①] 作为一种人类社会为了维护秩序的创设物，制度必然涉及制度建构的动机及其制度运行的效果。这涉及制度的执行力问题。所谓制度执行力，通常是指主体执行制度的能力，即制度执行主体以制度思维为基础，将制度安排、决策部署转化为实际成果的能力。制度执行力通常包括制度建构能力、制度运行能力、制度创新能力三个方面。国家治理能力可以表现为许多方面，但核心是制度执行力，即现有制度能够得到有效执行。[②] 完备的制度体系是国家治理现代化的必然要求。推进国家治理体系和治理能力现代化，是一个极其复杂的系统工程，不但需要关注治理之制，也要关注治理之道。既要关注制度设计本身的问题，又要关注制度执行问题。党的十八届三中全会决议指出：全面深化改革的总目标是完善和发展中国特色社会主义制度，推进国家治理体系和治理能力的现代化。要实现这个总目标，中国特色社会主义制度的完善和发展是重要内容，而制度的执行力又是推进国

---

[*] 原载《中国行政管理》2017年第8期，作者秦国民、陈红杰。
[①] [美]道格拉斯·C.诺斯：《制度、制度变迁与经济绩效》，杭行译，上海人民出版社2008年版，第10页。
[②] 秦国民、秦舒展：《推进国家治理能力现代化重在提高制度执行力》，《中国行政管理》2016年第9期。

家治理能力现代化的关键所在。因此,实现国家治理能力的现代化,关键在于提高制度执行力,以制度执行力实现制度绩效,确保经济社会的全面发展,以制度优势证明道路选择的正确性和理论体系的科学性。因此,在国家治理能力现代化视阈下提升制度执行力应以优化制度设计作为提升制度执行力的基础保障,以规范制度运行为提升制度执行力的关键节点,以激发制度创新动力为提升制度执行力的重要支撑。

一 优化制度设计:制度执行力提升的基础保障

制度作为已经成文的规范,其执行力首先来源于制度本身。任何制度都不是一劳永逸的规范,运行良好的制度往往是在实践中不断完善的制度。正是基于此,党的十八届三中全会强调"要把制度建设摆在突出位置"。根据党的十八届三中全会精神,推进国家治理现代化,提高制度执行力,应把制度建设摆在突出的位置,以制度建构和完善确保经济、政治、文化、社会和生态的全面发展。在国家治理能力现代化的背景下,坚持科学设计是制度设计的根本原则,也提升制度执行力的基础和保障。根据党的十八届三中、四中、五中和六中全会的要求,在国家治理能力现代化的视阈下,优化制度设计就是要在党的路线方针政策指导下,在国家宪法的框架内坚持制度正义、强化制度的恰适性,将党的领导、人民当家作主和依法治国有机统一起来。

其一,以制度设计与完善的公正性提升制度执行力。在制度设计与完善中坚持制度的公正性,这既体现公平、公正的宗旨,也富有制度的正义精神和对社会发展的科学预见性、前瞻性。保证制度的建构和完善符合广大人民群众的根本利益,使民众共享发展成果,是制度设计应坚持的基本理念。习近平总书记指出:"人民群众的公平意识、民主意识、权利意识、法治意识不断增强,对促进社会公平正义、实现安居乐业的要求越来越高。"① 以此为出发点，要在制度设计与完善中强调制度正义的价值，这一价值不但体现以人民为主体的公平正义性，也避免在制度制定过程中的随意性，维护制度制定过程中的合法性和科学性。党的十八届四中全会指出，"以保障人民根本权益为出发点和落脚点，保证人民依法享有广泛的权利和自由、承担应尽的义务，维护社会公平正义，促进共同富裕"。② 就体现了适应中国国情和社会发展要求的制度设计内容应当坚持的公平正义原则。罗尔斯曾经指出"正义是社会制度的首要价值，某些法律和制度，不管它们如何有效率和有条理，只要它们不正义，就必须加以改造和废除"。③ 制度正义是核心。科学地进行制度设计、提升制度执行力最终所追求的目标就是制度公正，就是让每一个人都能感受到制度的公平正义。今天推进国家治理能力现代化的复杂程度、敏感程度、艰巨程度丝毫不亚于30多年前。目前老百姓反映最突出的问题是养老、医疗、教育、就业等问题，制度设计和完善要从问题入手，把群众的利益诉求作为制度设计和完善的努力方向，积极推进，善于从社会关注的焦点、人民群众日常生活的难点中寻找制度设计的切入点，提升制度建构和完善的公正性。

其二，通过制度设计与完善的系统性提升制度执行力。如收入分配制度的改革，离不开公共财政、税收调节和养老体制的改革和创新，户籍制度、医疗制度、教育制度、住房保障等方面的制度设计直接关系到城乡一体化和城镇化建设。制度建设越深入，各领域各环节制度建设的关联性越强，每项具体的制度设计和建设都会对其他制度产生重要的影响，也需要其他制度设计和完善予以支撑。如果在制度设计中采取"单兵突击""线性部署"，没有整体性的思考和安排，

---

① 游劝荣：《努力让人民群众感受到公平正义》，《学习时报》2017年第1期。
② 《中共中央关于全面推进依法治国若干重大问题的决定》，《人民日报》2014年10月29日。
③ [美] 约翰·罗尔斯：《正义论》，何怀宏等译，中国社会科学出版社1988年版，第1页。

国家治理能力现代化视阈下提升制度执行力的着力点

难免相互掣肘。目前有些制度设计的内容过于原则化或形式化，缺少具体的量化标准；有的相互脱节，彼此之间缺少协调配合和衔接；有的存在过于笼统、弹性空间大等问题。习近平总书记强调，"制度不在多，而在于精，在于务实管用，突出针对性和指导性。如果空洞乏力，起不到应有的作用，更多的制度也会流于形式"。[①] 因此制度设计应整体推进、统筹集成，让设计的各项制度在制度取向上相得益彰，在制度运行中相互促进，从而提高制度的有效性上，增强整体功能，做到立治有体、施治有序，左右联动、前后衔接，上下配套、系统集成，形成系统化的制度链条。

其三，通过制度设计与完善的恰适性提升制度执行力。制度的恰适性对提升制度执行力有重要的认同功能、整合功能，更好地把制度建设同人们的认知能力、理解能力和执行能力起来，提高制度资源的配置有效性和制度的执行力，减轻、消除制度执行中的阻力，增大制度执行的动力，提升制度执行的能动性、自主性，提高制度的绩效。制度的恰适性和制度的认同性，需要关注在时间和空间两个维度的有益探索。一是改革开放以来，制度问题被提到"根本性、全局性、稳定性和长期性"的高度，这为我们开辟了国家治理能力现代化的新路。中国特色社会主义现代化的顺利推进，需要更加成熟和定型的制度来予以保障，这是摆在中国治理体系和治理能力现代化面前的重大历史任务，也是解决制度执行者与违规者存在利益共谋现象，造成治理过程中制度执行者的选择性失明和失聪的重要保障。二是实现制度顶层设计和基层探索的良性互动。顶层设计和基层探索是辩证的统一、互不排斥。目前的改革已进入深水区和攻坚期，新旧矛盾纠结，利益诉求复杂。制度的顶层设计如同"牵引机"和"导航仪"，能够从整体和全局的高度把握制度建设的方向、重点和步骤，使制度建设沿着科学的路径前行。同时由于中国不同地区发展的不平衡性、不同

[①] 习近平：《在党的群众路线教育实践活动总结大会上的讲话》，《人民日报》2014年10月9日。

地区发展存在巨大的差异性，因此也应积极鼓励一些地区在充分把握国家制度建设全局的前提下，对来自地方政府、行业的制度创新实践进行实时总结评估，及时将这些局部成功的创新实践上升为国家政策、制度等，并转化为国家治理的普遍实践，发挥好制度建设试点对全局性制度建设的示范、突破和带动作用。

二 规范制度运行：制度执行力提升的关键节点

制度建设是一项系统工程，不但要解决制度完善和设计的问题，还要解决制度的落实与执行问题。好的制度不能仅停留在会议室、文件上，应该谋划制度要实，落实制度要实，提高制度的有效性。要"让铁规发力、让禁令生威"。党的十八届六中全会审议通过的《中国共产党党内监督条例》以问题为导向，更加强调制度的执行，把制度建设摆在突出的位置。从国家治理现代化的视阈下规范制度运行应从制度治党、功能协调、优化环境和问责机制等方面着手。

第一，推进制度治党，以增大党的执政能力提升制度有效运行。制度治党是一个内容丰富的概念，既包括对党员的管理，又包括党的组织、党的作风、党内生活、党的执政能力等多方面的治理。中国特色社会主义的历史性发展，需要有成熟的制度体系，也需要制度的有效性化解在现代政治治理过程中出现的现实矛盾，破解阻碍国家发展的体制机制难题，真正发挥中国特色社会主义国家治理制度的优势。中国共产党在国家治理能力现代化中扮演着领导的角色，是推进国家治理能力现代化的重要保证。办好中国的事情，关键在党。从国家治理现代化的角度看，制度治党既是关键点，又是着力点。制度治党，基础是制，关键是治。依靠制度治党，标志着党的制度建设重心从建章立制转向依靠制度治理。无论是制度的设计与完善，还是制度治理的有效性，都必须遵循这样的基本政治逻辑，全面从严治党必须有重要的制度保障。制度治党是新的条件下治党方式的深化，通过有效的体制机制建设，对党员发挥可持续的制度激励和约束作用，既可以解决单一制度本身的漏洞，也可以解决多项制度之间存在的管理真空，提高制度的有效性。

强化制度治党，以增强党的执政能力提升制度执行力，应以改革创新精神推进党的制度建设。其一，构建和完善制度治党的有效机制，完善执政之基。制度治党是一个系统工程，必须有一系列有效的机制，这个机制既能保证制度有效运行中信息成本和目标的一致性，又能够解决人们稳定的预期，使执行主体从内心愿意按照这一系列机制执行。制度治党既是手段，又是目标。制度治党要着重提高制度执行力，狠抓制度落实，不能让制度束之高阁，形同虚设；要坚持制度面前人人平等，执行制度没有例外；加强对关键少数的约束力，制度治党，净化党内政治生态，关键少数的率先垂范很重要，要抓关键少数尤其是主要负责人，充分履行管党治党责任，自觉履行自我监督责任，从权力制约和监督层面有效遏制特权腐败。其二，建立制度治党的动态调整机制，完善执政之制。制度治党是一种带有很强的目标治理，其治理机制具有相对的稳定性，但是随着时代的变化，制度治党的手段和方法也必须做出相应的调整，以此，应在充分具备前瞻性的条件下通过制度创新，建立一种有效的动态调整机制，以便把握制度动态和存在的问题。其三，通过制度"力量多元"，建立职责清晰、系统有效的制度合力和多元监督体系。发挥制度的整体效能，应增强制度的合力，通过这些合力和手段，增强党的执政能力，激发党员干部工作的积极性、创造性和主动性，进一步实现从"权力本位"向"能力本位"的转变。

第二，促进制度结构功能协调，以提高制度的有效运行。制度协调社会关系作用的发挥并不是仅仅依靠单个孤立的制度，而是需要一整套制度体系协调有序的配合。制度的体系化程度依赖于各个规范、结构功能的协调关系，具体表现为总则规定与总则规定之间、总则规定与分则规定之间、分则规定、结构功能之间的协调程度。如果各个规范、结构功能之间协调作用，整个制度就会良好地运转，实现对社会生活的积极有效调整。反之，如果充满了矛盾和冲突，或者存在断裂和空缺，就会影响整个制度作用的发挥，使制度无法有效地对社会生活进行调整。

制度绩效是指制度运行过程中取得的成效，是制度运行的综合效果。决定制度运行绩效主要来自两个方面：一个是制度安排，另一个是制度结构功能本身。一方面，制度安排能否及时回应变化发展的社会环境对其提出的新要求，能否适时地进行制度创新或制度变迁，为社会矛盾的消解提供及时的制度化渠道，直接决定着制度达到维护与完善政治秩序之目的的程度。另一方面，一个制度系统中各项制度安排之间的相互匹配程度也影响着整个制度系统功效的发挥。如果制度结构内各项制度安排之间能够有机地组合在一起，制度耦合度增强，制度结构内各项制度安排就能从不同角度来激励或约束人们的制度行为，由此，制度的整体功能就能得到最大限度的发挥。

制度执行力与制度有效性是辩证统一的关系。一方面，制度的执行力通过制度的有效性来反映及体现。另一方面，制度的有效性要通过制度执行力来表达及实现。从某种程度上说，制度有效性可以等同于制度执行力。因而，为了保证制度的有效性，保证制度整体功能的最大限度发挥，应当注重制度的执行力，应从多方面多角度实现制度结构功能的协调：一是不断改革创新，构建更加科学规范、协调有效的制度体系。我们应当拿出更大的政治智慧及政治勇气，按照党中央关于深化改革和国家治理体系和治理能力现代化的要求和指示，不断完善制度体系，破除制度障碍，使制度体现更加规范、成熟、稳定及有效。二是提高制度的可操作性，促进制度的保护机能、规范功能和保障机制之间的有机配合。完善的制度体系还需要广大民众的有机配合，这就需要制度便于操作。可操作性意味着，现有的制度规范能够给一般公民清晰明确的指引，便于公民了解和掌握，使老百姓将各种规范内化于心，清楚地明白哪些行为是制度所禁止的。只有民众的良好配合，才能使制度体系更好地发挥作用，也进而化解和消除各种制度性问题对制度执行有效性的冲击。

第三,通过优化制度环境提升制度的有效运行能力。制度执行力是制度执行主体落实制度的关键能力,包含的制度思维和制度执行力与国家治理能力现代化具有内在的统一性。国家治理能力现代化的出发点是通过制度现代化,维护社会的公共秩序和体现社会的公平正义,增进公共利益。制度执行力是制度思维在国家治理能力现代化实践中的具体运用,没有有效的制度执行,就不能推动社会的"循规而行"。制度的生命力在于实施。国家治理能力现代化的实践表明,发挥中国特色社会主义制度优势的关键是良好的制度执行力。而制度有效运行的实现离不开良好的制度环境。因此,应在优化制度环境上下功夫:一是崇尚制度思维。思想上的认同是行动的先导,崇尚制度思维是提升制度执行力、使广大党员干部树立尊崇制度意识,对制度产生敬畏之心,彰显制度权威性的重要方面。习近平总书记强调:"要引导广大干部牢固树立法治意识、制度意识、纪律意识,形成尊崇制度、遵守制度、捍卫制度的良好氛围。"① 实践证明,只有广大党员干部牢固树立了制度的权威意识,才能使全体党员干部自觉学习制度、科学掌握和严格遵守制度,强化制度功能,维护制度的权威性。二是遵循法治逻辑,规范和约束权力运作,进一步推进制度的自主性成长环境。各级领导干部主动运用制度、办事懂法、遇事循法,带头遵守制度和模范执行制度,对制度怀有敬畏之心,牢记制度的要求和规范,把制度内化为习惯常识,成为制度自觉意识和坚定意志,以"意"促"行",形成制度定力,有效提高科学执政、民主执政和依法执政的水平。

第四,强化健全问责机制,提升制度的有效运行。问责是现代国家治理能力现代化不可或缺的重要环节,是倒逼责任落实、提升制度执行力的强有力机制。好的制度,有再好的倡导,如果没有有效的问责机制,制度就会变成稻草人。党的十八届六中全会把党中央统一领

---

① 习近平:《在中共中央政治局第二十四次集体学习时强调加强反腐倡廉法规制度建设让法规制度的力量充分释放》,《人民日报》2015年6月28日。

导监督工作与分层监督结合起来,更好地梳理了问责主体的职责,对加强党的制度建设具有重要的意义。为此,一是要以目标责任考核、经济社会发展监测考评和绩效考核结果为主要依据,考核奖励、评先评优、选拔重用"三管齐下"等机制,解决执行中怕担责任、执行中怕失误、怕出错的思想问题。同时构建和完善问责机制,"在标准上严格起来、在措施上完善起来、在环节上衔接起来,做到不漏人、不缺项、不掉链",[①] 运行体系保持通畅,各个管理层次之间的问责制度运行不断裂,使之配套衔接、配套完备、运行有效,避免产生制度问责执行的结构性障碍和沟通障碍。抓好制度执行力的督办协调责任机制,协调制度执行中的矛盾与平衡。首先进一步理顺在制度执行主体的体制机制。二是要完善行政决策规则和程序,加强对制度执行力的监督制约。根据国家法律法规的要求,要建立健全重大决策的前期调研、咨询论证、风险评估机制,建立健全重大行政决策执行情况的报告、督办、责任、考评和问责机制,提高决策者的制度思维和依法依规执行能力。三是要加强巡视制度的落实和完善。巡视制度是我们党的一项新制度,是一项遏制权力腐败的制度创新,也是在新的历史时期全面从严治党、提升制度执行力的一项重大举措。针对当前面临的执行力低下突出问题,应进一步强化党内巡视制度建设,通过巡视发现执行中的突出问题,改进巡视方式,促进党内巡视制度科学化、规范化和常态化。

三 激发创新动力:制度执行力提升的重要支撑

国家治理能力现代化,不仅需要科学的制度设计和有效的制度运行,而且随着社会的发展,也需要制度的不断创新,以解决和弥补制

[①] 习近平:《在福建调研时强调全面深化改革全面推进依法治国为全面建成小康社会提供动力和保障》,《人民日报》2014年11月3日。

度本身存在的缺陷，推动制度更加成熟和定型。制度创新是指人们通过创设新的、更能有效激励人们行为的制度和规范体系，从而实现社会的持续和变革的创新。党的十八届六中全会指出：必须勇于推进理论创新、实践创新、制度创新、文化创新以及其他各方面创新。制度创新是推动国家治理现代化的战略支撑，制度问题更带有根本性、全局性、稳定性和长期性。推进制度创新必须把握好变与不变的关系。在这里，我们强调制度创新应立足于中国的国情，坚持中国特色社会主义根本政治制度和战略定力的制度创新。因此在推进国家治理能力现代化的视阈下，坚持制度创新，激发提升制度有效性的制度化动力也是提升制度执行力的一个重要着力点。

第一，在创新中把握制度自主成长的规律性，正确处理创新和规范的关系。制度重在规范，创设重在突破。有效的执行力需要良法善治，良法善治是合法性、规范性和目的性的统一，也是正当性、科学性和民主性的统一。有效的执行力的基础和前提是：在制度理念上具有较强的规范性、科学性、包容性和与时俱进性，在制度实践上具有程序性、可操作性、可核查性和可追究性。因此制度创新：一是创新制度执行治理机制。在机制创新上一方面是完善现有机制，推动制度进一步制度化；另一方面也可以适时构建新的机制。构建新的机制其目的并不是要完全取代现有的机制，而是要对现有的机制进行有效的补充与完善，并对现有机制改革形成一定的压力，促进制度执行力的深入推进。二是要把握好制度自主性成长的规律性、科学性和合理性，处理好变与不变的辩证关系。制度的自主性成长，一方面要在注重创设新的制度规范上下功夫；另一方面也要对现行制度进行修正、不断使其更加完善，及时堵塞制度上的漏洞。实践中，对于符合中国国情、经过长期实践证明行之有效的制度，我们都要加以肯定和贯彻落实，凡有推广价值的制度建设和制度创新，我们都应该以法律、规章和政策的形式固定下来，保持制度的稳定性，让制度发挥其应有的功能；对于阻碍社会发展和生产力提高，不利于国家治理能力现代化和人民生活改善，不利于制度执行力提升的体制机制，应大胆地改革创新。同时还要做到制度创设于法有据，确保制度创设有秩序，不走样，行稳致远。三是要在制度创新中向公民提供有效的参与和表达渠道，做好主题培育，关注参与活力，让不同利益群体的观点在制度的框架内表达和参与，形成制度共识。当前存在参与动力不足和动力错位的现象，造成这些现象的原因一方面是资源配置和参与渠道发生了变化；另一方面，公民固有资源本身的局限性，也会造成参与动力不足的现象。因此应着重制度整合及创新。实践证明，成熟的制度执行力经验、行之有效的制度执行措施要及时地上升为制度安排；僵化的、保守的、成为发展障碍的制度应该及时的修改；过时的、陈旧的不适应改革发展要求的制度条款、条文，应加以废止。制度创设难能可贵，提升制度执行力任重而道远。我们应充分认识目前中国制度完善的空间，认识提升制度执行力的规律，积极探索制度自我完善的内生机制，通过制度自我完善和执行力的提升，推进国家治理能力现代化水平。

第二，推动大数据与制度执行力的深度融合。运用大数据是提升和落实创新发展理念的必然要求，对于加快制度建设，提升制度执行力，推进国家治理能力的现代化具有重要的意义。制度创新要实现科学化、现代化，离不开智能化。大数据深刻改变着制度执行力的方式和方法，推进制度创新能力的提升，要发挥大数据的信息技术作用，打通"信息孤岛"，推行"互联网+"执行力服务，实现制度执行部门之间的数据、信息共享。一是完善制度信息共享机制。研究制定制度信息传递与共享技术的标准体系，加强跨部门业务协同和互联互通，建设大数据和制度管理综合信息平台，实现制度执行力工作动态等信息共享。二是加大现代信息技术的建设力度，建立制度数据库，打通相关部门之间的制度设计和运用数据链，以"技术强制力"解决制度创新中的碎片化、信息资源共享程度低等问题，增强部门之间的协同，也有助于推动形成执行力的新机制。三是运用大数据推进制度执行力过程的精细化。进入深水区和攻坚期的"放管服"改革，涉及利益结构的调整、权责关系的重塑、治理模式的再造和制度执行力方式的转型，任何一个方面和环节产生的问题，都会影响改革的成效。大数据的运用，将提高制度创新中的目标导向、问题导向，减少创新中的矛盾。为此可以把"工匠精神"引入制度的创新过程中，做到制度创新和服务精益求精，克服运动式执行、突击式执行以及执行效率低下的问题。

第三，创新考核模式，建立健全制度执行力动态考核体系。制度创设的目的是规范人们的行为，克服人性中不能自我克服的局限和不足。科学有效的考核指标不但对于规范人的行为具有重要的价值，而且对于优化制度功能，提升制度执行力具有重要的作用。通过科学有效的指标考核规范党员干部遵守党章和党纪党规、法律法规，提升依法行政、依法决策、依法管理的能力，并使党员干部意识到抓好制度建设、抓制度执行力就是抓战斗力，否则就是失职。当前我们的一些考核指标和评价体系短期效应过强，创新失败容错机制不够。在现有的定量化考核制度主要体现在"短平快"的内容上，造成考核指标倾向的扭曲。要解决这些问题，可以通过创新考核体系提升制度执行力：一是根据不同的岗位、层级设置制度执行力的考核指标。应将年度考核与任内履职、依法行政考核结合起来，将一般考核与专项考核结合起来，将群众考核与内部考核结合起来，对党员干部制度执行力的考核加以跟踪记录。二是创新考核方式，根据不同的考核内容，设置不同的形式，如一般知识考试、问卷调查、个案分析、个别访谈等形式。三是考核制度执行主体责任，考核制度一方面要聚焦制度主体执行中的突出问题，对执行主体的执行能力、执行水平、处置新情况、新问题的能力进行考核，强化主体的宗旨意识，责任意识和制度意识，激发制度执行力的内在动力；另一方面要完善干部的选拔、任用、管理、监督、考核和奖惩等各个环节，形成无缝衔接的制度链条，以解决目前的考核不到位、制度功能和制度执行力低下等问题，通过量化重点考核"关键少数"在经济社会发展监测、扶贫绩效、生态环境、安全生产、维稳综治、党的建设等工作。抓关键问题和关键少数，强化顶层设计，辩证精准施策，以科学有效的考核提升制度执行力。

大数据助力地方政府
治理能力的提升[*]

党的十九大报告指出，必须坚持和完善中国特色社会主义制度，不断推进国家治理体系和治理能力现代化。[①] 作为国家治理能力现代化重要组成部分的地方政府治理能力，其治理能力的高低将直接影响到国家治理能力整体水平。而大数据时代的到来，为地方政府治理提供了新的理念与手段，有利于提升地方政府的决策能力、执行能力、管理能力与公共服务能力，实现科学决策、有效执行、精准管理和个性化服务。

一 运用大数据提升地方政府决策能力

地方政府决策能力是指地方政府在其行政管辖区域内，为了履行法定的政府职能，通过制定各种有利于地方经济、政治、社会、文化和生态可持续发展的政策，管理地方经济、政治和社会以及其他公共事务的能力。在政府决策过程中，决策效能要受到决策资源、决策环境、决策技术等因素的影响。决策能力是地方政府治理能力的制高点与核心要素，直接影响着政府治理效能。其本质是政府通过科学调配决策资源来实现政府科学决策，其最终目的是实现政府服务社会的发展与和谐。

---

[*] 原载《华北水利水电大学学报》2018 年第 2 期，作者秦国民、王柏秀。
[①] 习近平：《决胜全面建成小康社会夺取新时代中国特色社会主义伟大胜利》，《人民日报》2017 年 10 月 28 日。

1. 大数据为地方政府决策提供重要资源和支撑

地方政府决策能否达到最优决策、科学决策，取决于政府能否对有限的政府决策资源进行科学有效的配置。科学决策必须满足三个条件：一是有科学的决策理念作为指导；二是有科学的决策手段与方法可供利用；三是对决策的事后评估要有科学的原则。传统的地方政府决策机制，一方面，由于缺少现代技术的支撑，获取社会民意的方式单一，不能够准确掌握民意，使做出的某些决策不符合社会发展的规律与需要；另一方面，由于缺乏有关决策对象的数据，很难在决策的量化分析上作出客观的判断，往往凭借以往的经验进行决策，这种经验决策机制很容易违背决策规律，造成决策失误、滞后、随意性强等问题。大数据作为一种新兴的现代科学技术，利用数据融合、数学模型、仿真技术等，立足于对大量的、系统的、精确的数据资源进行收集、整合与分析，从而全面了解和掌握决策信息，降低决策的不确定性，可以为政府决策提供重要的数据资料和支撑。

2. 大数据有助于降低决策的不确定性

传统决策模式在一定程度上是根据意识形态以及经验进行的，增强了决策过程的主观性。科学的决策基于客观事实与经验，是客观性和主观性共同作用的结果。地方政府可以围绕当地经济、政治、社会、文化、生态等某个问题或特定主题，通过计算机信息系统对大量数据信息进行挖掘、整理、筛选和分析，从而预测决策事件的发展趋势，寻找决策规律，增强决策的客观性和针对性，降低决策的不确定性。

3. 大数据有助于减少信息不对称

有效的信息沟通是科学决策的重要保障。在政府传统的科层制中，由于信息不对称的存在，很多决策是在不完全掌握各方面信息的情况下做出的，这样会造成决策不科学。大数据的应用可以使信息传递过程扁平化，增加部门之间的有效沟通。同时，上级可以借助大数据掌握下级上报数据资料的真实性，从而便于科学决策。

4. 大数据有助于提高地方政府治理决策精细化

政府治理领域的改革举措不能靠主观判断和经验感受，而要充分利用现代的技术和手段以及新的治理理念，推动决策的科学化、民主化。科学决策的必经之路是基于数据、民意的理性判断。大数据体现大样本、全样本的优势可以为决策提供广阔的空间。在大数据时代，数据信息的价值密度低，但是数据挖掘可以使互联网信息数据的价值在量上进行积累并最终发生质的变化，可以直观呈现经济社会发展运行的规律，为政府治理决策提供必要的信息资源，从而减小政府治理决策的偏差，提高地方政府治理决策的精细化。

二 运用大数据提升地方政府执行能力

科学决策是地方政府处理社会问题的关键。好的决策只有被切实执行，才能显现出决策的效能。一项科学决策被制定出之后，必须有配套的执行措施作为保障，这就需要在提升政府决策能力的同时，也必须提高执行能力。地方政府的执行能力，就是指在党和国家的路线、方针及政策的指导下，有效整合其拥有的人力、物力、财力、信息、制度等治理资源，制定具体实施方案，采取各种有效手段和方式，实现既定治理目标的综合能力。对政府执行能力的关注，不能只停留在执行过程中，更要关注执行的反馈，要关注政府执行的效果、社会的反响是否很好地回应了民众的需求。执行能力的提升是政府治理现代化的重要内容。

1. 大数据有利于构建政策执行信息反馈机制，优化政策执行环境

传统官僚制的基本特征就是专业分工与功能专业化，这种官僚制组织模式为现代工业社会的高效运转提供了强有力的组织保障，但是在全球化和信息化条件下，由于组织内部的不同组成部分之间有着清晰的边界与职责，政府决策执行产生了碎片化，相关部门彼此隔离、相互推诿。运用大数据带来的动态信息，整合政策执行资源和执行合力，可以减少在政策执行过程中的制约因素。地方政府可以运用客观的大数据，建立政策执行监督反馈机制，防止在政府政策执行过程中的随意性、利益驱动性等行为，有效遏制弄虚作假、不作为、执行中的打折扣等现象，以保障政策执行有力、监督有效，形成决策、执行和反馈的制度化、科学化、民主化和规范化。此外，运用大数据构建的政策执行监督反馈机制，能够进一步优化政策执行环境，为地方政府执行能力的提升提供良好的环境基础。

2. 大数据有助于建立信息沟通机制，构建协同执行的网络平台

信息沟通机制是影响中国地方政府执行能力的主要因素。政府执行的过程是一个系统过程，包括执行前的决策、执行中的控制以及执行后的反馈，只有这三个步骤有效协同起来，执行效能才能显现。政府执行决策的过程，本质上是一个信息释放和汇聚的过程：政府在执行前与执行中，要将有效的信息向民众发布，使公众对政府的真实目的、具体的执行方式方法有所了解；还要将执行后的信息进行及时的反馈，获取有利于政府决策调整的信息，促使决策执行的高效。如果不对政府执行信息进行及时有效的反馈，就是在盲目执行决策，非但不能有效回应民众需求，反而会阻碍社会的可持续发展。因此，在政府执行能力提升的过程中，应重视完善信息沟通反馈机制，与民众之间形成良性的、呼应式的沟通协调，进一步体现政府为人民服务的本质。协同执行网络平台的建立，能够打破地方政府相关职能部门之间的信息壁垒，将政府政务毫无缝隙地连接起来，突破传统政府职能边界，构建融合、共享、服务导向的公共数据网络平台，减少政策执行的低效率和成本高等现象，化解执

行碎片化困境，增强政府政策执行中的有效性，提高地方政府的政策执行能力。

3. 大数据能够再造政府工作流程，优化政策执行路径

地方政府执行能力的提升，是以地方政府组织结构优化为前提，这就需要对政府工作流程进行再造。传统的科层制政府已经满足不了民众的需求，只有流程科学、精细与结构合理的组织，才能为政策执行提供精确的指导，其工作效率才会高，才能保证政策执行的质量，其执行能力才会强。应用大数据技术，对政策执行工作的流程规范和技术标准进行全方位、全过程的科学规划，使工作目标细化、工作责任量化，这样可以使政策执行的目标更加明确，责任更加具体，也有利于进行考核量化和责任追溯。

三　运用大数据提升地方政府管理能力

就是指政府管理国家和社会公共事务的能力。地方政府传统的管理方式是一种单一的、高成本的、低效率的粗放式管理。在这一管理方式下，政府各个部门拥有独立的信息管理系统，数据之间相互隔离，形成了一个个信息孤岛，不利于资源的整合利用，浪费了大量的治理资源，增加了社会管理的成本，降低了政府管理效能。大数据时代不但使政府管理手段和方式发生转变，也使政府从传统的粗放式管理向精细化管理转变，从单一的事务性管理向政府治理转变。

1. 大数据有助于提高政府管理效率

政府管理效率的提高，依赖于不同部门与机构间的有效沟通、信息共享。大数据技术的应用，可以将原来分散的数据资料加以整合、分析、利用，使政府在管理社会事务中可利用的数据资料更加全面，

部门间协调沟通与数据利用更加方便快捷,有效提高管理工作效率,提升政府管理能力。

2. 大数据有助于降低社会管理成本

一方面,将大数据应用于政府社会管理中,可以改变政府传统的治理方式,用具体的、可操作的标准将政府管理工作细化,理顺政府部门之间的关系,使每名政府工作人员的责任清晰,这样不仅有利于考核与问责,更有利于降低政府社会管理成本;另一方面,在社会日常生活中,存在大量有价值的、未被激活或利用率低的数据,通过应用大数据技术,不仅可以将其激活,提高利用效率,而且有利于对其进行分类、存储和整合,为以后采集、管理这些数据信息节约成本,从而降低政府社会管理成本。

3. 大数据有助于促进公众参与社会治理

社会治理的有序开展,离不开公众的积极参与。拓宽公民参与社会治理的渠道,集思广益、群策群力、万众建言,有助于提升政府的社会治理水平。在信息化与大数据时代,通过建立和完善政府网站、微博、微信等新媒体,为公众参与社会事务管理提供利益表达和讨论的公共舆论场所与平台,拓宽政府与民众之间沟通互动的渠道,加强两者之间的沟通能力,最大限度地为社会事务的管理汇聚民智,提升政府治理能力与效能。

四 运用大数据提升地方政府服务能力

政府服务能力就是"以政府为主体的公共组织在既定的国家宪政体制内,通过制定和执行品质优良、积极而有效的公共政策,最大可能地汲取和运用各种资源,为社会和公众提供广泛而良好的公共物品和公共服,满足公众公共产品,完成政府公共服务职能规范的目标和任务的能力"①。中国目前正处于社会转型期，社会公众的公共需求呈现总量不断增加、质量不断提高、种类不断多样的趋势。为了能够更加公平、有效地满足社会公众的公共需求，地方政府应不断提升自身的服务能力，提供能够满足社会不同大众群体多样化、个性化需求的公共产品，实现地方政府的有效治理。而大数据时代的到来，为地方政府服务能力的提升提供了技术支持。

1. 大数据助于推进简政放权，创新公共服务模式

党的十八届五中全会指出："深化行政管理体制改革，进一步转变政府职能，持续推进简政放权、放管结合、优化服务，提高政府效能，激发市场活力和社会创造力。"② 简政放权的核心在于精简政府机构，将经营管理权下放到企业，让市场在资源配置中发挥决定性作用，使市场主体在公平竞争环境中焕发活力。在政府治理中运用大数据思维和技术，能够构建"一站式政务服务平台"，打破部门之间存在的数据壁垒，跨越政府内部的协同鸿沟，实现各部门信息数据资源共享，进而合理设置政府部门，对其功能加以整合优化，推进政府简政放权和转变职能。同时，通过大数据推进政府监管能力的提升，做到放管结合，政府监督和社会监督结合。

2. 大数据能够促进公共服务精准化、便捷化与个性化

在大数据时代，地方政府可以运用大数据技术来建设智慧政府、提供智慧服务。智慧政府所提供的智慧服务是一种区别于传统公共服务供给模式的、新形态的、高质量的服务创新体系，其有效整合了大数据技术、政府职能与社会治理，在"以人为本"理念的指导下提供优质、高效、便捷的公共产品与服务。首先，地方政府可以利用门户网站、政务微信微博等信息技术，一方面将公共服务的相关数据信

---

① 李晓园：《县级政府公共服务能力与其影响因素关系研究：基于江西、湖北两省的调查分析》，《公共管理学报》2010 年第 4 期。
② 《中共十八届五中全会在京举行》，《人民日报》2015 年 10 月 30 日。

息公开；另一方面利用大数据技术对民众的需求、意见、建议等进行搜集、分析、整合，充分挖掘有利于决策科学化的信息来引导公共服务的提供，使公共服务的提供具有针对性、前瞻性与有效性。其次，利用大数据技术建立智慧服务平台，打破部门界限，优化组织结构与服务流程，整合部门职能，提供高效便捷的公共服务。最后，利用大数据技术加强对公共服务进行客观公正的评价和监督，可以提高公共服务的公开度和透明度，使民众在享受公共服务的同时就能够对所享受的公共服务进行评价与监督，增强了政务评价的即时性、客观性。地方政府应利用大数据技术进一步完善相关评价指标与监督方法，实现服务数据与评价数据的即时收集、整合、分析，充分挖掘数据信息的价值，提高公共服务的质量和水平，提升地方政府公共服务能力。

新时代夯实国家治理能力现代化的四个维度*

党的十九大报告指出："中国特色社会主义进入新时代，中国社会主要矛盾已经转化为人民日益增长的美好生活需要和不平衡不充分的发展之间的矛盾。"① 随着中国社会主要矛盾的变化和国家战略目标、任务的调整以及国际政治经济环境引发的变化，党和人民对于国家治理能力现代化提出了新的、更高的要求。

一 政治之维：厚植党执政的政治基础

新时代厚植党执政的政治基础就是全面从严治党的需要。我们党始终不变的初心就是为人民谋幸福，国家的快速发展取得的巨大成就、人民生活的不断改善以及由此集聚的民心民意，是我们党长期执政最根本的政治基础。改革开放之初，邓小平同志提出了一靠教育、二靠制度的治党思路，并强调制度具有根本性、全局性、稳定性和长期性，之后党的制度建设进入一个快速发展时期。2003 年 2 月，党的十六届二中全会将制度建设与思想建设、组织建设和作风建设相提并论，正式确立了制度建设在党的建设整体布局中的重要地位。2007 年，党的十七大报

---

* 原载《河南社会科学》2018 年第 10 期，《新华文摘》2019 年第 2 期全文转载，作者秦国民。

① 习近平：《决胜全面建成小康社会 夺取新时代中国特色社会主义伟大胜利》，党建读物出版社 2017 年版，第 9 页。

告明确提出,"必须以改革创新精神加强自身建设"。党的十八大明确提出,全面提高党的建设科学化水平。党的十八届三中全会更进一步明确提出了推进国家治理体系和治理能力现代化,完善和发展中国特色社会主义制度,作为全面深化改革的总目标,并对整体推进"五位一体"和党的建设制度改革做出全面部署,成为全面深化改革的组成部分。历史经验告诉我们,管党治党,加强党的政治建设不仅关系党的前途命运,也关系国家的强盛和民族的复兴。

1. 在新时代厚植党执政的政治基础,应把党的政治建设摆在首位

把党的政治建设摆在首位,是对党的建设思路和总体布局的一个重大创新,对新时代坚定不移地推进全面从严治党、厚植党执政的政治基础具有重要的意义。我们党在不同的历史时期能够克服一个又一个困难,始终保持团结和集中统一,与我们党注重讲政治密不可分。党的十八大以来,在推进全面从严治党的实践中,习近平总书记多次强调应抓好党的政治建设。当前,我们既面临着错综复杂的国际形势,又面临着繁重的改革发展稳定任务,解决这些问题要求我们必须牢固树立"四个意识",坚定"四个自信",以政治建设为统领,推动国家治理能力现代化。一是明确党的政治建设的中心任务。要深入学习习近平新时代中国特色社会主义思想,不忘初心,牢记使命,坚定信仰,从思想上和行动上自觉同党中央保持高度一致,不断坚持和完善党的领导的体制机制,切实增强党内政治生活的政治性、时代性、原则性。二是尊崇党章,夯实党的政治建设的基础工程。这是新时代党的建设的根本要求。党章是党的总章程,集中体现了党的性质和宗旨。加强党的政治建设应以党章为根本遵循,应树立党章意识,自觉用党章规范自己的行为。三是坚持和完善民主集中制,强化党的政治建设的制度保障。坚持民主集中制就是要按照民主集中制的原则,体现民主和坚持党中央权威和集中统一领导,注重强化民主集中制的培养教育,提升各级党员干部执行民主集中制的自觉性和能力,

立好民主集中制的规矩,懂得民主集中制的方法,激发党员干部的创造活力。四是提升党员干部的政治觉悟和政治能力,拓宽党的政治建设的实现路径。当前世情国情党情都发生了深刻的变化,党面临的执政环境和执政条件也发生了很大的变化,在重要的历史机遇期面临着许多新的风险和挑战,党员干部应以高度的自觉讲政治,不断提高政治觉悟和政治能力,坚持以人民为中心,为承担起"四个伟大"的历史使命提供坚强的政治保证。因此,应在党内政治生活和社会生活中不断加强党性锻炼,以党性锻炼来强化党员干部革命性锻炼,通过革命性锻炼体现党的先进性和纯洁性,增强党员干部的政治觉悟和免疫力。同时通过学习实践,重在知行合一上下功夫,不断增强对共产主义远大理想的信念,推动全面从严治党向纵深发展。

2. 深化党的制度建设是厚植党执政政治基础的主要内容和突出特色

制度的完备程度是衡量制度成熟的一个重要标准。党的制度建设担负着为新时代厚植党执政的政治基础提供实现机制和方式的重要功能。中国共产党是推进国家治理体系和治理能力现代化的主导力量。在中国共产党领导下确立的人民民主专政的社会主义政治制度,总结了中国革命和建设的发展历程,体现了国家政权广泛的群众基础、民主基础。确立的人民代表大会制度,共产党领导的多党合作和政治协商制度,民族区域自治制度和基层群众自治制度,以公有制为主体、多种所有制经济共同发展的基本经济制度等一系列基本制度,为实现制度现代化提供了基本的制度框架。经过40多年的改革开放,中国的经济实力、综合国力以及人民的生活水平有了极大的提升,我们已经进入中国特色社会主义新时代。同时,我们必须清醒地看到,国家治理体系和治理能力现代化仍是新时代中国特色社会主义事业面临的一项重要历史任务。为此,一方面应深化党的制度建设,提升党的制度建设质量。提升党的制度建设质量是新时代各级党组织着力的关键。实现国家治理能力现代化关键在党、关键在党的引领,当前只有以提升组织力为重点，打造党的制度建设，引领国家治理能力现代化的动力引擎，才能确保国家治理能力现代化的实现。针对当前一些地方基层党组织软弱涣散的问题，要落实党的制度建设工作责任制，持续做、反复做。要严肃党的组织生活制度，把党的组织生活制度作为查找和解决问题的重要途径，落实"三会一课"、组织生活会、民主评议党员等基本制度，增强组织生活的政治性、时代性、原则性和战斗性。另一方面，应以改革为主题主线，聚焦党的制度建设的突出问题。党的制度建设可以更好地发挥党总揽全局、协调各方关系的作用，更好地实现领导力，同时党的制度建设可以加强中国特色社会主义的制度建设，改进和提升现代国家治理能力，进一步增强道路自信、理论自信、制度自信和文化自信。为此，一是要以改革为主题主线，并把它纳入全面深化改革的总体框架内。从严治党最根本的一条就是要用科学、严格的制度治党。目前要完善干部的选拔、任用和考评制度、公共权力的约束监督制度、党的巡视检查制度、党内民主生活制度、党员权利保障制度和作风建设制度，突出政治标准，树立正确的选人用人导向，并形成完善科学的党的制度体系，全面增强执政本领。二是要聚焦党的建设的突出问题，针对改革开放以来党的建设情况发生的深刻变化，对党的执政能力、执政水平提出的新问题、新情况、新要求、新考验、新挑战，从抓制度入手，聚焦反对"四风"，深入开展以为民务实清廉为主要内容的群众路线教育实践活动，用制度对外在的行为进行规范，把权力关进制度的笼子里，实现制度治党。同时加强制度建设，还必须用制度的形式，把思想建党的好经验、好传统、好做法固定下来，通过制度的执行，更好地发挥制度的激励和约束作用，确保制度在厚植党执政政治的基础上发挥作用。

二 制度之维：突出制度的恰适性和制度共识，提升制度执行力

党的十九大报告提出："必须坚持和完善中国特色社会主义制度，

不断推进国家治理体系和治理能力的现代化。"① 不断推进国家治理体系和治理能力的现代化,就是把国家制度建设和党的执政能力建设要求进一步具体化,促使我们在各个方面形成一套完整的治理制度,核心是制度建设,关键是制度执行力。新时代社会主要矛盾的变化,促使国家经济、政治、社会、文化和生态治理模式的逻辑发生了重大变化。目前中国经济已由高速增长阶段转向高质量发展阶段,正处在转变发展方式、优化经济结构、转变增长动力的攻坚期,供给侧结构性改革已成为主线,目前市场机制已经成为中国社会资源配置、创造效能的一个重要制度安排,自然也成为中国实现又好又快发展的重要战略选择。党的十八届三中全会提出要使市场在资源配置中起决定性作用,这从整体上促进了国家经济秩序、经济发展方式和运行方式的改变,也改变了计划经济时代形成的单一的政府管理经济的模式与传统。党的十九大报告提出,要加快完善社会主义市场经济体制,激发全社会创造力和发展活力。经济治理逻辑的变化,自然影响到政治、社会、文化和生态等方面治理逻辑的变化。国家治理体系和治理能力的现代化,是一个复合的公共权力和制度体制运行过程,它必将涉及政府的机构设置、执政行为、组织安排、制度设计和观念以及技术等内容。国家治理体系和治理能力的现代化需要将政府、市场与社会三个治理主体有机地结合起来,按照现代文明的基本原则、价值理念和制度规范,进一步推动经济发展方式和政府职能的转变,激发社会各方面的创造力和发展活力。

1. 新时代突出制度的恰适性和制度共识

以制度优势促进国家治理能力的提升,对于增强党领导人民群众在国家治理实践中善于用制度治理国家和依制度办事的能力,提高依法执政、科学执政、民主执政能力具有重要的意义。任何一种制度优

---

① 习近平:《决胜全面建成小康社会 夺取新时代中国特色社会主义伟大胜利》,党建读物出版社2017年版,第17页。

势的发挥都会受到一定时空的影响，这涉及制度的恰适性问题。"最好的政体不是一般现存城邦所可实现的，优良的立法家和真实的政治家不应一心向往绝对至善的政体，他还需注意到本邦现实条件而寻求同它相适应的最良好政体。"①"法制随时代以演变""制度宜适时应世"②，适时应世是指制度既要适应现实时代的客观现状和当时的时代条件。"制度的恰适性，就是制度对其存在的环境和对与制度相关的人的恰当性、适应性，是制度与环境、人的和谐地有机统一。"③制度能否得以存在和发展的环境一般包括当前的经济、政治、文化和社会发展状况，也包括一定社会条件下制度执行主体、制度执行客体对制度的理解与执行能力的状况。假若设计的制度不能很好地适应时空环境的要求，再好的制度也将失去自身存在的价值和理由。因此，作为在一定条件下相互关联的正式规则和惯例集合的制度，应当根据制度和经济环境、政治环境、社会环境等方面的彼此关系，从经济制度、政治制度、观念文化、制度本体文化和制度行为文化方面，保持制度对以上诸如社会政治环境、历史文化等国情方面的因素和人自身能力以及对制度的理解和执行能力状况的适应性。实现制度的恰适性在本质上有利于实现对制度的认同并提高人们对制度的理解、执行能力。"制度认同内在地包含着两个方面：一是价值上的肯定；二是有转化为现实行为的趋势与取向，它是一种出于理性对制度体系的规定的认可与肯定，即这个制度框架本身经过了善的诘问，获得了公正的价值属性，由于制度体系的这种合理性，它同时又获得公民的一种情感上的认同。"④"制度对两个对象具有存在意义——制度所在的环境

---

① [古希腊]亚里士多德：《政治学》，吴寿彭译，商务印书馆2012年版，第179页。
② 萧公权：《中国政治思想史》，商务印书馆2011年版，第613页。
③ 秦国民、高亚林：《恰适性：推进国家治理能力现代化的制度建设原则》，《中国行政管理》2015年第9期。
④ 秦国民：《政治稳定视角下制度认同的建构》，《河南社会科学》2010年第1期，第112—114页。

和与制度相关的人,制度所在的环境包括时间和空间两个维度。"① 制度的恰适性要关注两方面的问题:一是要顺应民意,能够得到绝大多数民众的认同;二是要符合时代发展的潮流,符合生产力发展的需要,具有长远的制度效应。因此,通过制度的恰适性来推进国家治理能力现代化,需要吸纳来自时间和空间两个维度的有益探索。一方面要吸收中华人民共和国成立以来,特别是改革开放以来我党在国家治理方面的成功探索,尤其是在依法治国、民主决策、民主管理、民主监督、社会治理、政府绩效和责任政府等方面的成功实践,及时地把这些成功的实践上升为制度;另一方面需要对来自地方政府、行业的制度创新实践进行及时总结评估,将这些局部成功的创新实践上升为国家政策、制度等,并转化为国家治理的普遍实践。

2. 新时代推进国家治理能力现代化,关键在于提升制度的执行力

制度被有效执行才能释放制度效能。制度的有效执行力,就是要使制度从文本上的制度走向现实中的制度和行动中的制度。制度的有效执行力是推动国家治理现代化的重要基础,唯有将执行制度坚持不懈地抓好,提升制度执行力,才能在恪守制度原则、弘扬制度精神、履行制度使命的过程中,最大限度地实现制度目的、彰显制度价值、释放制度效能。影响制度执行力的因素是多方面的,既有执行主体的能力和素养、制度环境等因素,也有体制机制的制度层面的因素。这些因素之间相互联系,对制度执行力形成一种动态的影响力量。为此要提升制度执行力:一是提高执行主体的能力和素养水平。执行主体是提升制度执行力的关键因素,执行主体对制度的理解和认识,决定着在执行中的准确性和在执行过程中对各种矛盾的有效化解能力。二是营造良好的制度环境。制度环境是影响制度执行力的重要因素。良

---

① 秦国民、高亚林:《恰适性:推进国家治理能力现代化的制度建设原则》,《中国行政管理》2015年第9期。

好的制度环境有利于提升执行主体的积极性，也是提升制度执行力的必要条件，它既可以创造一种鼓舞人民群众积极参与、关心制度建设的良好氛围，也可以最大限度地消除和克服影响制度执行力的负面因素，增强制度执行力的动力。三是加强体制调适和机制创新。体制调适既是我国推进国家治理能力现代化的动力和加速器，也是中国国家建设和发展鲜明的时代主题。通过体制的调适，可以有效激发不同治理主体的活力，通过机制创新不断拓展国家治理现代化的治理空间，体现在治理实践中就是要通过基层民主协商、民意测验、听证会和政府信息公开等制度优化公共政策的制定和执行过程，建立公平公正的利益机制、强有力的政治调控机制。

三 法治之维：强化法治能力建设，为国家治理现代化提供坚强保障

新时代强化法治能力建设是国家治理能力现代化的必然要求。法治能力是指运用国家的法律制度来治理社会各方面事务的能力，是一个国家法律制度执行力的体现，也是国家治理能力现代化建设中的核心能力之一。法治能力建设得如何，直接关系到改革共识的凝聚、利益共识的凝聚，关系到规范发展行为、化解社会矛盾和社会的和谐稳定。党的十八届四中全会决定指出："依法治国能够更好统筹社会力量、平衡社会利益、调节社会关系、规范社会行为，必须更好发挥法治的引领和规范作用，使中国社会在深刻变革中既生机勃勃又井然有序，实现经济发展、政治清明、文化昌盛、社会公正、生态良好。"[①]党的十九大报告提出深化依法治国实践。依法治国实践的关键在于法治能力的建设，法治能力建设是执政能力的重要标志，是政府治理能力的重要体现，也是各级领导干部工作能力的重要内容，对于推进国

[①] 《中国共产党第十八届中央委员会第四次全体会议公报》，《人民日报》2014年10月24日。

家治理能力现代化起着重要作用。法治能力现代化要求增强法治观念，崇尚法治意识，维护宪法权威，推进科学立法、民主立法、依法立法。也要求领导干部带头学法，模范守法，严格执法，公正司法，依法决策，依法行政，以良法促进发展，保障善治。

1. 强化法治能力现代化建设，为国家治理现代化提供坚强法治保障，推进中国法治化建设

依法治国是治国理政的基本方略，推进国家治理体系和治理能力的现代化，就是要实现国家治理的制度现代化。强化法治能力建设，是习近平新时代中国特色社会主义思想的重要体现，是新时代法治建设的重要战略安排，是深化党对法治中国建设的必然要求，也是推进全面依法治国基本方略和深化依法治国实践的重要举措。依法治国强调的是公共权力的行使者要遵守国家的法律规定。依法执政强调的是中国共产党要遵循共产党执政规律、社会主义建设规律和人类社会发展规律。依法行政强调的是公共权力的行使者要遵循市场规律，转变政府职能，按照法定权限行使权力。依法行政强调的是依法执行，在新时代推进国家治理现代化建设，就要强化法治能力建设，为国家治理现代化提供坚强保障。"天下之事，不难于立法，而难于法之必行。"如果制度得不到有效实施、被束之高阁或者实施不力，再完美的制度设计和制度结构也只能成为空谈。目前中国的制度建设已经从以创设制度为重点转向以制度实施和制度能力提升为重点，提升和强化法治能力建设已经成为国家治理能力现代化的应有之义。为了切实抓好法治能力建设，把法治能力建设提高到一个新的高度，首先，要把党的领导贯彻到全面依法治国的全过程。党的十九大报告提出，必须把党的领导贯彻到全面依法治国的全过程和各方面，具体体现在党领导立法、保证执法、支持司法、带头守法。坚持一切国家权力属于人民的宪法原则，实现党的领导、人民当家做主、依法治国有机统一，以保证人民当家做主为根本，以增强党和国家活力和充分调动广大人民群众积极性为目标，发展社会主义政治文明。其次，要将依宪

执政作为党的基本执政方式，实现党的执政方式法治化。依宪执政本质上是宪法实施的重要实现形式。习近平总书记指出："宪法的生命在于实施，宪法的权威也在于实施。"法治能力建设既是法治国家的基础性工作和重要任务，也是宪法的生命所系和力量之源。党的领导是中国特色社会主义法治建设的根本保证。中国共产党在国家法治能力建设中起着整合社会、提供领导、保证发展的核心作用。党既要坚持依法治国、依宪执政，使党自觉在宪法和法律的范围内活动，又要使党的组织和广大党员干部发挥在依法治国中的政治核心作用，为此依宪执政，推进党的执政方式法治化是推进中国法治能力建设的前提和有力保障。依宪执政作为党的基本执政方式，可以更好地保障我们党履行好执政兴国的重大职责。推进党的执政方式法治化，一是确立有中国特色的权力制约机制，通过合理划分党与人大、行政和司法的权力，同时探索建立党内权力制约机制，进而使党的权力运行法治化。二是推动党的执政方式由主要依靠法律政策转向依靠宪法和法律，使党的政策的制定在宪法和法律的框定内进行。三是推进党的执政方式法治化，实现党的意志与法律意志的有机统一，确保党领导的程序法治化，从而推动政党法治的实现。只有做到善于使党的主张通过法定程序成为国家意志，善于使党组织推荐的人选通过法定程序成为国家政权机关的领导人员，善于通过国家政权机关实施党对国家和社会的领导，善于运用民主集中制原则维护中央权威、维护全党全国团结统一，才能真正坚持依法治国的基本方略，强化法治能力，优化依法执政方式。

2. 以宪法和法律的实施树立宪法和法律的权威，夯实强化法治能力的基石

首先，任何社会组织和公民个人都应在宪法和法律规定的范围内开展活动，根据宪法和法律赋予的权力和权利、责任和义务进行，没有特权。其次，宪法和法律面前人人平等，不允许任何人以任何借口、任何形式，以言代法、以权压法、徇私枉法，做到有法必依、执法必严、违法必究。再次,强化法治能力要求监督机关应担负起法律赋予的监督职责,公正司法。一方面,要以宪法为最高法律规范,推动立法机关制定完备的法律,保障宪法确立的制度和原则得以贯彻落实、执行,要求行政机关和司法机关切实严格履行宪法和法律赋予的职责,把各项工作纳入法制轨道,体现司法公正;另一方面,要在全社会开展尊崇宪法、学习宪法、遵守宪法、运用宪法的宣传教育活动,增强公民的宪法意识,为提升和强化法治能力营造良好的环境。

四 文化之维:以正义提升制度文化质量,坚定文化自信

文化自信是一个国家和民族发展过程中最基本、深厚和持久的力量。坚定文化自信,推动文化繁荣是国家治理能力现代化的必然要求。党的十九大报告提出,"坚定文化自信,要坚持中国特色社会主义文化发展道路"。[①] 制度文化是中国特色社会主义文化的一个重要组成部分,是文化自信和制度文明建设的根基。通过良好的制度文化,生成和托举中国制度的理性品质、公正取向和实践力量。只有深刻把握推进国家治理现代化中的文化使命,推动中国制度文化更加成熟和更加定型,进一步显现文化优势,才可以更加坚定中国特色社会主义的文化自信。

文化的一个重要作用在于,它既是凝聚人心的精神纽带,也是增进人民认同的关键因素。可以说文化是衡量社会美好生活的重要内容和关键尺度。制度文化作为文化的重要组成部分,是在人类社会的发展过程中,为建立秩序的需要而主动创造出来的有组织的规范体系,其内涵一般包括各种成文的和习惯的行为模式与行为规范。制度正义在制度文化建设中具有重要价值,制度正义能够提升人们的文化认

---

① 习近平:《决胜全面建成小康社会 夺取新时代中国特色社会主义伟大胜利》,党建读物出版社 2017 年版,第 24 页。

同,有利于制度文化的完善与执行,有利于让文化改革发展成果更多更公平地惠及全体人民,不断满足广大人民群众在新时代精神文化的需要,更好地推动人的全面发展。

1. 以正义提升制度文化质量,培育良好的制度文化

制度文化可以更好地体现国家文化软实力,制度文化质量对国家治理现代化有重要影响,是推进国家治理现代化的重要基础,在一定程度上也是衡量和决定国家治理现代化的关键变量。以正义提升制度文化质量,培育良好的制度文化,一方面,可以发挥文化在推进国家治理现代化中的教育引导、实践培养和制度保障作用;另一方面,发挥文化的引领作用,可以增强人们的制度认同,优化人们的行为习惯。为此以正义提升制度文化质量,坚定文化自信。首先,应注重制度本身的正义,确保制度文化的正义性。在完善与发展制度的过程中,要注重制度安排正义合理。制度本身安排的正义是制度正义的前提,也是制度文化质量的重要保障。制度设计的过程是不断探索、完善、发展的过程,创新创造是文化的本质特征和生命所在。一个国家和民族文化的发展既离不开传统的继承和借鉴,也离不开创新性发展和创造性转化,坚持文化的创新性和发展性,必须正确处理"守"与"变"、"中"与"外"的辩证关系,寻找制度文化内在成长的规律性,更好地构筑中国文化精神、文化价值和文化力量,展现中国文化独特魅力和文化自信。其次,注重制度执行中的正义,增添制度文化正能量。正义的制度,如果得不到正义的执行,无异于没有正义的制度,不可能通过制度文化的魅力为发展增添正能量。为此应把社会主义核心价值观充分体现到制度文化的实践中,用制度文化的力量正确引导价值判断、树立正义道德天平。再次,提升制度文化质量,促进和实现制度文化结构与功能的优化。制度文化的质量可以增强文化的凝聚力和文化自信。制度文化通过强化教育引导、实践养成和制度保障,可以把制度价值融入社会发展的方方面面,转化为人们的情感认同和习惯。提升制度文化质量,促进和实现制度文化结构与功能的优化，应关注两个方面：一是健全制度文化内在稳定机制。在推动制度文化外部创新的同时，也要积极推动制度文化自身的创新，在风险可测、可控、可承受的前提下，深化制度文化重点领域和环节的创新，不断健全制度文化内在稳定机制。二是制度文化创新不仅要注意实体制度文化建设，还要注意程序性制度文化建设。程序性制度文化是制度文化权威的重要保障。制度文化有了权威性，人们才会形成对制度文化的认同感和归属感，才能提高执行制度的自觉性，确保实体制度文化实施，并制约和惩处违背实体性、程序性制度文化的行为。

2. 坚定文化自信，深化文化体制机制改革

制度文化作为行为主体用来调整主体之间社会关系的规范体系，包括体制和机制。发展和繁荣中国特色社会主义文化，激发文化创新创造活力，也要进行文化体制机制改革。制度文化本身的存在需要借助社会政治环境和一定的文化符号形式，具有重要的文化意蕴，构成社会的制度文化。社会的制度文化构成是一个有机的系统，其构成要素包含制度观念文化、制度本体文化和制度行为文化。良好的制度文化可以成为人们自觉的行为方式。好的制度不是死板生硬的教条，而是有灵魂有核心价值的，通过制度文化核心价值的作用，才能起到制度文化应有的作用。制度文化建设带有根本性、整体性、稳定性和长久性，因此应深化文化体制机制改革，增强文化的引导力、创造力和竞争力。重点完善公共文化服务体系，大力实施文化惠民工程，推动文化小康顺利实现。同时要重点完善和健全文化经济政策，创新文化生产经营的制度安排，推进文化的国际传播能力建设，提升国家文化的软实力。着力培养和形成良好的制度文化，在制度文化设计和实施强调制度文化的核心价值、思想价值，凝聚文化共识，将制度文化的理念、原则、目标纳入制度建设的各个环节和国民教育的全过程，充分发挥制度的规范、引导、保障和促进作用，实现制度文化价值的落地生根，坚定文化自信，为国家治理能力现代化提供文化保障。

中国政府决策体制的演进、特色和发展逻辑[*]

政府决策是行政管理的首要环节。政府决策体制的完善与优化，是我国行政体制改革的重要组成部分，它不仅关系到政府决策的质量和整个行政体制改革的成效，而且是关联政治体制改革的问题。因为政府决策权力的合理配置、决策民主化和法制化等方面的进展，是推进政治体制改革的助力。本文对中国政府决策体制的演进、特色和发展逻辑的研究，旨在阐释政府决策体制经历的变革和未来的发展取向，而对中国政府决策体制特色的概括，有助于我们对政府决策体制演进和发展逻辑的认识。

一 中国政府决策体制的演进

决策体制，是行为主体之间决策权力配置、运行机制及决策方式、程序、规则的总称。政府决策体制，就是一定国家中的执政党和有决策权的国家机关在事关国家政治、经济和社会发展的重大问题上进行决策的权力分配、运行机制、决策方式、规则以及程序等内容。

中国政府的决策体制是由共产党领导在长期革命和建设的实践中形成和发展的。新中国成立初期，中央的重大决策文件都以"中共中央、国务院、中央军委"的名义联合发出，所以当时的决策体制呈现

---

[*] 原载于《理论月刊》2012年第5期，作者石杰琳。

"党政军"① 权力结构，而事实上决策权集中于党中央，这一点从1953年3月《中共中央关于加强中央人民政府系统各部门向中央请示报告制度及加强中央对于政府工作领导的决定（草案）》中可见一斑。该文件规定："为了使政府工作避免脱离党中央领导的危险，今后政府工作中的一切主要的和重要的方针、政策、计划和重大事项，必须经过党中央的讨论和决定或批准"，"政府各部门对于中央的决议和指示的执行情况及工作中的重大问题，均须定期地和及时地向中央报告或请示，以便能取得中央经常的、直接的领导"②。应该说，特殊历史背景下形成的这种权力高度集中的决策体制，对于稳定当时的政治局势、维护中央的权威和组织动员能力、保障国家政治一体化都起到了关键性的作用，也是实现中国从新民主主义向社会主义社会转变、从落后农业国向先进工业国转变的政治保障。1954年10月第一次全国人民代表大会后建立以国务院为首的治理机构。但随后而来的"大跃进"运动助推执政党重新亲自处理所有重大国家事务。不可讳言，改革开放前的政府决策体制存在一些突出的问题，诸如决策权力过于集中，执政党与其他决策主体的权力划分不明，党政不分；决策程序和规则不健全，决策体制制度化程度低；党政机关中个人决策、经验决策和主观决策盛行，决策方式方法单一、陈旧等。1978年改革开放后，伴随着中国领导体制改革的启动，政府决策体制的改革也被提上日程。1980年邓小平在《党和国家领导制度的改革》中指出：历史上党的"权力过分集中的现象，就是在加强党的一元化领导的口号下，不适当地、不加分析地把一切权力集中于党委，党委的权力又往往集中于几个书记，特别是集中于第一书记，什么事都要第一书记挂帅、拍板。党的一元化领导，往往因此变成了个人领导"。中共十二大开始触及政府决策体制的改革问题，新党章规定任何重大问题都不能由任何个人来作决定，必须经过党委的民主讨论。1986

---

① 参见周光辉《当代中国决策体制的形成与变革》，《中国社会科学》2011年第3期。
② 中共中央文献研究室：《建国以来重要文献选编》，中央文献出版社1992年版，第67—72页。

年时任国务院副总理的万里发表题为"决策民主化和科学化是政治体制改革的一个重要课题"的讲话,第一次明确提出了决策民主化、科学化的目标。1989年中共中央发布《关于坚持和完善中国共产党领导的多党合作和政治协商制度的意见》,确定了民主党派作为参政党的地位,这为民主党派参与政府决策活动奠定了基础。1990年中共十三届六中全会通过了《中共中央关于加强党同人民群众联系的决定》,指出"要保证决策正确、执行有效,必须坚持从群众中来到群众中去,建立和健全民主的、科学的决策和执行程序","要重视和加强决策研究、决策咨询机构的工作,发挥它们的参谋作用"。[①] 这是党的文献关于决策民主化、科学化的进一步要求。1992年十四大报告中重申,"领导机关和领导干部要认真听取群众意见,充分发挥各类专家和研究咨询机构的作用,加速建立一套民主的科学的决策制度"。十七大报告又强调"从各个层次、各个领域扩大公民有序的政治参与"的问题。以上可见,改革开放以来,中国政府决策体制经历了自我完善的演进。由于中国共产党的政治决策引领着人大和中央政府的决策方向,所以,中国共产党的决策思想的发展决定着政府决策体制的演进。总的来说,中国政府决策体制的演进呈现出以下几个转向。

一是从决策权力高度集中向合理的权力结构转向。如果说,改革开放前中国政府决策体制的特征是决策权力集中,以党代政,那么,改革后决策体制的趋向则是对国家政权机关在决策中的职能进行定位,适度分开,从而保证各种国家机关发挥各自的决策作用。[②] 二是从个人决策、经验决策和随意决策向民主决策、科学决策和决策程序化转向。这是有关决策方式方法及决策机制的改革,也是向决策民主化、科学化目标的迈进。三是从非制度化向制度化转向。为提高决策体制的制度化水平,中共十六届四中全会指出建立广泛征求意见制

[①] 中共中央文献研究室:《十三大以来重要文献选编》,人民出版社1991年版,第928—939页。

[②] 周光辉:《当代中国决策体制的形成与变革》,《中国社会科学》2011年第3期。

度、决策协商和协调制度、专家论证制度、技术咨询制度、决策评估制度、责任追究制度等。实践中决策体制制度化建设不断推进。

二 中国政府决策体制的特色

毫无疑问，中国政府决策体制是在符合自身国情的政治发展道路上演进的，当然，这并非说可以拒绝借鉴国外的成功经验和人类文明的共同成果，而是说在政府决策体制的形成与演进中，中国自有的特色十分明显，正是特色使它与其他国家的政府决策体制区分开来。

第一，执政党在整个政府决策系统中的核心地位和主导作用，是西方国家执政党所不可比拟的。西方国家实行政党政治，执政党的地位伴随着选举的结果而不断发生交替，且不说总统制国家里执政党对政府决策的影响较为有限，即使内阁制国家的执政党对政府决策权力的把持或对政府决策过程的影响，也不是长期的、固定的。而在中国，共产党作为唯一的、长期执政的政党，其在政府决策中起着巨大的政治指导作用，它对政府决策的影响力是西方执政党所不可比拟的。中国共产党在各个历史时期制定的路线、方针、政策都是各级政府施政的指导方针。因此说，它在整个政治生活中的决策中枢地位和政治影响力远远超过西方国家的任何执政党。这是由中国共产党的全国人民的领导核心之地位所决定的。

第二，立法机关人大的决策权优越于政府。在西方总统制国家三权分立的体制下，立法机关与行政机关分立又相互制衡，在赋予立法机关牵制行政机关决策的权力的同时，也规定立法机关的议案必须经过总统的签署才能生效，同时赋予总统立法否决权，以牵制立法机关的决策。而在中国，人民代表大会的决策即立法不受任何来自政府的否决与干预，其决策地位在政府之上。按照中国的政权组织形式，人民代表大会是最高的国家权力机关，其所作出的决定具有法律效力，在宪政体制下进行决策活动的政府必须依法治国、依法行政，而且各级政府都是同级人大的执行机关，必须向人大负责并报告工作，这就决定了人大对政府决策的影响具有高度权威性和合法强制性。因此，在中国，立法机关的决策权力不但不受政府的牵制，而且相反，政府的决策活动要受到立法机关的监督。虽然政府的决策不是事事都要通过"人大"审议，但"人大"有权对任何一项政府决策的合法性进行法律监督。

第三，民主党派具有参与政府决策的制度化途径。西方国家的在野党或反对党无法直接参与政府的决策过程，它们只能通过议会中的本党党员对政府官员实施质询、调查乃至弹劾、倒阁等法定的监督权力，或者拒绝通过政府的人事任命、财政预算和其他重要决定，来影响政府及其官员的决策行为；在议会外，它们常常动员公众舆论造势，或借助媒体甚至采取街头政治，向政府施加压力，以迫使政府在制定政策时照顾到在野党或反对党所代表的群体利益。而在中国，民主党派作为参政党可通过"人大""政协"的渠道或与执政党进行直接协商等制度化途径，向政府提意见、建议或提供咨询，直接参与政府决策过程。

第四，利益集团对政府决策的影响尚不突出。在西方国家，立法机构、政府部门、政党乃至精英人物代理是利益集团经常接近的渠道，尤其是利益集团与政府部门之间保持着各种不同的关系。比如，在英国的政治体系中所看到的委员会、各种会议以及非正式的交流等，都是利益集团接近政府的途径；甚至"西欧的社会民主党和天主教党经常有目的地建立或多或少与本党有联系的精心建成的利益集团结构（工会、合作社、消遣和娱乐团体），以便集团成员参与政治"。所以，西方国家利益集团众多，行为活跃，对政府决策的影响非常大。群体决策理论模式正是基于利益集团影响政府决策的事实而作的分析；多元主义与法团主义也是基于西方国家不同国情和政治文化而形成的利益集团与政府的关系模式。西方政府的决策过程漫长，其间充满矛盾和妥协，而在本质上是利益分配的过程。而在中国，利益集团的发育尚处在初期，加之利益群体参与政府决策的组织化程度不高、制度化渠道不多，因而，它们对政府决策过程的影响远远不及西方国家利益集团的影响大和深远。

三 中国政府决策体制的发展逻辑

中国政府决策体制的特色，既是对现有决策体制的高度概括性凝练，也是谋求政府决策体制进一步发展与完善的基础和着力点。因此，中国政府决策体制必有自己的发展逻辑。

第一，坚持执政党在整个政府决策系统中的核心地位，同时需要制度创新。作为长期执政的政党，中国共产党的领导地位毫无疑问地体现在对重大方针、政策的决策上。但是改革之前，中国政府决策体制中最大的问题是党政不分、以党代政现象。在加强党的"一元化领导"的口号下，党委包揽一切，包括包揽政府事务。为此，20世纪80年代初期在修改宪法时就作出重大改革，即凡属政府职权范围内的工作都由政府讨论决定，推行党政分开，这成为中国政治体制改革的重要内容。显然，在新的历史时期，迫切的问题仍然是完善执政党领导下的决策体制，优化政府决策权能的配置，即一方面应保证执政党的领导核心作用；另一方面又能够充分发挥人大、政府等主体的决策职能，这需要将执政党的决策集中于国家政治生活中方向性、原则性的重大问题上，而使人大和政府在具体管理事务方面发挥较大的决策作用。有关的制度安排应该是由执政党履行核心决策职能，人大和政府在党的原则性决策的指引下进行自身的决策活动。

第二，强化人大的立法功能和对政府决策的审议、监督作用，是进一步完善政府决策体制的着眼点和关键点。作为中国最高国家权力机关，人大的立法活动本身就是决策。必须维护宪法和法律赋予人大的决策权限及其高度权威性，并以强制力保证其决策的贯彻实施。人大的正式决议对同级政府决策具有法律效力，政府必须依照人大的决议对决策进行相应的完善、补充、修改或停止。同时，必须重视和完善"人大"及其常委会对政府决策的审议、监督功能。人大及其常委会影响政府决策的方式，主要是通过审议政府工作报告和财政预算，决定重要人事任免，实施询问、质询、调查等，影响政府决策的方向。既然人民代表大会及其常委会是人民行使当家做主权利和间接参与政府决策的主要法定途径,那么,进一步完善人民代表大会制度,充分发挥"人大"的立法功能和对政府决策的审议、监督作用,本身就是民主决策或者决策民主化的目标要求。

第三,增强参政党的参政议政和民主监督作用,是政府决策体制不可或缺的内容。充分发挥参政党的参政议政和民主监督作用,是进一步完善中国政府决策体制的必要途径。民主党派参与政府决策过程体现在:出任国家政权机关的领导职务、提出决策建议和进行民主监督。可以说,民主党派直接参与政府决策过程,是中国政府决策体制的一大景观。这是由中国共产党领导的多党合作制度决定的。事实上,民主党派能够利用自己的智力资源和社会资源为执政党和政府的决策效力。当然,要进一步完善政府决策体制,调动民主党派参政议政的积极性,还需要在许多方面包括扩大政府机关中民主党派人员任职的数量、提高民主党派所提建议的采纳和吸收程度以及政府政策的透明度等方面取得大的进展。

第四,满足广大人民群众的合理诉求,将成为政府决策的关注点和目标所向。中共十一届三中全会以来,随着经济体制改革的推进和社会主义市场经济的发展,中国社会的利益结构发生了深刻的变化,利益群体多元化、组织化的趋势日渐增强,随之对政府决策的影响问题开始衍生。正如加布里埃尔·A. 阿尔蒙德所说:"当一个社会经历了经济和技术变化,当它获得了与这些变化过程相关的态度时,就会出现导向更高程度利益表达的倾向和行动手段。"[1] 从各国的经验看,提高利益群体的组织化程度,开辟利益群体参与政府决策的渠道和健全利益群体参与的规则、程序,有助于政府公正决策、民主决策,因而,成为许多国家扩大民主参与决策,实现政府决策创新的一个重点领域。近年来,中国各级政府在培育社会组织,引导各种利益集团参

---

[1] [美]加布里埃尔·A. 阿尔蒙德、小 G. 宾厄姆·鲍威尔:《比较政治学——体系、过程和政策》,曹沛霖等译,东方出版社 2007 年版,第 208 页。

与政府决策方面取得了明显的进步,但中国利益群体参与政府决策的组织化程度不高、制度化渠道不多、反映社情民意的制度欠缺等问题仍很突出。由于不同利益群体特别是弱势群体的意愿在一些地方的政府决策中得不到充分的表达和体现,以致造成一些民众的利益受损,甚至激发群体性事件。因此,完善政府决策体制,就必须坚持政府决策的民主取向。建立或完善信访制度、听证制度、民意测验制度、新闻舆论调查制度,使这些渠道真正起到反映民意、代表民意的作用;增设对话、协商和辩论的程序或平台,使政府决策者既能考虑到以公共利益为基本价值,又能整合不同利益群体的愿望。可以说,政府决策事关重大,它既是政治,也是艺术,考验政府决策者的智慧。

第五,决策评估与责任追究程序、咨询机构的专业化和独立性,也是完善中国政府决策制度的必然选项。决策实施以后,结果到底怎样,需要适时地进行评估。中国决策评估存在的主要问题是,评估主体较为单一,大多是政府部门的自我评估,缺少其他涉及方的广泛参与,因而是不全面的。根据学者帕森斯的研究,评估必须基于项目的所有受影响者的广泛参与,受影响者包括主动者、受益者、潜在的适应者以及那些被排斥者即"牺牲者"。因而,在人大审议政府工作报告之前,应充分利用常设机构和专门委员会有组织地对政府决策实施情况进行调查,广泛征求民意;同时,政府也应该收集行政系统的信息反馈,特别是听取社会各界对政府决策的反映,通过组织座谈会、民意调查等了解情况,及时纠正决策中的错误。决策评估是责任追究的前提。决策评估后,如果决策有重大失误,应启动决策责任追究程序。责任追究是保证决策科学、合理的关键环节。目前的问题是,决策者权力与责任不明确,导致无责可追、无责可究;需要追究责任时,所做的程序性规定不是有欠缺,就是较为原则抽象,缺乏可操作性,这不能不说是长期以来决策失误得不到有效追究的重要原因,也不能不说是决策失误反复发生的一个重要原因。鉴于此,健全和完善政府决策责任追究制度,是进一步完善我国政府决策体制不可缺少的环节。应按照权责一致、权责相等的原则,明确决策者应该承担的政治、行政乃至法律责任，并具体化实施程序。

决策咨询机构的专业化和独立性，是保证决策咨询质量的基本要求。现实中我们看到不少决策失误，并不是因为决策方案没有经过专业技术论证，也不是因为没有履行有关的决策程序，而是因为决策咨询的单一化偏向，即单一的技术专家、单一的机构评估、单一的决策方案选择等。事实上，建立一项多元主体参与、多种渠道咨询、多种备选方案评估的可供比较选择的咨询论证制度，是避免犯决策错误的重要因素。由于咨询机构人员的专业背景、知识结构和所处的位置不同，对同一问题可能得出不同的结论，若决策者不注意听取和吸收不同咨询机构和人员的意见，不进行比较分析、综合考虑，就可能使决策产生偏差。而对于咨询机构来说，专业化则是生存之本。正是咨询机构人员的专业知识、技术论证及富有理性的建议，才使决策咨询成为必要，咨询机构因此也成为政府决策者可借助的"外脑"。在现代科技条件下，人们越来越注重运用技术分析手段对决策方案进行预测评估，以便为政府决策提供科学依据。应该说，专业化是咨询机构生存的基本条件。其实，政府决策咨询不仅需要技术专家，也需要行政专家和管理专家，这有利于解决专家专业知识的单一性和决策的综合性、专业知识的技术型和行政决策的政治性之间的矛盾。然而，与咨询机构的专业化同等重要的是它的独立性。西方国家大多数咨询机构在组织上不隶属于政府、企业或事业实体，也不受其约束和控制。无论是否接受政府的资助，大都强调研究活动的独立性和结论的客观性，鼓励研究人员有独立的见解和创新。西方国家咨询机构的独立性，是保证其研究成果客观与公正、经得起实践检验、获得社会认可，从而得以生存和发展的一大法宝，无疑值得我们研究和借鉴。改革开放以来，中国政府决策咨询机构有了快速的发展，但民间决策咨询机构尚少，政府决策咨询主要由党政机关内部的咨询机构承担，研究工作独立性不足。要完善政府决策咨询制度，途径之一就是赋予咨询机构研究的独立性，鼓励研究人员有独立见解，还要发展民间咨询机构，这有助于推动咨询事业的独立性、社会化和市场化发展。

政治发展篇

政治环境对政治系统的作用分析*

一

环境通常是指制约和影响某一中心事物周围的事物或条件。政治环境的中心事物就是政治系统。根据戴维·伊斯顿的观点，政治本身构成一个系统，政治之外形成另一个系统。政治系统与它的环境进行交换，环境给政治系统输入各种政治要求，而政治系统对这些要求进行处理之后，会向环境输出自己的产品。因此，政治环境就可以定义为政治系统之外的一切事物。①

前人对政治环境的认识有两个角度。一是政治地理环境论。这是一种应用地理学的研究方法来分析制约和影响政治现象存在与发展环境的理论，其思想轨迹从古至今都有所记录。中国春秋末期的著名军事家孙武在《孙子兵法》中，就明确论述了地理空间对政治活动的意义和影响，古希腊地理学家斯特拉波在其著作《地理学》中提出了以大陆为着眼点来划分全球政治区域的观点，并认为地理环境是人们品性和政治行为的决定因素。18世纪法国思想家孟德斯鸠在《论法的精神》中，专门阐述了法和社会与地理环境的关系。19世纪末20世纪初，在西方开始出现了以拉采尔为代表的专门研究政治行为的地理环境因素的独立学科——地缘政治学。时至今日，对政治地理

---

* 原载《郑州大学学报》2005年第4期，作者秦国民。

① [美] 戴维·伊斯顿：《政治生活的系统分析》，王浦劬等译，华夏出版社1999年版，第25—29页。

环境的关注仍然具有其特定的生命力和意义。政治地理环境论是以纯粹的地理因素为政治环境分析的视角和前提的，其讨论的核心问题在于揭示国家政治生活与利益得失同外部环境的关系。政治地理环境论提供了观察国家政治生活的重要视角，在克服和避免单纯、片面的地理环境决定论的极端倾向的前提下，它对我们进行政治环境分析具有重要的启示价值和深远的实际意义。

二是政治生态环境论。这是一种应用系统科学方法论和生态学原理来分析政治环境的理论。人们对生态环境的关注，兴起于第二次世界大战以后，导因于工业文明的发展所带来的生态威胁和人类生存危机意识的觉醒。从罗马俱乐部在20世纪60年代和70年代初发表著名的《增长的极限》和《人类处在转折点》两份报告之后，人们更加注意环境与经济发展的关系。此后，人们对生态环境的关注，逐渐走出经济发展与环境变化的关系范围，开始向更广更深的领域拓展，当然也扩展到政治领域，并逐渐转型为一个政治性问题，形成了分析与阐释自然生态环境与政治互动关系的政治生态环境论。政治生态环境论对政治环境要素的分析，从以自然生态状况为中心的价值评判，到把政治—社会—自然视为一个紧密相连、环环相扣的巨型系统，进而提出应对政治系统周围的各种环境因素给予普遍关注，这无疑大大地开阔了人们研究政治环境问题的视野。总之，政治地理环境论和政治生态环境论分别表达了各自的政治环境观，二者虽然存在分析方法和具体观点上的差异，但也有着很大相通性和互补性，二者都关心自然因素，都强调政治系统与外部环境的关系。

国内也有学者对政治环境做过研究。有学者认为政治环境概念所关涉的"中心事物"应定位于政治主体现象。因此，所谓政治环境就是特定政治主体从事政治生活所面对的各种现象和条件的总和，是为政治主体提供生存和发展的空间以及其中可以直接或间接影响政治主体活动的各种自然因素和社会因素的总和。有学者则认为政治系统主要指国家这一特殊的政治实体。国家内部按照特定的体制、结构、功能和运行机制结成一个整体，是一个复杂的网络系统。凡是影响和

政治环境对政治系统的作用分析

作用于政治系统的背景和事物,都是政治环境的构成要素,主要有经济、地理、文化、民族、利益集团、宗教,等等。在政治环境的诸要素中,经济是对政治系统产生决定性影响的要素。一个国家的经济状况和经济关系,不仅决定着国家政权的状况和性质,而且直接影响到统治阶级政治决策的整个过程以及国家政权的结构和运行。因此,政治环境指某一特定政治系统所处的,并对该政治系统产生重大影响作用的背景和周围事物的总和。①

它有如下特点。

第一,广泛性和复杂性。政治环境包括经济、社会、文化、地理、民族、宗教以及国际环境等诸多方面,而且每个特定方面所涉及的因素和层面也非常复杂,相互之间的结构和互动关系也极其复杂。政治环境的广泛性和复杂性主要表现在两个方面:其一是构成政治环境的各要素既有自然或天然的(如地理条件),又有社会的或人文的(如人际关系以及生活方式);既有物质的(如经济发展),又有非物质的(如文化);既有较为稳定的,又有变化较快的。其二是政治环境各要素之间及其与政治主体之间,处于普遍的、极其广泛而又极其复杂的相互作用之中。一般来说,自然的、较为稳定的环境要素对政治主体和其他环境要素的作用与影响较小,但较为恒定和持久;人文的、变化较快的环境要素对政治主体和其他环境要素的作用和影响较大,但短暂和易变,而且各环境要素的具体作用和影响也有很大差异,情形更为复杂。

第二,系统性与层次性。政治作为一个系统存在,外在于政治系统的事物构成该系统的环境,所以我们必须把政治环境看作一个大的系统,并与政治系统进行互动。政治环境的各个子系统虽然性质、形态以及对政治系统的作用不同,但它们并不是彼此孤立的,而是相互渗透、相互联结、相互配合的,共同构成复杂的政治环境。如果一个子系统发生变化,那么就会引起其他子系统的变化,就会导致其他子

---

① 张顺:《试论政治环境的内涵与意义》,《长白学刊》2001 年第 4 期。

系统的变异，从而影响甚至破坏政治环境整体的稳定和协调。这就要求我们必须从整体上来把握政治环境。同时，在政治环境内部，各子系统是有一定层次性的，而不是杂乱无章地排列的。如果运用生态学中的"圈层"理论来加以阐释，那么政治环境的结构层次可分解为经济圈、社会圈、文化圈、地理环境圈等不同圈层，分别以特定的方式作用于政治系统。

第三，稳定性和可塑性。政治环境具有相对稳定性，但同时也是变动的。无论是政治环境整体，还是各个子系统，其存在状态具有连续性，它们的变化都是渐进的，但也不排除剧烈变化的可能性，比如战争的爆发，会使政治环境发生剧烈的变化。政治系统不是仅仅由僵硬的制度构成，政治系统还有活生生的政治主体，以及千变万化的政治行为，所以政治系统对政治环境具有一种能动的作用，会对政治环境进行有效的塑造。政治环境的稳定性，不仅为政治主体适应政治环境提供了前提和条件，而且使政治主体认识和把握政治环境及其各要素的结构规律和变化发展规律成为可能。政治主体正是可以通过对政治环境内在的规律性的认识和把握，并进而利用规律去调整政治环境结构及其作用方式，去维持或改变政治环境。

第四，绝对性和具体性。一般来说，政治系统总是被政治环境所包裹，而且永远也不能摆脱环境因素的制约和影响。政治环境的存在及其对政治系统的影响是绝对的。但由于实际社会生活中的政治主体是具体的，其生存和活动于其中的政治系统也是特定的，因此，每个具体的政治主体和特定的政治系统的环境要素都是特定的，它所处的政治环境是具有特殊性的，不会与其他政治主体和政治系统完全相同。对于政治环境，既要进行宏观整体性的一般分析，又要进行对特定环境要素的具体分析。

二

政治系统分析是运用控制论和系统论的一般原理，以政治系统为基本分析模式,从宏观角度对政治过程,特别是制定与执行公共政策的过程进行分析的理论和方法。政治系统分析作为政治学研究的一种方法论,是20世纪50年代初期由美国政治学家戴维·伊斯顿创立的。第二次世界大战后,在西方政治学领域占据主导地位的行为主义政治学的研究重点也从权力逐步转向政策的制定和执行过程。

伊斯顿继承了行为主义政治学传统,于1953年发表了《政治系统:政治学现状研究》一书,首次将一般系统论应用于政治分析,提出了政治系统分析的基本观点和方法。之后,他又相继发表了一系列文章、著作,逐步形成了一套政治系统分析的方法论。60年代后,政治系统分析理论有了较大的发展,形成了不同的系统分析理论形式。主要包括伊斯顿的一般政治系统分析理论、阿尔蒙德的结构—功能分析理论和多伊奇的政治沟通理论。伊斯顿认为,政治系统是与社会性价值的权威性分配有关的一系列互动行为,是一个由环境包裹的行为系统,这个行为系统在环境的影响下产生并反过来影响环境。输入和输出是政治系统分析模式的两个中心概念。他强调,任何政治系统都通过输入和输出来维持自己的生存和稳定。输入包括支持和要求:支持指环境对政治系统施加的压力,以便让它继续运作,支持的形式有服从法律、纳税、投票等;要求指环境对政治系统的希望和要求,如选举权、社会福利等。输出则是政治系统以某种方式影响环境的活动,主要有权威性的决定、法令或政策等。输出并非终点,输出给环境带来的变化反过来又影响输入,使要求和支持在质和量上发生变化,这一过程即为"反馈"。借助于反馈,输入—输出就形成一个循环往复、连续不断的过程。伊斯顿认为政治系统都有自己的边界,这个边界就是与决策有关的互动行为所及的范围。政治系统都处在特定的环境之中,环境是政治系统之外对政治系统发生影响的社会系统。政治系统是开放的、动态的,不断地与外部环境进行着交流,表现为政治系统的输入与输出,同时具有反馈能力。政治系统具有层次性,每个系统都由一系列与决策有关的政治子系统组成,各子系统之间具有相互依赖性。①

　　政治系统与政治环境之间的关系,从总体上来说,是一种相互影响和制约、相互作用和适应,以求得动态平衡和协调稳定发展的关系。这种关系体现在以下两个方面：一方面,政治环境影响政治系统的结构、功能和运行,使其与不断演化的政治环境相适应。例如,中国实行单一制的国家结构形式,首先是受地理条件的影响。由于中国疆域辽阔,人口众多,发展不平衡,需要有一个强有力的中央政权机构加以宏观控制和领导。其次,受思想文化和历史传统的影响。中国传统思想文化中的大一统观念,经长期的历史积淀而形成一种广泛的国民心态和思想观念,这在深层的思想文化和政治心理上形成一种向心力和凝聚力,与单一制的国家结构形式相一致。再次,受民族状况的影响。中国以汉民族为主体的多民族融合聚居的民族传统,团结互助,求同存异,团结一致的民族精神,也是影响国家采取单一制结构形式的重要因素。政治系统的功能和运行方向也深受政治环境的影响。另一方面,政治系统改变和利用政治环境,促使其朝着有利于政治系统稳定和发展的方向演化。政治系统正是通过自身积极的活动作用于政治环境,改变其不良的现状和结构,并保持政治环境各部分的协调稳定和良性循环。例如国际政治环境由第二次世界大战后的东西冷战,社会主义和资本主义两大阵营的对峙,美苏争霸和新的世界大战迫在眉睫的严峻局面,逐渐演变为美苏均势的打破,特别是苏联的解体和东欧国家的蜕变,形成了"南北对话"和"南南合作"的政治新格局,导致国际政治环境由两极向多极化迅速演化,和平与发展成为世界主流。这一变化就是以国家为政治单元的各种政治系统积极活动的结果,广大发展中国家,特别是中国,为这种国际政治环境的良性演化做出了重要贡献。

---

　　① 梁昱庆：《论政治环境——兼论中国政治环境与政治系统的关系》,《成都大学学报》2002年第4期。

三

政治环境作为政治系统生存和发展的空间与条件，二者之间有着非常密切的关系，政治环境对政治系统的生存与发展起着重要的作用。

首先，政治环境是政治系统存在的基础。政治系统不可能从社会大系统中分离出来，它只有在与一定的环境相互作用下，才能发挥出自身的功能。环境是政治系统活动的条件与客观依据，它们对政治系统的存在与发展有着巨大的影响。但是，政治系统绝不是环境的附属物，它会依据自身运行的规律来选择结构方式和运行方式，以适应环境，并对环境产生巨大的反作用。政治系统作为开放系统一直处在与其环境的相互作用之中并达到一种动态的平衡。在这种稳定的状态下，系统与环境保持着正常的交换。系统只有在连续不断地接受环境足够的资源投入，及时地加以转换，并将转换的产品再供给环境时，系统的循环才能维持下去。

其次，政治环境能够促进政治系统结构和功能的优化。实现政治体系结构和功能的优化，既是社会政治生活良性运行与协调发展的标志，又是政治发展的基本目标，而这能否实现在很大程度上依赖于政治环境。政治主体正是通过主观能动性的发挥，在与周围的环境不断地进行物质、能量和信息的交换中求得生存和发展的。政治系统根据环境的需要并适应环境的变化而调整其组织结构、组织形式和组织行为。政治系统的功能则更为直接地表现着政治主体与环境相互作用的能力、功效与适应性。因此，制定和实施政治体系功能目标，必须要适应政治环境向政治系统提出的各种要求和提供的各种条件，既要认清现实政治环境提出的各种要素的性质和轻重缓急，又要科学地预测政治环境的未来发展要求和特点；既要反映客观环境提供的可能条件，又要反映政治主体对环境的积极控制与改造的能动性。可见，只有使政治系统与政治环境协调一致，才能实现政治系统结构和功能的优化。

❉ 政治发展篇 ❉

再次,政治环境为政治体系中心工作和主要任务的解决提供条件。政治环境要素是广泛而多样的,对政治系统的作用也是普遍而复杂的,因此,认识政治环境首先必须坚持全面的观点,充分把握各环境要素的属性及其发生作用的特点,并充分估计每一种环境要素的变化可能给政治系统带来的影响。各环境要素对政治系统的作用和影响不可能是完全相同的,其中必然有直接与间接之分、主要和次要之别,并且这种作用关系也不可能是一成不变的,在政治系统发展的不同历史阶段上,必然会有不同的环境要素在发挥主要作用。这就要求我们在众多的环境要素中,既要搞清政治系统所面对的主要有利条件,又要搞清政治系统所面临的主要环境威胁,把握当务之急,这是确定整个政治系统的工作重心与主要任务,以及制定相应对策措施的基本依据。

最后,政治环境对维持政治系统的稳定、实现可持续发展有重要作用。政治系统的稳定持续发展,除了取决于政治主体的性质和政治系统内部矛盾运动的整体状况以外,还受制于政治系统与政治环境关系的协调状况和程度。不同的历史时代,政治系统的发展有不同的状态和特点,是由于时过境迁,政治环境有所不同;同一时代的不同国家,政治系统的发展状态各有特色,也是由各有不同的政治环境造成的。对于一个国家来说,政治环境要素也是基本的国情因素,因而它也是国家政治发展道路选择以及政策选择的基本出发点。各国政治发展的历史表明,只有确立与本国国情和客观环境相适应的政治发展路线、方针和政策,才可能获得相对稳定的政治局面。如果政治发展方向和政策措施脱离了基本国情或违背了客观环境的要求,那么任何政治系统都无法保持长期的持续稳定发展。因此,无论任何时候都必须对政治环境有全面和清醒的认识。整个世界在运动,人类社会也在发展,自然和社会环境对政治系统提出的客观要求和提供的制约条件也在不断变化。政治系统必须根据政治环境的变化,不断地进行相应的政治改革,使政治系统始终能够适应政治环境的要求,这是政治系统保持稳定和实现持续发展的基本保证。

中国早期现代化路径的辩证分析[*]

中国的现代化开始于19世纪中叶,在此之前,中国是一个典型的传统农业社会国家。其发展模式是自给自足的小农经济的经济结构,中央集权官僚帝国的政治结构,并得到儒家文化系统作为精神支柱予以加固,整个社会的基本结构没有太大的变化,而是呈现一种移动平衡状态,也就是说一种演化的转变。由此形成一种发展定代,使传统中国社会的变迁长期呈现出渐进的连续性。19世纪中叶,当西方资本主义推动征服世界的扩张运动之时,中国内部也开始出现王朝统治危机,由于资本主义这一全新的外部因素介入,从根本上打破了中国自身的王朝循环和原有的社会平衡体系,中国的社会性质和社会矛盾发生了显著变化,中国人民也带着沉重的屈辱、无奈和痛苦踏上了现代化道路。

19世纪60年代,清政府在内忧——太平天国运动,外患——帝国主义侵略的双重逼迫下,开始了旨在自强的洋务运动。以李鸿章、曾国藩、张之洞为代表的洋务派为"自强""求富",相继创办了一批军事工业、民用工业,开办学堂、洋务馆,训练新军。李鸿章曾说"及早自强,变易兵制,讲求军实",其具体办法是"废弃弓箭,专精火器","仿外国船厂,购求西人机器"。

洋务运动是中国现代化的第一场运动,曾国藩、李鸿章、张之洞等人在西方船坚炮利所造成的中国大败的经验中,领悟到西方先进技

---

[*] 原载《郑州大学学报》2006年第3期,作者秦国民。

❊ 政治发展篇 ❊

术的重要性，把开铁矿、制船炮称为洋务运动的第一要务。在政治上，"师夷长技以制夷"，其施政宗旨是"中学为体，西学为用"，以求"御侮之强"，其实是一种防御性现代化。然而洋务运动并未使中国走上自强，1894年甲午战争，北洋水师遭受毁灭性打击，洋务运动以失败而告终，由地主阶级倡导的中国现代化运动宣告破产。

洋务运动并非真正意义上的现代化运动，而只是以李鸿章、曾国藩、张之洞为代表的地主阶级用传统的政治经济结构和伦理道德观念为框架，以西方现代科技为手段，进而巩固现存的社会秩序，从根本上说是浅层次的边缘性变革和在传统体制内的政策创新，是在封建地主阶级日益成为帝国主义统治中国的一个支柱的历史条件下的产物，洋务派的主张是"中学为体，西学为用"，他们不排斥学习西方的技术，但反对改变君主专制制度。同时洋务运动在本质上是与现代化运动相悖的。现代化要求彻底否定旧有的社会秩序，而洋务派是传统的君主专制的当权者、受益者，他们当然把这种制度视为自己的生存之本，不愿意，也不可能推翻这种体制，因此他们竭力抵制现代化这一新生事物，从而成为中国现代化进程中的阻力。这表明："政治结构与追求现代化的目标明确的行动太不相称。政治结构的衰败是中国现代化起步缓慢的主要原因。"①

洋务运动在中国进行了三十多年，由于处处显示其保守性和局限性，最终未能把中国推上现代化之路，但从价值取向和路径选择上也给后人留下了一些有价值的思考。一是由中国原来的重和谐整一的中心价值转变为对自强和财富的追求。自强是中国传统的民族精神，也是洋务运动的旗帜。李鸿章提出"外敦和好，内要自强"。"治国之道在乎自强"。"维古今国势，必先富而后能强，尤为富在民生，而国本乃可益固。"二是中学为体，西学为用的思想，已突破中国传统文化原型，向非中国文化价值转变。张之洞在其所著《劝学篇》中

---

① [美]吉尔伯特·罗兹曼：《中国的现代化》，陶骅译，上海人民出版社1989年版，第274页。

对这个口号作了比较系统的阐述和发挥,他提出"中学为内学,西学为外学,中学治身心,西学应世事",这是对洋务派中西文化观比较全面的概述。在今天看来,固然觉得似是而非,但在当时,主张学西方之"用",实际上已是一种革命性的态度。这一时期的现代化运动,主张在"用"上变革,而在"体"上主张不变,可以看出当时的现代化是重认同而轻视变革的。

1895年是中国现代化进程的转折点,由于鸦片战争、中日甲午战争等连续不断的外来大冲击,中国的有识之士纷纷觉醒,认识到"法终当变,不变于中国,将变于外"。1895年中国在甲午战争中失败,表明以李鸿章为代表的洋务派无力推动中国的现代化,以救亡、启蒙、变革为主题的维新思潮开始登上历史舞台。

戊戌变法运动既是一场民族救亡运动,又是一场民主思想启蒙运动。它的阶级基础是民族资产阶级的上层。他们在政治上要求效法西方资本主义制度,变封建君主制为君主立宪制;在经济上主张保护和奖励资本主义工商业;在思想文化上提倡西学。这些改良措施试图全方位突破传统社会的束缚,初步具有现代化的意义。然而由于中国传统体制的僵滞性及其抵制现代化因素成长的巨大力量,戊戌变法也以失败而告终。

戊戌变法有其致命的缺陷。由于中国社会的特殊性,中国的现代化一开始就与政治发生最深刻的关系。戊戌变法是由知识分子领导的"自下而向上逼"的运动,得不到统治阶级的支持,无形中增加了变革的成本。他们要求发展资本主义,却又不从根本上否定封建专制。而是幻想在不根本推翻封建专制的前提下,对其政权机构作某些改良。他们自己既没有真正的实力,却又脱离民众,甚至仇恨民众。这种缺乏民众支持的运动,从开始就注定了失败的命运。

戊戌变法虽然失败了,但对中国社会的变革路径有重要的启示,这就是由中国社会系统从整合的价值转向重目的求的价值:一是由器物层次的现代化转向制度层次的现代化,并提出了全方位的变革思想。康有为鉴于洋务运动的失败,指出必须全变。他说:"若决欲变法，势当权变。"而不能"变其甲不变其乙，举其一而遗其二"，那种"枝枝节节"的"变"，其实是"变事"，不是"变法"。他还指出中国前途是"能变则全，不变则亡；全变强，不变则亡"，只有变革，才能挽救中华民族。这是鸦片战争以来，中国人争取自身政治发展和自身运动发展的第一次尝试，表明中国人已对中国的现代化有了自觉的认知。二是对中国的传统政治文化进行了深刻的反省，在中国近代掀起了第一次思想解放运动，同时也是一次现代化的思想启蒙运动。他们提倡伸张民权，强盛国家。认为西方社会之所以强盛，关键在于民主制度，在于兴民权，中国之所以衰弱，主要是专制制度权太重，民权尽失，他们说民权是国权的基础，"民权兴则国权兴，民权灭则国权灭"，要求在中国立议院，通下情，实行君主立宪制。同时，他们认为中国民众受专制思想太深，不懂得民主、自由，难以承担民族之重任，必须开启民智。因此戊戌变法对中国传统思想进行了第一次有力的解放。三是主张保护和发展资本主义工商业，倡导经济自由的思想。严复说"凡事之可以公司民办者，宜一切诿之于民"。康有为提出"富国为先""以商立国""嘉惠商民"，要求开发矿藏，修筑铁路，制造轮船，铸造银币，发行钞票，开商学，办商报，奖励工艺发明，等等。同时他们也注意到了农矿工商四部门的相互联系和相互制约。张謇说："民生之业农为本，殖生货者也；工次之，资生以成熟货者也；商为之绾毂，而以人之利为利，末也。"① 可以看出，当时已把变革作为一个系统工程，初步注意到现代化过程的整体性和综合性，并把自动变革作为一个内部驱动力量，来改变现有的社会状况。同洋务运动相比，戊戌变法已经认识到向西方学习不仅在技术和器物上，更重要的是在政治制度上。因此，在对制度层次的现代化和在转变的层次上，已初步对中国的现代化有了自觉的认知，从"认同"的重点转向变革实践方面。

1911年，以孙中山为代表的资产阶级革命派代替改良派走上了社

---

① 《张謇全集》，江苏古籍出版社1994年版，第801页。

会变革的舞台。辛亥革命的目的是实现资本主义工业化。孙中山曾说："革命之目的，非仅仅在于颠覆满洲而已，乃在于满洲颠覆以后，得从事于改造中国。"那就是"政治方面，由专制制度过渡到民权制度；经济方面，由手工业的生产过渡到资本制度的生产"。[①] 辛亥革命推翻了统治中国长达两千多年的封建专制，建立了资产阶级共和国，这是中国历史上第一个现代化类型的社会。然而辛亥革命的成果最终却为根深蒂固的封建势力所瓦解，资产阶级的现代化运动中途夭折。

辛亥革命失败的根本原因是资产阶级的软弱性和妥协性。由于特殊的历史国情，中国的民族资产阶级是在帝国主义和封建主义的夹缝中成长和发展起来的，因此先天不足。正如毛泽东所指出的："由于他们是殖民地半殖民地的资产阶级，他们在经济上和政治上是异常软弱的，他们又保存了另一种性质，即对于革命敌人的妥协性。中国的民族资产阶级，即使在革命时，也不愿意同帝国主义完全分裂，并且他们同农村中的地主剥削有密切联系，因此，他们就不愿和不能彻底推翻帝国主义，更加不愿和更加不能彻底推翻封建势力。这样，中国资产阶级民主革命的两个基本问题，两大基本任务，中国民族资产阶级都不能解决。"[②]

辛亥革命的成功在于它是一场纯粹的资产阶级现代化运动，而其失败之处同样在于它是一场纯粹的资产阶级现代化运动。在中国现代化的价值取向和路径选择上，它留给人们诸多思考：一是制度变革、革命救国思想。自1840年中国的现代化伴随着一次比一次严重的民族危机，而清朝专制政府，既不能御敌，又不能对体制进行改革以适应社会的发展。因此在这种情况下，用输入文明的办法不能改良中国，只有进行制度变革，才能救国。二是三民主义学说。它是孙中山针对当时中国面临的形势和社会改革的任务而提出的革命纲领和政治主张。孙中山指出国家之本在于民，合汉、满、蒙、回、藏诸地为一国，即合汉、满、蒙、

[①]《孙中山选集》，人民出版社2011年版，第609—610页。
[②]《毛泽东选集》，人民出版社1991年版，第673—674页。

政治发展篇

回、藏诸族为一人，是民族统一。孙中山把民权主义看作政治革命的根本。民生主义包含了经济发展与经济平等、协调的思想，也包含了实现工业化的现代化思想。三是多元经济体制的思想。在实业计划中，孙中山提出中国实业之开发要分两路进行："凡夫事物之可以委诸个人，或其较国家经营为适宜者，应任个人为之，由国家奖励，而以法律保护之……至其不能委诸个人及有独占性质者，应由国家经营之。"[①] 辛亥革命的意义在于结束了两千多年的朝代国家形态，而代之以民族国家形态，结束了传统中国以文化为基底的关系性结构，代之以政治为基础的国家性结构，是对中国传统政治形态的突破与创新，在中国政治现代化运动中是重要的里程碑，与戊戌变法相比，不但在量上，更在质上，由认同向变革方面推进了一步。

中国现代化的目标是建立独立、富强、民主的社会，但实现这一目标的价值取向和路径却在不断变动与探索之中。由于洋务运动与维新运动都相继失败，资产阶级转而采用自下而上的革命道路，以推翻帝制和建设社会民主体制，孙中山曾乐观地估计革命需10年建设，可以与西方"并驾齐驱"，后来辛亥革命也失败了，又再次试探新的变革模式，半个世纪中，中国对西方出现过的各种现代化模式都进行过快速的试验和选择，从深层次看，实质上是中国社会急剧的动荡与危机步步深化与危机的曲折反映，选择、失败、再选择、再失败，长期积累大量的急于求成的失误，增加了中国现代化进行优化选择的困难积累，这方面的挫折教训发人深思，值得认真总结。

历史经验表明："传统与现代性是现代化过程中生生不断的'连续体'，背弃了传统的现代化是殖民地或半殖民地化，而背向现代化的传统则是自取灭亡的传统，适应现代世界发展趋势而不断革新，是现代化的本质，但成功的现代化运动不但在善于克服传统因素对革新的阻力，而尤其在善于利用传统因素作为革新的助力。"[②]

---

① 《孙中山全集》，中华书局1985年版，第253页。
② 罗荣渠：《从"西化"到现代化》，北京大学出版社1990年版，第33页。

政治稳定视野下的利益机制问题研究[*]

政治稳定是指在一种社会状态下，社会中各种政治力量在政治体系中的相对平衡，社会的政治生活和政治秩序有序地运行。作为政治统治的价值追求和目标选择，政治稳定包含两个层面，一是政治系统本身适应社会环境系统发展变化的要求，呈现的政治稳定；二是政治系统自身的结构和功能配置合理，呈现的良好运转态势。在政治生活中，政治稳定具体是指没有大规模的全局性政治动荡和社会骚动，政权性质不变，公民参与政治生活在法律允许的范围内进行，它是社会发展的有序状态，是社会发展规律性、社会控制有效性和社会生活和谐性的有机统一。

在政治发展和现代化的过程中，实现经济发展与政治稳定的双赢目标是很难的。现实的情况往往是经济发展的过程中隐藏着政治不稳定的因素。其中，利益因素在经济发展中处于重要位置。从历史的跨度来看，利益是社会历史变迁的内在动力。自人类社会产生以来，利益问题一直是人类社会生活中的一个焦点，人们之间的社会关系，也都建立在利益关系的基础之上。正因为如此，马克思曾说："人们奋斗所争取的一切，都同他们的利益有关。"[①] 马克思进而分析道，利益是"社会化的需要，人们通过一定的社会关系表现出来的需要。利

---

[*] 原载《郑州大学学报》2008年第2期，作者秦国民。
[①]《马克思恩格斯全集》，人民出版社1956年版，第82页。

益在本质上属于社会关系范围。社会主体维持自身的生存和发展，只有通过对社会劳动产品的占有和享有才能实现，社会主体与社会劳动产品的这种对立统一关系就是利益"。① 这一观点揭示了利益的实质，即利益是人类生存、发展和享受的各种需要的总和。人们的利益形形色色，归纳起来，无非三个方面：经济利益（物质利益）、政治利益和精神利益。在这三个方面利益中，经济利益是最基本的利益，政治利益和精神利益都是在经济利益的基础上发展起来的，并且受到经济利益的制约和影响。经济利益广泛存在于生产、流通、分配、消费诸领域，但主要是反映在分配领域。

由利益分配而产生的很多问题同政治稳定相关。首先，由利益分配不公引起的利益冲突往往导致政治不稳定。"利益冲突是指政治主体之间的利益矛盾互相对抗，彼此之间的利益关系是势不两立，非此即彼。"② 经济的发展带来了财富的增加，提高了人民的生活水平，为政治稳定奠定了基础。问题也正由此产生，经济的发展、财富的增加并不代表社会每个成员的收入平均增长，特别是符合社会公正的社会分配体系很难同步建立和完善，从而出现经济增长和分配平等的矛盾。市场经济的规则是论功行赏，谁经济效益好，收入就多。这也刺激着人们努力工作，使资源利用效率不断提高，产出不断增加，而在市场中不那么顺风顺水的人，收入分配自然减少。较之于其他利益来说，收入分配更容易导致社会心理的失衡和政治不稳定，"收入分配的变化是发展进程中最具有政治意义的方面，也是最容易诱发妒忌心理和社会动荡的方面"。③ 这样，平等的政治权利和不平等的收入分配之间的尖锐矛盾就会使人们产生不公平感和不满情绪，影响政治稳定。其次，利益分配与收入增长的非同步性引发的利益分化，影响制度安排，影响政治稳定。一个社会的收入分配结构是该社会经济利益结构的重要特征，利益结构的变化，也主要体现在收入分配方面。在

---

① 《马克思恩格斯全集》，人民出版社1960年版，第31页。
② 张江河：《论利益与政治》，北京大学出版社2002年版，第192页。
③ 盛洪：《中国过渡经济学》，上海人民出版社、上海三联书店1994年版，第8—9页。

社会发展的过程中,利益的分配与收入增长并不会是平均的。"一种新的制度安排,未必能使每个当事人的收入都有所增长,何况制度变迁在更多的时候意味着法律制度的变革,这变革不仅会强制性地改变产权界定或利益格局,而且会采取少数服从多数的公共选择规则,从而在根本上具有利益分化的内涵。"[1] 利益分配的不适当扩大使人们对高收入阶层的收入合法性产生怀疑和否定,认为高收入阶层是采取了非法和非道德的方式获取,因而产生不满情绪,也使低收入者产生相对被剥夺感,冷漠人们对于社会改革的热情和期望,并逐渐丧失对改革的信心,产生严重的社会心理失衡,这种心理失衡往往转化为对社会政治的不满、怨恨以及占有财富的畸形渴望,从而加剧社会道德、行为失范,甚至采取非理性的方式,冲击既有的制度和秩序。[2]

在当代中国,利益问题是一个重大的现实问题,它关系到社会政治稳定的实现以及和谐社会的顺利构建。社会主义改革是对政治、经济、文化等方面的大变革,这种变革就是要打破平衡,对旧有的稳定态势进行突破,对已有的体制结构和利益结构进行调整。因此,可以说,改革本质上是对利益结构的再调整,这些利益结构包括权力结构、经济利益结构及其相关的社会权利结构,就调整的内容而言,要触及的利益关系主要集中在既定的权力、地位和经济利益等方面。在通常情况下,人们会对改革持某种欢迎态度,因为改革总是为了消除积弊,可能带来某一方面的利益或优越条件,如提高工作效率、降低劳动强度、改进不合理的分配制度等。但是,如果在发展的同时不能做到社会成员当中的合理分配,缺乏合理的利益分配、协调机制,社会两极分化严重,那么矛盾冲突和碰撞就难以避免,由于体制和秩序不健全,这种矛盾和不稳定因素一旦爆发,就会引起社会某些方面的动荡,控制起来也需要一定的时间,这样,发展的速度就会极其缓慢甚至停滞,同时也会损害要求迅速发展的人们的利益,又潜伏下以后

---

[1] [美]刘易斯:《发展计划》,何宝玉译,北京经济学院出版社1988年版,第18页。
[2] 关海庭:《20世纪中国政治发展史论》,北京大学出版社2002年版,第369页。

政治发展篇

不稳定的因素。

目前中国已进入现代化的中期，中国的政治、经济社会等诸多领域都发生了急剧性的甚至是结构性的变化。经过多年的改革开放，原来的一元化的利益格局被彻底打破，社会利益格局日趋多元化。原有的利益配置机制发生了深刻的变化，已由以计划为主转变为以市场为主，市场机制以及其他各种因素越来越多地参与到利益分配的过程中，并对利益分配的格局产生了深远影响。利益问题越来越引起国家和社会的关注，特别是在分配领域表现更为突出。首先，各阶层、各群体之间以收入水平为标准的利益差距在持续扩大。不同的社会成员政治、经济资源的占有状况等方面的差异日益显著。特别是进入20世纪90年代后，社会群体之间的收入差距进一步拉大，最高收入群体与最低收入群体的收入之比高达21∶7。[1] 从衡量社会贫富差距的基尼系数来看，1994年中国的基尼系数为0.434，1996—1997年为0.4577，到2003年，中国城乡居民人均收入的基尼系数不低于0.5的水平，而且从趋势上看，还在进一步上升。[2] 发展中国家的经验表明，一个社会的贫富差距要适度，贫富悬殊必然会导致动乱。古希腊政治学家亚里士多德在论述城邦政治的内讧时就曾经指出：不平等是主要原因。[3] 其次，利益主体集团化。改革开放以来，由于中国的经济成分、组织形式、就业方式和分配方式日益多样化，社会利益结构不断分化和重组，社会利益群体日益多样化。原来的"两个阶级一个阶层"（工人阶级、农民阶级和知识分子阶层）的简单的社会阶层结构，日益走向解体，一些新的社会阶层尤其是一个新的不断扩大的社会中间层和企业家阶层正逐渐形成，而一些原有的社会群体的社会地位则发生了相反的变化，强势群体与弱势群体逐渐形成，弱势群体主要是由贫困农民、进入城市的农民工和城市中的失业下岗人员组成。

---

[1] 李春玲：《社会群体的收入差距：两极分化还是多级分化》，《战略与管理》2004年第3期。

[2] 李强：《当前我国社会分层结构变化的新趋势》，《江苏社会科学》2004年第6期。

[3] [古希腊]亚里士多德：《政治学》，吴寿彭译，商务印书馆1965年版，第234页。

这三部分人几乎构成了中国人口的绝大多数。这个群体在经济和政治资源的占有上处于弱势,其政治和社会影响力也是很弱的,甚至其文化和话语权也处于弱势的状态。并且,"随着社会主义市场经济的发展,社会利益多元化、利益主体集团化(组织化)、利益集团政治化将成为不以人的意志为转移的客观趋势"。[①] 显然,利益主体集团化对政治稳定以及当代中国政治发展必将产生深刻的影响。最后,利益观念冲突化。当前,各阶层由于各自的社会地位和利益不同,形成新的不同利益观念。不同的利益观念已经具有利益冲突的性质。那些在改革中崛起的新兴企业家阶层等强势群体,趋向于市场经济价值观念,强调效率和竞争,而在利益关系调整中利益受损的弱势群体的相对剥夺感比较强烈,他们倾向于传统计划经济的价值观念,强调人人平等,主张社会公平。不同的利益观念不仅可能在相互冲突中削弱对方,并且在衔接过程中也极易出现脱节或冲突,人们对社会的道德期望和利益期望无论在内容上还是观念层次上都发生了变化。在今后一段时间内,随着改革的进一步深化,各种利益矛盾与冲突还会更多地表现出来。事实表明,差距过小容易造成无效率的经济行为,而差距过大又将引起社会心理失衡和社会震荡。收入分配差距过分拉大或由不合理的因素造成的利益失衡,又会严重影响社会政治稳定。马克思主义的一个基本原则是,经济上的差距必然导致政治上的不同要求,政治上的分裂,源于经济上的利益分配的不适当,会造成不同利益阶层之间的矛盾和冲突,并可能导致采取非理性的方式对社会秩序进行冲击和破坏。

正是由于利益问题已经成为中国社会发展和政治稳定必须面对的一个重大问题,实现人们之间的利益协调,构建一个结构更趋合理、运行更趋规范的有序社会,就成了当代中国政治和社会发展的时代主题。今天的政治稳定已不再是由单方面的政治供给和控制来实现,而

[①] 黄卫平、汪永平:《当代中国政治研究报告》,社会科学文献出版社2003年版,第29页。

在很大程度上来自民众生活的稳定，来自社会自我解决问题能力的提升，在社会利益结构多元化的情况下，笔者认为从政治稳定的角度看，必须形成相对合理的机制来调节利益关系。因此，和谐的利益机制应包括如下方面。

一 畅通的利益表达机制

政治稳定的本质是发展中的平衡，和谐社会的发展是矛盾统一的动态过程。任何社会都不可能没有矛盾，关键是如何解决这些矛盾，保持发展中的稳定。伴随着经济的持续增长，往往也是社会不协调因素的活跃期和社会矛盾的多发期，利益多元和利益分化引发的利益矛盾和利益冲突，在缺乏利益疏通和利益表达渠道的情况下，随着社会利益的持续分化，一些利益群体往往采取非制度化的方式进行利益表达，对政治秩序和政治稳定造成危害，因此，一个和谐、稳定的利益格局，必须安排一定的利益表达渠道，并以兼顾社会各方面的利益为基本前提。完善的利益表达机制，可以使公共政策采取公平的价值取向，而不会对某些特别的人或地区倾斜。中国是采用渐进改革方式走向市场经济的，它符合中国国情，并取得了巨大的成就，但也造成了双重体制并存的局面，目前市场机制的不完善和市场经济弊病的显现，影响了人们对利益分配机制和社会共同价值取向的认同，并产生政治和精神的危机，同时，也导致不同程度的利益矛盾和利益冲突，这些都影响和谐社会的构建。利益表达可以解决改革中因利益结构调整引发的社会矛盾，避免和缓解体制转轨、社会转型时期矛盾的激化，所以必须构建一个良好的利益协商机制。利益表达的一个特殊功能，是它以其特有的机制，为不同利益群体反映自己的要求，表达自己的愿望和不满，提供了有效的途径、方式、方法。建立利益表达机制，通过不同利益主体之间互相协商，在考虑不同利益要求的条件下，能够按照规则和事先约定的程序解决冲突，降低公开冲突和对抗的概率，求同存异，使矛盾得到解决。

二 完善的利益协调机制

　　社会利益结构是社会成员之间以及社会成员与社会之间的利益关系的一定模式。任何一种利益结构既是社会利益矛盾的结果，又包含新的矛盾，是各种利益矛盾相互作用中的动态平衡。改革本身就是社会利益结构的调整，而利益结构的调整必然会使一些集团受益，同时也会使另一些利益集团受损。在社会转型期，由于利益结构的调整，各个集团、阶层和不同的利益组织之间的利益迅速分化。利益分化有良性效果，如先富和未富之间有了利益差别，能在一定程度上激发未富地区人们的致富热情，唤醒他们在市场经济中所必需的竞争和效率意识，但是允许利益分化，更应该控制利益差别过度。过度的利益分化，社会财富过分集中于少数人，是一种社会不公平，并形成社会矛盾。各种社会矛盾日益突出，社会秩序受到不同程度的干扰，许多因素又相互影响、相互作用，容易引起政治的不稳定。如果说意识形态冲突或者说政治理念冲突是早期政治不稳定的核心的话，那么改革中期的基本矛盾则是由利益分化与社会整合程度之间发展不平衡造成的。协调社会利益关系，必须借助政治稳定来完成。中国的利益结构调整是在一种特殊的历史背景和社会环境中展开的，在利益分化过程中带有很大的社会不公正性。利益分化动摇传统利益结构，引起社会不同利益群体的重新排序，新的社会利益群体的利益需求如果在新的结构中无法得到有效的满足，或者原有结构中的既得利益群体的利益如果无法得到制度化的安排，利益群体的冲突就会形成。同时，利益结构调整和分化冲击原有的利益规范和利益交换规则，产生规范真空与利益失范，引发利益秩序的相对混乱，加上利益分化的不均衡性，必然导致新的结构性失衡和冲突。因此要消除利益分化带来的结构性失衡与冲突，就必须站在公共利益的角度，平衡利益关系，调整利益矛盾，化解利益冲突，从而实现社会发展利益的共享。政治稳定有利于综合各种不同利益群体的要求，畅通利益表达渠道，努力完善利益供给制度和合理化分配机制,稳定政策的调控功能,把握各项改革的出台时机、各项改革的推行力度和各阶层的承受能力,保持政策的稳定性、连续性和适时性,真正把改革的力度、发展的速度和社会承受的程度统一起来,实现社会良性运转。

三 公正的利益均衡和保障机制

政治稳定作为一种社会状态,存在一个质量问题,即政治稳定是在什么基础上达成的,这个基础决定着政治稳定的程度及其存续的时间跨度。而公正是影响政治稳定的重要因素,政治稳定的程度在根本上取决于社会公平的实现程度,因此,政治稳定的基本问题是社会公正的实现问题,而社会公正的实现机制,在理论上又可以转换为利益均衡和利益保障的实现机制。在构建和谐社会的现实问题上,利益均衡和利益保障机制的建设便构成了政治稳定的两项基本任务。利益均衡和保障机制是基于各社会阶层利益协调的价值认同建立的,它不同于衡量收入分配均等程度的平等,它是在市场竞争之上维护共同利益生活的更高的原则。通过再分配和转移支付来救助和扶持弱势群体,这既是我们理解现行利益分配制度的基础,也是我们进一步完善中国利益分配制度的保障。然而,利益的均衡和保障机制不可能自发形成,必须借助于政府的公共政策。公共政策是实现利益均衡和保障的主导性机制,公共政策的性质,决定了利益均衡和保障的实现程度。政府作为公共政策制定的主体,制定的公共政策要发挥利益均衡和利益保障的作用,这样才能实现社会的公正,其公共政策如果不能捍卫社会的公正,政府存在的合法性就会受到质疑,造成社会与政治的不稳定,这必然反过来影响经济的发展和效率的提高,从而影响整个国家经济的发展。从现实情况看,市场经济条件下发展的不平衡导致城乡、地区、个人的贫富差距和社会分化日趋严重,社会转型由利益变化所引发的社会利益矛盾错综复杂,它表明现行的利益调节和利益补偿机制存在缺陷,与社会的发展不相适应。所以,要实现社会的和谐与稳定，有两个问题必须解决好，一是完善的社会公平保障机制及利益的均衡制度机制；二是权利保障的制度机制。和谐社会只有在利益均衡、权利保障的制度机制科学配置和有效运行的条件下才能发生和存在。① 和谐社会不是利益的平均分配，而是在承认利益差别的基础上建立完善的利益均衡和保障机制，平衡各种利益关系，实现利益均衡和利益保障机制的规范化与制度化，用来缓解和克服市场机制带来的利益矛盾。这种机制的建立一方面要弥合利益矛盾，把冲突保持在秩序的范围内；另一方面又要保证市场经济的发展和效率的提高。政治稳定可以实现二者的最佳结合，从而以制度化的方式和机制解决由于不公平而产生的人民内部利益矛盾，并由此营造一种和谐的政治生态环境，从而有助于提高政治体系的合法性，奠定社会和谐的政治基础。

---

① 程竹汝：《试论政治文明建设对构建社会主义和谐社会的意义》，《政治学研究》2006年第2期。

政治稳定视角下制度认同的建构[*]

政治稳定意味着政治生活的有序性，也意味着政治心理的安全性，它是关系国家发展全局的重大战略思想和战略目标。保持政治稳定，实现社会和谐和科学发展，制度是不可或缺的。而在政治稳定的各种指标中，制度认同度是一个核心的变量。制度的建立以及奏效与否，制度是否能够得以延续，归根结底主要取决于该制度下的人们对于它的认同程度。"一种行为准则，即一种国家意志的表达，如果得不到执行，实际上就什么也不是，只是一纸空文。"[①] 只有民众形成对制度的认同，才能形成民众对制度的信赖，从而有效地内化为社会成员自觉的价值尺度和行为准则。而民众一旦对制度不认同，制度也就失去了权威性，制度安排就会成为一种异己的力量，对政治稳定形成重大影响。

一 制度与制度认同

早期制度学派的开创者康芒斯认为，制度是约束个人行为的集体行动，它包括"从无组织的习俗到那许多有组织的所谓'运行中的机构'，例如家庭、公司、控股公司、同业协会、工会、联邦准备银行、'联合事业的集团'以及国家"。[②] 在早期制度学派之后，新制度

---

[*] 原载《河南社会科学》2010年第1期，作者秦国民。
[①] [美] F.J.古德诺：《政治与行政》，华夏出版社1987年版，第14页。
[②] [美] 康芒斯：《制度经济学》，于树声译，商务印书馆1962年版，第86页。

经济学家对制度又有所阐发。马尔科姆·卢瑟福认为："制度是行为的规律性或规则，它一般为社会群体的成员所接受，它详细规定具体环境中的行为，它要么自我实施，要么由外部权威来实施。有必要对一般社会规则（有时称制度环境）与特定组织形式（有时称作制度安排）加以区别。尽管组织也可以视为一套一套的规则，但规则只在内部适用。组织有章程，组织是集团行为者，同样也受社会规则约束。"[①] 诺斯则认为，制度"是一系列被制定出来的规则、守法程序和行为的道德伦理规范，它旨在约束追求主体福利或效用最大化利益的个人行为"。[②] 从以上论述可以看出，在西方制度学派那里，虽然对制度存在不相同的表述，但大体上他们认为制度是人类设计出来的调节人与人之间相互关系的规范，它包含了对包括"道德、伦理行为"在内的约束人的行为的一系列规则。按照制度规则存在的形式，制度分为正式制度和非正式制度。正式制度是指人们有意识创制的，具有强制力的一系列法律、法规和政策。它通常由公共权威机构制定，也可以由有关各方协商制定，主要包括国家法律、政府政策条例、公司规章、经济合同等。它体现着一个社会的制度化水平。非正式制度是指人们在长期交往中形成的，包括具有持久生命力的文化传统、道德观念、价值取向、伦理规范、风俗习惯、意识形态等因素。

制度的根本作用在于通过对个人与组织行为的激励与约束，防止个人与组织在选择行为中的损人利己行为倾向，从而形成一定的社会秩序。但一种制度只有经过制度认同之后，即得到大多数社会成员在价值观念上的认可和行动上的支持之后，才能成为有效的制度，才能成为一条维系社会秩序正常运行的纽带。"一种制度之所以得以延续，在很大程度上取决于这种制度及其统治下的人们对于该制度的一定程

---

① ［英］马尔科姆·卢瑟福：《经济学中的制度》，中国社会科学出版社1999年版，第1页。
② ［美］道格拉斯·诺斯：《经济史中的结构与变迁》，上海三联书店、上海人民出版社1996年版，第225—226页。

度的认可和接受",① 这就是制度认同问题。

制度认同是一个人基于对特定的政治、经济、社会制度有所肯定而产生的一种政治感情上的归属感,是社会民众从内心产生的一种对制度的高度信任和肯定。制度认同问题主要是指制度的合法性(正当性)问题,而制度的合法性是制度在社会层面存在的法理与价值基础,它可以归结为一种政治或统治维系与巩固的心理条件,一种制度只有具有合法性,才能产生权威性。而制度有了权威性,人们才会产生对制度的认同感和归属感,才能提高执行制度的自觉性。

制度认同内在地包含着两个方面:一是价值上的肯定,二是有转化为现实行为的趋势与取向。它是一种出于理性对制度体系质的规定的认可与肯定,即这个制度框架本身经过了善的诘问,获得了公正的价值属性。由于制度体系的这种合理性,它同时又获得公民的一种情感上的认同。因此,这种制度体系反过来又从公民的理性、情感中得到滋养和巩固。这个社会的公民不仅对社会的制度体系加以肯定,而且以这个制度体系来规范自己的行为,使自己的行为保持在这个制度框架所允许的范围内。只有这个社会的所有成员对现行制度予以认同,都能在这个制度框架的范围内按照制度的要求行事,这个制度体系才是有效的,这个社会才会有基本公正的秩序和政治社会的稳定。

二 制度公正是制度认同的前提

公正是人类社会具有永恒价值的基本概念和基本行为准则。制度公正是人们按照一定的尺度作为标准,对一种制度做出的价值判断,公正是制度的内在要求。罗尔斯强调:"正义是社会制度的首要价值,正像真理是思想体系的首要价值一样。一种理论,无论它多么精致和简洁,只要它不真实,就必须加以拒绝或修正;同样,某些法律和制度,不管它们如何有效率和有条理,只要它们不正义,就必须加以改

---

① 孔德永:《农民政治认同的逻辑》,《齐鲁学刊》2006年第5期。

造或废除。"① 只有当人们相信制度是正义的或公平的，公民才会准备并愿意履行他们在这些社会安排中所应负的责任。在正义制度的框架下生活的人们就能够获得一种正常而充分的正义感，以使他们能够长久并持续地支持和忠诚于正义制度。公正是社会制度设计的基本理念和首要价值。制度公正作为一种有效规范和约束人们行为的"游戏规则"，能为人们的社会交往提供一个相对稳定的活动空间，规范和约束人们的非理性和非制度化的越轨行为，减少和缓解人们之间的行为冲突。制度公正还规定着人们行为的选择空间，告诉人们能够做什么，不能够做什么，怎样做才既有利于自己又有利于社会，这对人们的行为选择实际上是一种激励和导向机制，具有强大的激励和导向功能。制度公正还保障了游戏参与者权利、责任和利益的统一，尤其是在地位、机会面前人人平等。当社会上多数人对制度的公平感得不到满足时，社会矛盾也就尖锐起来，社会稳定就受到了威胁，就会出现制度认同危机。因此，制度公正会使社会成员产生心理感受上的公平感，从而会间接导致一种对于社会政治制度的认同意识。

制度以确立权利—义务关系为客观内容，是调整个体行为者以及特定组织内部行为者之间利益关系的权威性行为规则。制度公正包括制度本身的公正和制度运行的公正。制度本身的公正是指制度所配置的以权利—义务关系为客观内容的制度安排的公正性。权利和义务的分配是制度公正的根本问题。所谓权利，是指人们在一定社会关系中应当享有的利益以及实现这种利益的资格，是通过一定的规则所承认、规定并赋予社会成员的利益。"哪里有公正问题，哪里就有权利问题。"② 公正论实质上也是一种权利论。与"权利"相对应的概念是"义务"，它表明人们在社会生活中应尽的责任，应当付出的东西。权利和义务是人们进入社会生活之后必然具有的东西，是人们社会关系中不可分割的两个方面。社会主义的制度公正强调"以人为

---

① [美] 约翰·罗尔斯：《正义论》，中国社会科学出版社1988年版，第1、81页。
② 程立显：《伦理学与社会公正》，北京大学出版社2002年版，第198—199页。

本",在平等的基本自由权利基础上的权利和义务的统一,要求平等地分配社会的权利和义务。

制度运行的公正属于制度建立后关于制度的保障、执行和运作的范畴。它涉及制度在从观念性的可能力量转化为一种现实的社会能力的过程中,需要在何种范围、何种程度以及依靠何种程序的条件下才能有效运行的问题。制度本身的正义性与制度运作的正义性不是一回事,因此,制度的合法性和有效性最终都要由具体的、可操作的规则和程序来体现。机制中的程序和规则是制度运作的核心部分,如果运行机制不够规范,公众对制度的认同就会流于形式,那么,制度就失去了权威性和有效性。只有当制度的设计与运行同时具有了科学性和规范性,制度才会有权威性。制度运行的规范性或科学性,通常被人们称为程序认同。阿尔蒙德认为,统治的合法性是一个复杂的混合物,是由统治者制定的政策的内容实质和实施程序所决定的。罗尔斯程序正义理论认为,程序正义包括三种:完善的程序正义、不完善的程序正义和纯粹的程序正义。罗尔斯在《正义论》中通过一个分蛋糕的例子说明程序的正义问题,他说:一些人要分一个蛋糕,假定公平的划分是人人平等得一份,什么样的程序将给出这一结果呢?我们把技术问题放在一边,明显的办法就是让一人来分蛋糕并得到最后的一份,其他人都被允许在他之前拿。[1] 他将平等地分这个蛋糕,因为这样他才能确保自己得到可能有的最大一份。因此,制度的设计本身的公正性与运行机制的规范性对于制度的合法性都是非常必要的,它们共同制约着制度的合法性和权威性。制度可分为经济制度、政治制度、文化制度和社会制度等。我国的根本制度是社会主义制度,而社会主义制度的优越性是要通过各种具体的政治、经济和文化制度体现出来的,如果其中的具体制度民众不认同或认同度降低,那么,人们就会产生对社会主义制度本身的不认同。如果在经济制度中,分配制度的非公正性拉大了分配差距,这样的制度就会割

---

[1] [美]加布里埃尔·A. 阿尔蒙德:《比较政治学:体系、过程和政策》,曹沛霖译,上海译文出版社1987年版,第35页。

裂民众的共识；而如果在政治制度方面的重实质轻程序，使某些制度运作中存在很强的形式主义，这样的制度就会在民众心目中失去正当性和权威性。

三 制度创新是推进制度认同的重要路径

制度创新是指在人们现有的生产和生活环境条件下，通过创设新的、更能有效激励人们行为的制度、规范体系来实现社会的持续发展和变革的创新。由于人类的活动不断带来社会环境的变化，制度也不可能永远保持一个固定模式，所有创新活动都有赖于制度创新的积淀和持续激励，创新活动通过制度创新得以固化，并以制度化的方式持续发挥着自己的作用。制度影响人们的行为选择，限制人们的非理性行为，同时也可能对人们的创新活力产生制约。中国正面临着深刻的社会转型，从某种意义上说，社会转型也就是制度转型，具体体现于人们的生产方式、生活方式、行为方式、价值观念等都会发生深刻变化。制度的不断变革、完善和发展是社会进步的不竭动力。制度作为人们之间相互关系的制约性规则和各种规范的总和，广泛涉及政治、经济、法律、思想、文化等社会各个领域，是社会有效运转的重要条件。正是因为制度对于社会发展的巨大作用，中国的社会转型首先以制度变革为开端。具体来说，以制度创新推进制度认同应把握以下几个方面。

第一，提高制度创新的质量是构建制度认同的重要基础制度创新要坚持以人为本，营造有利于制度创新的政治环境，以此提高制度创新的质量。以人为本是科学发展观的本质，全面、协调、可持续是科学发展观的基本要求，统筹兼顾是科学发展观的根本方法。政治环境能够促进制度结构和功能的优化，实现制度结构与功能的优化。这是社会政治生活良性运行与协调发展的标志，又是制度创新的基本目标。因此，要依照科学发展观的要求，通过解放思想，以求真务实的态度推动制度建设和创新。制度建设和创新既要有"小环境"的试点工作，又要以满腔热情尊重基层和人民群众特别是地方的制度创新实践，不断提高制度创新的质量。而制度质量的高低对制度认同有重要的影响。因此提高制度创新的质量是构建制度认同的重要基础。要提高制度创新的质量，特别要关注两个方面：其一，新的制度安排应是切合实际可以付诸实施的制度，同时又是以保护绝大多数人利益为宗旨且具有深厚社会需求和制度效益预期的制度，不是那种中看不中用，或是耗费大量制度成本绩效却十分差的制度。其二，在制度的执行程序上，有着一套高质量的约束和纠偏机制，以保证制度的顺利实施，防止新的制度在实施过程中扭曲、虚置和变形。

第二，健全有效的利益调节机制和权利保障机制是制度认同的关键当前，社会分配的不公和权利保障机制的不健全引发了大量的社会矛盾和冲突，一些群体由对具体的个人以及具体政策的不满上升到了对制度的怀疑与否定。而在改革带来的利益重组和分化过程中，利益分化和社会整合之间的矛盾已经成为制度认同中的突出问题，影响着社会政治稳定与和谐发展。建立健全有效的利益调节机制，是增强人们的制度认同感的重要保障。利益调节机制的构建应包括四个方面的内容：首先，健全利益表达机制。利益表达的一个特殊功能，是它以其特有的机制，为不同利益群体反映自己的要求、表达自己的愿望和不满，提供了有效的途径、方式、方法。完善的利益表达机制，有助于各级政府广泛吸取、吸收社会中各个群体的利益要求，使公共政策具有公平的价值取向，而不会对某些特别的人或地区倾斜。通过不同利益主体之间相互协商，在考虑不同利益要求的条件下，对各类利益进行协调与融合，在政策层面上达成各种利益间的高度整合，降低公开冲突和对抗的概率，求同存异，使矛盾得到解决，保持社会的安宁与政治稳定。其次，建立完善的利益协调机制。制度创新必须站在公共利益的角度，平衡利益关系，协调利益矛盾，化解利益冲突，从而实现社会发展中利益的共享。因此应努力完善利益供给制度的合理化分配机制，稳定政策的调控能力，把握各项制度的出台时机、各项制度的推行力度和各阶层的承受能力，保持制度的稳定性、连续性和适时性，真正把改革的力度、发展的速度和社会承受的程度统一起来，实现社会良性运转。再次，构建公正的利益均衡和保障机制。利益均衡和权利保障机制的建立是基于各社会阶层利益协调的价值认同，它不同于衡量收入分配均等程度的平等，它是在市场竞争之上维护共同利益生活的更高的原则。通过再分配和转移支付来救助和扶持弱势群体，这既是我们理解现行利益分配制度的基础，也是我们进一步完善我国利益分配制度的保障。最后，权利保障机制的完善。制度认同只有在利益均衡、权利保障的制度机制科学配置和有效运行的条件下才能发生和存在。当前有关权利方面的实体性规定不少，但程序性规定严重不足。即通常许多法律规定公民或者相关组织、单位具有哪些权利，但在如何保障这些权利、落实这些权利的法定程序方面，往往缺乏详细、科学的规定，在制度创新的过程中，公民权利保障机制的完善是制度认同的关键。

第三，制度运行机制的构建是制度认同的重要保障。一个公正的制度，如果在执行中走样，或者有的人执行，有的人不执行，也会使公平变为不公平，使正义变为不正义，从而失去人们对制度的认同。因此，制度运行机制的构建是制度落实的重要环节。在制度创新的过程中，重实体、轻程序是制度建设的一大痼疾，所以在制度创新的过程中，不仅要注意实体性制度建设，还要注意程序性制度建设，以确保实体性制度实施，并制约和惩处违背实体性制度的行为，保证制度的权威性。而制度有了权威性，人们才会形成对制度的认同感和归属感，从而提高执行制度的自觉性。因此，在制度运行机制的构建中要处理好制度创新与制度规范的关系。一是要注重创设新的制度规范；二是要注重对现行制度进行改进、完善，及时堵塞制度运行中的漏洞，使制度能够真正起到协调利益关系、化解社会矛盾、解决实际问题的作用，从而增强制度的认同感，促进社会的政治稳定。

公平：政治稳定的价值基础[*]

公平是人类社会追求的目标和重要价值，也是社会健康发展的前提条件和社会稳定发展的调节器。社会的稳定发展需要对社会各阶层的权利、机会、利益、义务等进行公平的分配及调节。中国经过四十多年改革开放的快速发展，取得了巨大的成就。但长期以来，偏重效率而相对忽视公平，导致了公平的相对缺失和利益结构失衡，社会的不稳定因素日益突出，作为社会稳定核心的政治稳定受到挑战。鉴于此，相比较效率而言，解决政治稳定中的公平问题更具有紧迫性。

一

国内关于公平问题的研究，大都把注意力集中于讨论公平与效率的关系，仅把公平当成某种观念，没有深入一步探讨公平概念到底意味着什么，也没有认真界定公平的内涵及外延。公平概念的模糊性导致了不公平现象在现实社会中的增加。中国的基本政治制度和经济制度体现了社会主义的公平思想，提倡在法律和政治面前人人平等，以公有制和按劳分配为主体。但由于公平概念明晰性的缺失，政府机构在设计具体的政治体制及经济运行机制时，缺乏相对可操作的标准，造成了能够彰显社会公平的各种体制的改革进程相对缓慢。原有体制产生的不公平问题因体制的惰性作用而长期存在，一些管理条例多年

---

[*] 原载《中共福建省委党校学报》2013年第12期，作者秦国民。

不变，影响了社会经济发展和改革的深入，阻碍了实现基本政治制度和经济制度所要求的真正公平。近几年来不公平问题的大量存在引起了党和政府的高度重视，胡锦涛在党的十八大报告中提出：必须坚持维护社会公平正义，公平正义是中国特色社会主义的内在要求，要在全体人民共同奋斗、经济社会发展的基础上，加紧建设对保障社会公平正义具有重大作用的制度，逐步建立起权力公平、机会公平、规则公平的主要内容的社会公平保障体系，努力营造公平的社会环境，保证人民平等参与、平等发展权利。为此，要解决公平问题，我们应该从理论的高度上阐述公平的内涵，对公平概念进行明确的界定，并根据公平的内涵，设计出充分保障每个人的权利并体现真正公平的政治体制、经济运行机制、文化机制等。

国内一些研究者对公平这个概念的理解比较笼统和含糊，迄今没有形成比较一致的看法，大致分为以下几种情况。

第一种情况是不对公平、正义进行区分，提出公平正义观念。"社会主义的公平正义是一个全方位的、系统的科学体系"[1]。"实现社会公平正义是社会主义初级阶段的一大任务"；"社会主义公平正义实现的途径"[2]。这种观点显示了一种把公平、正义合而为一的倾向，没有区分二者之间的内在联系。《对公平正义的哲学理解》也体现了类似的观点，文中提出了"社会公平正义需要坚持辩证唯物主义的观点""社会公平正义需要坚持唯物辩证法的观点"[3]两个基本观点，文章把两个概念放在一起，没有对公平正义进行必要的区分。

第二种情况代表了国内研究公平的普遍思路，把公平当成某种自明的概念，没有进一步分析其内涵与外延。《当代社会公平的政治哲学审视》一文没有对公平与正义做必要的区分，指出"罗尔斯从洛克、卢梭、康德等西方启蒙思想家提出来的社会契约论出发，把契约理论推向一个更为抽象的层次，并对当代社会的公平问题作

---

[1] 韦光化：《论社会主义的公平正义》，《中南民族大学学报》2010年第30期。
[2] 周春妹：《对公平正义的哲学理解》，《黑河学刊》2010年第6期。
[3] 同上。

出新的思考"。① 还有一些国内研究公平问题的学者把注意力聚焦于公平与效率的关系上，没有专门对公平概念本身探讨，造成了公平没有经过界定就成为某种自明的东西。李福安先生在《湖北师范学院学报》（哲学社会科学版）发表的《初次分配公平并非"唯效率论"公平》，主要研究了公平与效率的关系，没有对公平概念的边界进行设定，从而造成了公平与效率的关系仍然处于一种非此即彼的状态，没有真正协调好两者之间的关系。余斌先生和樊志先生发表的《从〈资本论〉看公平与效率的辩证关系》一文指出，国内研究文献"未能将公平与效率的关系问题与现实世界紧密地联系起来，从而大多数文献还停留在纸上谈兵的阶段，从而未能把握公平与效率辩证关系的实质，对实际没有什么指导意义"。② 在学者研究的基础上，我们认为公平与效率关系的解决取决于这两个概念的清晰界定，只有确切搞清楚什么是公平，才能有助于加深国内学术界对公平与效率关系的理解。

  第三种情况反映了近几年学者对公平概念所进行的积极反思及界定的努力。陆树程先生发表的《关于公平、公正、正义三个概念的哲学反思》一文，对这三个概念的异同进行了分析，梳理了它们之间的逻辑关系。周庆国先生发表的《辨析公平、公正、正义的基本含义》一文，认为这三个概念的混乱对当前政府的决策产生了不良影响，需要对它们做必要的辨析。他说："人们众说纷纭、见解迥异。这不但不助于达成基本的学术共识，也不利于建构比较明晰的政府政策取向和公众观念导向。因此，在当今社会结构和社会利益大调整的变革时代，对公平、公正和正义的含义进行再辨析，不仅有一定的理论价值，而且更具有现实意义。"③ 他们的尝试对学术界有较大的启发，能引导学术界认真思考公平概念所处的困境，本文就是沿着这种新的研究途径尝试探讨公平的界定及其与政治稳定的关系。

---

① 胡万钟：《当代社会公平的政治哲学审视》，《中国特色社会主义研究》2008年第3期。
② 余斌、樊志：《从〈资本论〉看公平与效率的辩证关系》，《晋阳学刊》2006年第6期。
③ 周庆国：《辨析公平、公正、正义的基本含义》，《延边大学学报》2009年第42期。

事实上，这种混乱情况可归咎于术语翻译的不恰当性。不同时代学者可能受自身所处时代的局限对同一个术语给出不同的翻译。当代国内学者倾向于把英语单词"justice"翻译为"正义"，"fairness"翻译为"公平"。据此为标准，我们认为西方哲学思想主要讨论正义问题，很少讨论公平问题，但中国学术界常常混淆公平与正义这两个概念，从而导致公平与正义的边界纠结不清，导致政府处理现实社会的不公平现象缺乏可操作的标准。

二

我们认为，公平就是基于正义之上的平等化倾向。正义是公平的基础。离开正义，无法谈论公平。只有在正义条件下，公平才有意义，否则会沦为简单的"大锅饭"式的平均主义。在改革开放之前我们普遍强调公平，但人们对公平的认识不到位，把公平当成简单的平等，这样导致了以牺牲效率来换取所谓的"公平"。"社会崇尚平均主义，能力不同的人、付出不同的人获得的报酬基本相同。"[①] 这种平均主义思想的泛滥，主要归咎于把公平简单地理解为平等而忽视公平所预设的正义的观念。为了确切地把握公平概念，我们可以从体育比赛、正当市场竞争等事例形象地、直观地理解，公平意味着竞争规则对所有人都一视同仁、对所有人都平等，机会对所有人都开放。这就是说，公平是一种不偏不倚的、不偏袒社会参与者任何一方的状态。公平排除了等级思想及特权观念，它摒弃了不公的社会规则所造成的社会不公现象，意味着机会对一切社会成员都开放，收益的多少取决于每个社会成员的努力程度。既然公平是建立于正义基础上的平等化倾向，那么，为了把握"公平"的实质，我们就有必要对正义的概念作一番深入考察。

---

① 许成安：《公平的内涵及其与效率的关系》，《经济理论与经济管理》2007年第12期。

❧ 政治发展篇 ❧

在西文哲学语境中，正义最初的表现形态是一种宇宙正义观，认为正义是宇宙的各要素相互协调及和谐。阿那克西曼德（Anaximander）认为，相互促进的力量表现为一种生成性的正义。① 最初的正义观念显示为宇宙运行的一种原则。罗素先生在其著名的《西方哲学史》中描述了这种宇宙正义观的基本立场："正义的观念——无论是宇宙的，还是人间的——在希腊的宗教和哲学里所占的地位，对于一个近代人来说并不是一下子很容易理解的；的确我们的'正义'这个字很难表现出它的意义来，但是也很难找出别的更好的字来。阿那克西曼德所表现的思想似乎是这样的：世界上的火、土和水应该有一定的比例，但是每种元素（被理解为是一种神）都永远在企图扩大自己的领土。然而有一种必然性或者自然律永远地在校正着这种平衡；例如只要有了火，就会有灰烬，灰烬就是土。这种正义的观念——即不能逾越永恒固定的界限的观念——是一种深刻的希腊信仰。神祇正像人一样，也要服从正义。"② 在古希腊，这种宇宙正义观并没有停留在哲学的观念层面上，它成为社会政治实践中制度安排及利益调节的准则。古希腊政治学家尝试通过正义原则来划定各阶级利益的界限，让每个人都获得与自身相适应的利益，从而平息阶级利益之间纷争所引起的社会动荡，"梭伦从这项原则出发，试图找到某种能够平衡雅典城邦各阶层利益的制度安排"。③

柏拉图是尝试把古希腊的宇宙正义观转化为政治实践原则的哲学家。他超越了正义所具有的宇宙维度，把它理解为一种程序的正义观念，一种政治制度安排。这意味着正义不只是宇宙各要素的合理安排，而且是政治人事的重要原则。在柏拉图看来，城邦的正义要高于个人的正义，是一种放大的个人正义。换言之，正义就在于城邦的人们能各守其职，各司其位，每个人都做自己的事，不多管闲事，不逾

---

① Samuel Enoch Stumpf, *Socratesto Sartre: A History of Philosophy*, New York: McGraw-Hill, Inc., 1993.
② ［英］罗素：《西方哲学史》，吉林大学出版社2005年版，第30页。
③ 唐士其：《西方政治思想史》，北京大学出版社2008年版，第86页。

越自己的职责所在,"正义就是拥有属于自己的东西,只干自己的事"。① 他用金、银、铜、铁形象地比喻城邦各阶级的地位及职责:金代表统治者,他们具有智慧,其职责就是治理整个城邦;银代表卫国者,他们具有勇敢,其职责在于保卫城邦的安全;铜铁代表劳动者,他们具有欲望,其职责是生产物质产品。这三个阶级之间相互和谐、各守其职的状态就是柏拉图的正义所指。从现代角度看,柏拉图的正义是一种等级的正义,基于其上的公平也距离现代意义上的公平甚远,缺乏平等的维度,马克思也曾对这种公平做过尖锐的批评,但他的正义暗示了按贡献获取相应报酬的思想,对现代公平概念具有一定启发性。

亚里士多德发展了柏拉图正义的内涵,添加了更多的实践因素,其正义观念具有更强的现实性。他不满意柏拉图正义概念所体现的等级性,为其增加了平等的色彩。具体说来,亚里士多德对柏拉图的正义概念的修正基于两方面的考虑。首先,柏拉图的集体主义倾向淹没了个人的存在,虽然亚里士多德也非常重视城邦,强调政治学就是研究城邦的善,但他反对柏拉图把一切个人利益还原为城邦利益的做法,"不应该完全以城邦的整体利益代替个人利益"。② 其次,他反对柏拉图的等级思想,不赞成其精英倾向,坚持多元主义的立场,认为利益是多方面,因而正义充当一种平衡社会各阶层利益以及调节利益的各个方面的社会制度的重要原则。换言之,亚里士多德相信正义乃是社会稳定发展的基础,只有充分考虑到社会各阶级的利益所在,并平等地关注每个人的情况时,社会才能健康地运作,"因为平等就是对所有同等的人一视同仁,而背离了公正(正义——引者注)原则建立起来的政体是很难维持其存在的"。③ 但这种平等观念绝不等同于中国改革之前的"大锅饭"式的平均主义。他把平等划分为算术平等及比例平等:"平等有两种:数目上的平等与以价值或才德而定的

---

① [古希腊]柏拉图:《理想国》,张子菁译,西苑出版社2003年版,第145页。
② 唐士其:《西方政治思想史》,北京大学出版社2008年版,第91页。
③ 苗力田:《亚里士多德全集》,中国人民大学出版社1994年版,第256页。

平等。我所说的数目上的平等是指在数量或大小方面与人相同或相等；依价值或才德的平等则指比例上的平等。"① 事实上，平等是正义的内在要求，正义的实现取决于两种平等的合理应用，"应当在某些方面实行数目上的平等，又应当在另一方面实行依据价值或才德的平等"。② 亚里士多德的平等观念显示了正义的实质，充分考虑了个人才能、贡献、勤劳、才德品质等诸多因素，也适当排除机会因素所造成的社会巨大不平等。这种平等思想延伸到分配制度方面，能够很好地表达社会按劳分配的公平分配原则。相应的，正义也分为两种形式，分配正义及矫正正义。这两种正义体现了平等的不同方面。分配正义体现了比例平等的思想，指政府根据每个人的地位、财产、能力、品德等因素给予他们相应的分配；矫正正义体现了算术平等，指政府对社会每个成员都给予平等关注，是对分配正义造成的巨大社会不平等进行必要矫正。亚里士多德通过两种正义的区分企图实现社会的公平，从而创造稳定的社会秩序。在某种程度上，矫正正义是对分配正义所造成的社会不公进行矫正，是对弱势群体所进行的补偿。他明确地反对柏拉图正义概念的抽象性，为其注入实践因素，进而把正义细分为分配正义及矫正正义，这种划分对现代正义概念具有很重要的启示，罗尔斯的正义原则是对亚里士多德思想的进一步扩展与细化。

　　罗尔斯立足于西方政治思想的变化，探讨社会面临的基本问题，认为正义是一切社会政治制度的基础，把自己的正义理论称为"作为公平的正义"。他认为，一个价值多元的社会要求人与人之间的平等地位，一个正义社会必然是公平的社会。在罗尔斯看来，作为公平的正义必须坚持两个基本原则：第一个原则，每一个人对平等的基本权利和自由之完全适当体制都拥有一种平等的要求，而这种体制与所有人的同样体制是相容的。第二个原则，社会和经济的不平等应该满足

---

① 苗力田：《亚里士多德全集》，中国人民大学出版社1994年版，第196页。
② 同上书，第164页。

两个条件：第一，它们所从属的职位和公职应该在公平的机会平等条件下对所有人开放；第二，它们应该符合社会之最不利成员的最大利益。第一个正义原则被称为"平等的自由原则"；第二个正义原则的第一部分被称为"机会平等原则"，第二部分被称为"差别原则"。同时，罗尔斯也提出了处理正义原则之间关系的优先原则：第一个正义原则优先于第二个正义原则，第二个正义原则中的机会平等原则优于差别原则。两个正义原则表明，罗尔斯正义理论的重心是平等，第一个正义原则确保平等的自由，第二个正义原则确保平等的机会和平等的利益分配。从价值方面来说，罗尔斯正义理论始终关注的是平等，第一个正义原则强调的也是"平等的"自由。其中，社会结构是指制度。

平等原则体现了西方自基督教以来的平等思想。尤其是，通过启蒙运动的影响，平等成为超越国家、民族、性别的普遍伦理价值及政治原则。罗尔斯的惠顾原则也被称为差异原则，类似于亚里士多德的补偿正义，反映了政府通过再分配来介入社会公平领域的必要性。

马克思非常重视社会公平问题，认为公平观念是社会生产关系的直观反映，提出了经济制度、政治制度及文化制度的设想来保障社会公平，防止社会两极分化。他否认启蒙运动提倡的抽象的、超验的公平概念，认为公平是历史的、具体的，因而公平的内涵并非一成不变的，而是受到具体的社会历史条件的限制。公平的标准会随着社会发展水平的变化相应地变化，绝不存在永恒的公平标准。在马克思看来，随着社会的进步，公平的标准不断提升，因而越来越多的人能够享受公平所带来的利益。原始社会以简单的方式对待公平，完全不顾人与人之间的能力差异，也不考虑每个人对社会贡献的大小，平均分配劳动所得，认为平均分配就是最公平的。原始社会的公平概念导致了普遍的低效率及财富的匮乏。奴隶社会在原始社会的公平概念中引入了差异，激发了人们创造财富的欲望，亚里士多德的对公平的理解典型地反映了奴隶社会的主流公平观念：相同的人同等对待，不同的人区别对待；奴隶被亚里士多德当成"会说话的工具"。马克思曾痛斥这种强盗式的公平观念，认为奴隶主阶级内部的公平是建立于对奴隶阶级极不公平的基础之上。封建社会虽然受到基督教哲学影响，倡导上帝面前人人平等的公平观念，但世俗社会仍然等级森严，公平只不过是基督教哲学的理想而已。经过启蒙运动的洗礼以及资本主义商品经济的快速发展，自由、平等观念深入人心，公平观念成为资本主义社会市场经济的基础，自由和平等交换是市场经济的本质要求。马克思通过剩余价值理论揭示了资本主义社会的剥削本质，认为，表面公平的背后掩藏着强烈的社会不公现象。在此基础之上，马克思认为，所有的私有制社会绝不会产生真正的公平：只有当人类消灭了私有制度，才能从根本上铲除一切导致社会不公的土壤。这意味着社会主义社会是共产主义社会的必经阶段，只有共产主义社会才能实现真正的公平，真正的自由和真正的平等只存在于在共产主义社会。[①] 马克思对公平的理解为我们解决当代的社会公平问题提供了有益的启示：公平离不开正义和平等的维度，并需充分考虑不同的个体对社会贡献的大小。

简言之，公平的政治哲学基础是西方自古希腊以来的正义思想以及基督教以来受到明显重视，甚至成为启蒙运动的核心内容的平等思想。本文把公平理解为基于正义的平等化倾向，既反对社会贫富差距太大，也不赞成简单"大锅饭"式的平等。公平可以分为起点公平、过程公平及结果公平，公平观念在中国制度方面的体现就是以按劳分配为主体的分配制度能够真正贯彻的状态，这可以保证政府处理具体问题时有可操作的标准，从而维护社会的政治稳定。

三

人类在不断地追求合理的政治秩序并寻求稳定的社会环境。政治稳定是反映政治生活之有序状态的一个概念，意味着政治制度的连续

[①]《马克思恩格斯全集》，人民出版社1956年版，第582页。

公平：政治稳定的价值基础

性、政治生活的有序性和政治心理的安全性。政治稳定是任何社会都追求的重要目标，是社会健康发展的前提和保障。邓小平同志说："中国的问题，压倒一切的是需要稳定。没有稳定的环境，什么都搞不成，已经取得的成果也会失掉。"[①] 保持政治稳定，实现社会和谐和科学发展，公平是不可或缺的。在政治稳定的各种指标中，对公平的认同是一个重要的变量。合理有序的社会的建立以及运行的有效与否，政治制度是否能够延续，归根结底主要取决于社会上人们对公平的认同程度。只有民众形成对社会公平的认同，才能形成对政治制度的信赖，从而有效地内化为社会成员自觉的价值尺度和行为准则，为政治稳定提供有序的发展空间和规范的行动逻辑。

公平是政治稳定和社会和谐的基本规范。公平大体包括三方面的内容：一是政治方面的政治权利平等、规则平等和在法律面前人人平等；二是经济方面的竞争机会平等、利用社会资源的权利平等、收入分配平等；三是道德方面的人格平等、人的生存权平等、人的发展权平等。公平问题的实质是实现价值的合理共享，即改革发展的成果惠及全体人民。分配不公，弱势群体基本生活得不到提高，就会产生心理失衡，破坏政治心理的安全性，就容易引发行为失序而产生利益冲突，破坏社会的政治稳定。因此解决政治稳定问题需要我们重新思考公平的内涵，深入研究公平与政治稳定的内在联系，在坚持效率优先的前提下，不失时机地把维护社会公平放在更加突出的位置，是当前中国关注民生的最佳选择。自改革开放以来，政府坚持效率优先，更加注重公平，这一选择促进了中国经济突飞猛进地快速增长，经济的数量与质量都发生了根本的变化，人民的生活水平大幅度提高。但是，效率优先相对忽略了社会公平，把应该配置到社会领域的资源也配置到经济资源，一些不合时宜的政策没有及时调整，严重侵蚀了人们公平获取资源的机会，导致政治稳定和和谐社会的基本规范出现扭曲。权利平等、规则平等和在法律面前人人平等受到挑战；竞争机会

---

① 《邓小平文选》（第三卷），人民出版社1993年版，第284页。

尤其在分配领域的不公平表现得更为突出，资源的分配越来越偏离公平的标准，贫富差距拉大，城乡之间、地区之间差距拉大，各种利益矛盾突出；社会道德在一定程度上出现衰败的迹象。当前，党和国家领导人已经非常清楚地意识到了公平问题的重要性和迫切性。习近平总书记在党的十八届中央政治局第一次集体学习时的讲话中指出："公平正义是中国特色社会主义的内在要求，所以必须在全体人们共同奋斗、经济社会发展的基础上，加紧建设对保障社会公平正义具有重大作用的制度，逐步建立社会公平保障体系。"

公平是增强制度价值认同的内在要求。只有当人们相信制度是正义的或公平的时候，公民才会准备并愿意履行他们在这些制度安排中所应负的责任和一种正常而充分的正义感，以使他们能够长久持续地支持和忠诚于正义制度。公平同时也是社会制度设计的基本理念和重要价值。制度公平作为一种有效规范和约束人们行为的"游戏规则"，能为人们的社会交往提供一个相对稳定的活动空间，规范和约束人们的非理性和非制度化的越轨行为，减少和缓解人们之间的行为冲突。制度公平还规定着人们行为的选择空间，告诉人们能够做什么，不能够做什么，怎样做才既有利于自己又有利于社会，这对人们的行为选择实际上是一种激励和导向机制，具有强大的激励和导向功能。制度公平还保障了参与者权利、责任和利益的统一，尤其是在地位、机会面前人人平等。当社会上多数人对制度的公平感得不到满足时，社会矛盾也就尖锐起来，社会稳定就受到了威胁，就会出现制度认同危机。因此，制度公平会使社会成员产生心理感受上的公平感，导致一种对于社会制度的认同意识，从而促进社会的政治稳定。

公平可以保障社会政治生活的有序良性运转。政治稳定的本质是发展中的平衡，任何社会都不可能没有矛盾，关键是如何解决这些矛盾，促进社会的良性发展。作为一种社会状态，政治稳定存在一个质量问题，即政治稳定是在什么基础上达成的，这个基础决定着政治稳定的程度及存续的时间跨度。而公平是影响政治稳定的重要因素，政治稳定的程度在根本上取决于公平的实现程度，因此政治稳定的基本问题是公平的实现问题，而社会公平的实现在现实问题上又可以转换为利益的均衡机制和保障机制的实现。当前中国正处于社会转型期，计划体制已被打破，市场机制却不够完善，保障市场机制运行的社会环境、法律体系、合理的利益分配机制、健全的监督机制还没有完全建立起来。尤其是在今后一段时间内，随着改革的进一步深入和发展方式的转变，各种利益矛盾与冲突还会更多地表现出来。事实表明，差距过小容易造成无效率的经济行为，而差距过大又容易引起社会心理的失衡和社会动荡，影响政治稳定。只有把利益均衡和保障机制公平引入社会各个领域，社会才能长治久安，政治稳定的局面才能保持。因为利益均衡和保障机制的建立是基于各社会阶层对公平的价值认同，是维护社会生活的最高利益原则。保持社会政治稳定亟须关注社会公平实现的两个机制：一个是完善的社会公平保障机制和利益的均衡机制；另一个是权利保障的制度机制。这两种机制一方面可以弥合利益矛盾，把冲突保持在秩序的范围内，实现社会生活的有序良性运转。另一方面也可以保证市场经济的发展和效率的提高，并实现两者的良性互动，在发展中实现和谐，在和谐中促进发展，以发展保证和谐，以和谐推进发展。

发展中的稳定：重要战略机遇期中国政治稳定的现实之道[*]

在重要战略机遇期，一个稳定的政治秩序对国家经济建设和社会的良性发展具有非常重要的意义。作为社会稳定核心的政治稳定，是政治现代化追求的重要目标之一，更是各国政府和人民的共同任务。政治稳定模式是人类社会追求和获得政治稳定时所遵循的方式，不同的社会发展阶段决定了不同的政治稳定模式。当前，中国特色社会主义现代化事业的实践与探索进入一个新的发展阶段[①]：工业化、城镇化进程加快，经济结构和社会结构发生深刻转换；社会结构变迁进入破除城乡二元结构的新成长阶段，城乡一体化成为新的发展要求；改革从经济改革过渡到全面深化改革的新阶段。同时，这也是发展方式加速转变时期和矛盾多样多发时期，传统形态的政治稳定的基础已经和正在持续地发生变化。在此客观形势下，如何抓住和利用好发展的重要战略机遇，迎接机遇和挑战，关键需要转变传统的维稳思维，正确处理稳定与改革、发展的平衡关系。因此，在发展中实现政治稳定，已成为中国重要战略机遇期保持稳定的政治秩序不可回避的选择。

一

只有稳定的政治秩序才能促进社会的良性发展已成为人们的共

---

[*] 原载《郑州大学学报》2014年第2期，作者秦国民。
[①] 李培林：《当代中国民生》，社会科学文献出版社2010年版，第10—14页。

发展中的稳定：重要战略机遇期中国政治稳定的现实之道

识。中国当前处在重要的战略机遇期，但与党的十六大提出"重要战略机遇期"相比，现阶段国际国内的形势已经和正在发生深刻和复杂的变化，重要战略机遇期的内涵和条件也出现了新的特点和要求。虽然和平与发展仍然是时代的主题，但随着世界多极化、经济全球化和科学技术的迅猛发展必将为中国的经济发展和结构调整带来新的挑战。目前我们正处于全面深化改革的攻坚阶段和深水区，需要以更大的决心冲破思想观念的束缚，破除改革与发展中的各种体制障碍，为经济发展、社会治理和现代化的实现注入强大的动力。而在实现政治发展和现代化的过程中，经济发展和社会的结构变化会产生政治上的不稳定因素，经济上的利益分配不均衡会产生政治上的不稳定因素，经济和社会的发展速度过快也会产生不同程度的政治不稳定因素。因此，稳定和发展就构成了一对矛盾，"发展与稳定既有相容的一面，又有矛盾之处。发展总会带来变化，而变化对稳定则是一种威胁。稳定意味着社会处于平衡状态。而发展积累迟早会打破原有的平衡"。[1] 在人类历史发展的进程中有两种平衡，一种是发展过程中的相对平衡即动态平衡，另一种是停滞不前的僵化平衡。同样，也会出现两种类型的稳定，即发展中的动态稳定和阻碍发展的停滞性稳定。停滞性稳定是指政治格局僵化，政治生活不发展的状态。依赖外力的强制，强调结果导向，追求短期目标，政治格局僵化。而动态政治稳定是指社会在发展中的稳定，是政治事务处于发展和前进之中，在前进中不断发现不合理的成分，并予以根除和调整，使其适应社会进步的需要，达到在发展中获得新的、更加完善的和谐。[2] 发展中的稳定和稳定中的发展是一种动态的平衡状态。

不同的政治稳定模式直接影响到社会经济的发展、利益格局的变化和政治秩序的建构。改革开放前，静态有序的稳定是中国政治稳定

---

[1] 杨龙：《经济发展的政治分析》，天津人民出版社1993年版，第223页。
[2] 秦国民：《社会转型期中国政治稳定的模式选择》，《郑州大学学报》2003年第4期。

的模式选择。在此政治稳定模式的运作下，社会绝对安定成为管治的首要目标，依靠行政的强力控制成为建构秩序的主要手段，运动式推进成为建构秩序的惯性行为。静态有序的政治稳定模式尽管在中国社会历史上扮演过重要角色，维持了政治上的稳定，为特定时期社会发展提供了秩序保障，但这种稳定是通过拒绝外部环境变化并对社会内部实行严格的政治控制来实现的，是以压制正当的利益表达为前提，甚或是以牺牲、压制公民权利为代价的。可见，静态的政治稳定，是一种力求政治稳定而牺牲政治发展的现象，不利于生产力的发展和社会的进步。在此政治稳定模式的驱动下，"一把手"主导、"严防死守"成为各级政府维稳的主要行为选择，信访销号、花钱买稳定、"拔钉子"等手段成为维稳的惯用策略，而对以上做法可能带来的更深层次和更长远的危害则不予考虑。

然而，这种追求稳定的方式和模式具有明显的不可持续性，陷入"越维越不稳"的困难境地。改革开放后，尤其是20世纪90年代以来，中国正处于社会转型的关键时期。经济体制的深刻变革、社会结构的不断变动、思想观念的多元化以及利益诉求的多样化，既为中国发展和社会变革带来了强大动力和巨大活力，也带来了新的矛盾和问题。例如环境、资源保护与快速发展之间的矛盾，收入差距扩大、社会保障水平刚性增长与经济发展波动的矛盾，城乡差别以及区域发展不平衡等，使政治不稳定的概率提升，对原有的静态的政治稳定模式提出了新的挑战。而在网络时代各阶层民众的维权意识不断提高的情形下，这种静态的绝对稳定理念不仅无助于社会矛盾和冲突的源头解决，反而给民众提供一种"大闹大解决，小闹小解决，不闹不解决"的误导性的预期，从而使维稳陷入"按下葫芦浮起瓢"的困境。这意味着以前的稳定理念、机制、过程、执行状态与稳定绩效承受着日益增大的现实压力，长期熟稔于心的静态的高压维稳已经走到尽头，需要有新的推进方式和策略，以使发展和稳定实现动态均衡。

二

发展中的政治稳定具有动态性和过程性，它是在经济、社会和政治的全面发展中，通过积极回应外部环境的变化，根除和调整发展中的不合理成分，寻求经济发展和社会和谐的共赢，进而实现政治和社会的长期稳定。可见，发展中求稳定的政治稳定模式，以其新的理念和运作机制，与新时期政治秩序建构的诉求高度契合，而成为当下我国政治稳定模式的现实之道。

第一，在稳定理念上，与传统政治稳定不同，发展中的稳定模式是以社会和政治的动态有序发展为价值取向，而不是社会的全面管控和静态有序，它以较强的开放性姿态包容和吸纳社会诉求。

第二，在稳定目标上，力求实现政治发展中的动态平衡，它既重视解决好眼前的不利于政治稳定的种种具体问题，更注重国家的长治久安，促进维稳和维权的均衡发展，进而实现社会发展和政治稳定的双赢。

第三，在稳定手段上，发展中的稳定，通过推进国家治理体系和治理能力现代化，侧重改革的整体性、系统性和协同性来统筹各方面的发展要求，协调不同利益主体之间的利益关系来建构一种长久的稳定秩序。

第四，在稳定动力上，传统的政治稳定的动力具有外源性，是政府力量的单向控制，并在政府主导且逐级向下增压的情势下展开的，而发展中的稳定的动力具有内生性，是在国家与社会、政府与民众之间的建设性的双向互动中推进的。

在新的稳定理念和运作机制的影响下，发展中的稳定模式，使政治秩序的建构牢固立足于政治系统与社会之间的良性互动，这不仅有利于拓展政治系统的权威资源，增强政府的合法性，而且有利于提高社会力量维护政治稳定的积极性和主动性，进而将有效推进真正政治稳定的顺利实现，为重要战略机遇期发展提供良好的和谐稳定的环境与条件。

三

在改革和发展中实现稳定的政治秩序,从源头上消除社会矛盾的根源,促进各项事业的发展,是我们的目标。动态有序的政治稳定模式,强调把改革的力度、发展的速度和人民群众可承受的程度有机地结合起来,通过不同渠道的利益诉求和利益协调,整合社会不同利益主体之间的利益关系,在政治稳定中推进改革和发展,在改革和发展中保持政治稳定,从而使政治稳定的实现成为多元力量的双向互动。但政治稳定新模式的建构和有效运行,需要在各种配套机制的协调运转下才能实现,如果没有相应的机制运转,就是再完善的稳定模式也难以发挥其应有的效用。因此,还要着手建构配套机制,解决经济社会发展中的差距和失衡问题。

第一,建立价值凝聚机制,寻找价值共识和认同的生长点。可持续政治稳定的实现离不开广泛的价值共识,只有整个社会的价值共识真正建立起来,才能有效实现社会力量不断发展下的政治稳定。由于利益分化日益严重,改革红利分配不均,相当一部分群体因在改革中利益的受损而产生了对未来改革中利益进一步受损的恐惧。[①] 这种悄然而来的态度和心理变化,可能成为新的不稳定因素,有可能危及社会的稳定与安全。因此,在矛盾交织的重要战略机遇期,必须找到社会价值认同的生长点,坚持社会公平正义,提高价值凝聚力。

第二,建立健全利益共享机制,提高政治系统的合法性水平。对改革发展的价值认同的提升有赖于利益共享机会的平等。20世纪90年代以来,民众对改革的认同感下降,根源于改革过程中与民争利、改革措施在实施中走样变形现象的不断出现,致使社会各阶层享受改

---

① 孙立平:《守卫底线——转型社会生活的基础秩序》,社会科学文献出版社2007年版,第60页。

革发展成果的权利和机会出现了严重不平等的情形,对稳定形成挑战。因此,应按照公平正义的原则,建立健全利益共享机制,让改革发展成果更多地更公平地惠及社会各阶层和不同利益群体。只有这样,整个社会的利益共识才能真正广泛凝聚,通过强化人们对改革发展的共识意识,提高政治系统的合法性水平,实现政治秩序的稳定性和有效性。

第三,用包容性发展,推动发展过程的公平。其目标是解决非均衡改革发展所导致的城乡之间、不同区域之间、不同职业之间的利益不均衡以及经济与社会、人与自然不和谐、不可持续等问题,实现人与人共享改革开放的成果。目前中国的利益结构是一种非均衡性的利益结构,如何正确认识和处理改革开放取得的成就与面临的利益失衡问题,突破传统的刚性体制的束缚,维持市场经济秩序和保持社会政治稳定发展,是实现包容性发展面临的一个重大问题。包容性发展既兼顾了程序性公平,也能兼顾在结果上解决利益分配是否均衡、公平,从而实现利益共享。推动发展过程的公平,实现包容性发展,应有一个健康有序的制度环境尤其应以市场经济制度作为保障。随着我国城镇化、市场化、国际化的加快推进,利益主体多元化、利益关系复杂化,而由此产生的利益非均衡化和收入差距进一步拉大的情况并没有得到遏制。由于原有的利益整合基础和控制从一定程度上被削弱,而新的整合基础尚不稳定,一些复杂的、异质的多样性利益追求处于无序、失范状态,对社会发展造成阻碍。因此,迫切需要建立健全新的利益诉求机制、协调机制和利益整合机制,从不同的、相互冲突的多元利益结构中找到利益的共识点,通过实现制度化的途径,及时协调不同利益主体之间的利益矛盾和关系,从而建构起一种长久的稳定秩序。

第四,创新社会治理机制,实现维稳与维权的均衡发展。维权是维稳的基础,维稳是维权的保障,二者均衡发展方可实现和谐稳定。在静态有序的政治稳定模式的"压力维稳"逻辑下,只问结果,不问手段,维稳往往以压制甚或牺牲公民权利为前提。由此,社会各方利益冲突加剧，以群体性事件为表象的公众非法治维权行为不断发生。而发展中的稳定，是通过协调和整合不同利益群体之间的利益关系来处理改革发展稳定的关系，以保障公众合法权益为基础的维稳。一个稳定、和谐与发展的社会离不开有效的社会治理，而社会治理机制是社会治理所遵循的一整套规范和模式。因此，必须通过创新社会治理机制，形成党委和政府主导的社会治理，通过依法有序的公民参与，形成良好的社会治理联动机制，有计划、分步骤地处理好群众关心的难点问题，维护好群众权益，为实现维稳与维权的和谐共赢创造有利条件。创新社会治理机制的关键在于健全和完善各种社会治理的互动机制和依法有序的维护公民政治权利机制，引导公民依法有序参与社会治理。

第五，坚持公平正义原则。准确把握社会治理规律，不断提高社会治理创新科学化水平。公平正义作为调节人们社会利益关系的一种价值评判标准，是社会公共利益关系的衡量尺度。社会的公共利益作为社会治理的核心价值或主导价值是人类社会发展的结果，体现了历史的必然性。30多年来的改革开放实践证明，什么时候坚持了公平正义，社会就会发展和稳定，什么时候背离了公平正义，社会就会出现利益矛盾的冲突。当前中国社会的主要矛盾仍然是人民群众日益增长的物质文化需要同落后的生产力之间的矛盾，现代社会需求正呈现出多样化、差异性、急剧扩张的阶段特征，只有发展才能为更好地解决民生问题和解决发展中的公平正义问题提供强大的经济基础，为社会政治稳定提供充分的条件。但无论是改革还是发展，都应该把公平正义作为社会政治稳定的原则和最基本的前提。为此加强社会治理创新的重点是要加快推进资源配置创新，向社会治理真空、"盲区"倾斜，更好地体现公平正义。重点应做到"三个优化配置"：推进公共政策的公平性和优化配置；推进公共财政的优化配置，并向广大农村和贫困地区倾斜；推进公共资源优化配置，实现基本公共服务均等化。

第六，规范社会政治秩序系统的运行。社会治理是一个不断发展变化的动态系统，需要有完善的制度环境，才能形成社会治理机制运行中的稳定性和连续性。社会治理的动态和完善这两个内在规定性，决定社会治理机制需要不断地创新。当前健全和完善社会治理机制的创新，其重点在于以下方面的实现。

首先，在健全完善城乡统筹治理一体化机制上创新。战略机遇期的到来促使新的社会治理模式和社会结构正在形成中，在新旧社会结构交替之时，社会容易出现社会治理的"真空"，导致社会政治秩序出现失序的局面。为此应深入推进户籍制度改革，着力破解城乡二元结构壁垒，为城乡人员的合理流动创造有利的条件。与此同时也应加强对城乡流动人口的管理服务，促使传统的被动管理模式转变为积极主动的治理服务模式。健全完善社会政治安全保障机制和社会政治安全发展的防控机制，让政治秩序更加安全和稳定。[①]

其次，健全完善社会风险管理评估机制，着力化解利益矛盾风险。建立健全社会风险管理评估机制，是加强和创新社会管理促使利益结构健康、协调发展的重要制度安排，对于从源头上预防由过度的利益结构变化导致收入分配差距过大而引起的社会矛盾具有重要的意义。[②] 中国的社会转型涉及不同利益主体的复杂互动行为，它既有社会风险治理领域的共性问题，又涉及当前中国经济社会发展不同层面的特殊问题。因此社会风险管理评估实质上是不同利益主体的复杂社会选择过程，其关键一是以人民群众利益问题为核心内容，科学确定评估的范围，凡是直接关系人民群众切身利益的重大问题都要进行社会风险管理的评估；二是界定责任归属，确立评估实施主体承担主要责任的问责制度；三是建立一套完整的、科学的评估体系，着力提升评估工作的系统性、规范性。同时还要科学把握社会风险管理评估的主要着力点，正确处理改革的力度、发展的速度、社会政治稳定的刚度和利益调整的承受度之间的关系，以人民群众切身利益为导向，将

---

① 王晓敏、李伦：《均势原则的伦理辩护》，《湖南大学学报》2013年第27期。
② 王子丽、吴赋光：《公共理性与我国社会群体性事件》，《河南社会科学》2012年第20期。

维护公共利益和促进社会公平正义相结合，坚持以科学发展观为指导，运用现代社会风险监测工具，创新评估工作方法，强化主动性，着力化解利益矛盾风险。

凝聚共识：重要战略机遇期深化改革的关键[*]

由于国内外社会政治环境的变化，目前的中国重要战略机遇期无论在时代背景、内涵和特征等方面也都发生了很大的变化，它已不是重要战略机遇期刚提出时的简单延续。与21世纪初的战略机遇期相比，目前的重要战略机遇期有以下变化：体现在经济发展方式的转变上，即由最初的粗放型的总量扩张的机遇转向驱动转型升级的发展机遇，这是最大的本质不同；体现在发展理念上的差异，就是由效率优先、兼顾公平向更加关注民生、共享式发展，实现基本公共服务均等化、城乡一体化等的转变，与此相关，政府职能、公共政策和国家治理等方面也将发生重大的转变与革新。中国重要战略机遇期出现的这些变化，一方面，国际政治经济环境变化引致的结果；另一方面，从国内环境看，这些变化也是发展方式转变引发的一种倒逼的结果。这样就使中国重要战略机遇期的改革面临着不小的挑战，其复杂性和不确定性更加明显，过去并不突出或不曾出现的问题，会成为矛盾的焦点。面对这样的机遇和挑战，要保持社会的稳定和谐，实现改革、发展与秩序的平衡，就成为一个重要的理论问题和现实问题。因此，凝聚共识，已成为重要战略机遇期深化改革的关键。

---

[*] 原载《中共福建省委党校学报》2014年第9期，作者秦国民、秦舒展。

政治发展篇

一

中国的现代化建设已进入关键的重要战略机遇期。党的十八届三中全会指出，坚持正确处理改革发展稳定的关系，胆子要大、步子要稳。加强顶层设计和摸着石头过河应当相互结合，整体推进要和重点突破相互促进，从而提高改革决策科学性，广泛凝聚共识，形成改革活力。因此，凝聚共识是当前的一项重要任务。

深化改革应建立在广大人民群众的理解和支持的基础之上。没有广大人民群众的理解和支持，也就谈不上有序的改革，更谈不上在改革中保持良好的政治秩序。但理解和支持改革的基础是什么？社会民众为什么会产生自觉地服从改革的需要？服从的理由是什么？这就涉及共识的凝聚问题。只有凝聚共识，才能产生理解和支持改革的价值基础。共识是指社会不同阶层、不同利益的个人或群体在经济社会领域寻求和达成的共同的认识、价值和行为规范准则的总和。凝聚共识在一定的意义上是指通过搭建对话交流的平台，让不同的观点进行充分的表达，在表达中寻求认识的最大公约数，在不同的价值观、利益观和行为准则等方面寻求平衡的过程。由于共识是人们在一定的环境和条件下，基于共同的观点、利益和行为准则而达成的，因此，当条件和环境发生变化时，共识是可以改变的。过去的共识可被挑战，也并非必须遵守。但关键问题在于，如何让冲突变得可预期、可控制。因此，社会需要确立一种理性平衡的政治取向。各社会阶层的民众，通过辩论、协商、妥协、宽容、监督，来凝聚基本共识。

一是凝聚共识对于在深化改革中保持良好的政治秩序具有重要价值。在现代社会，社会的体制改革若要保持它的系统性、稳定性和改革实施的有序性，都必须使社会民众就基本的政治价值和重大的公共政策、制度安排、利益调整等重大问题在倾向或政治态度上达成基本共识。否则，由于共识的缺乏，改革如果得不到社会民众的支持和认可，就会导致社会认同程度低，不但产生强大的民众阻力，而且为维护政治秩序的稳定也要付出很高的成本。从现代社会的政治实践来看，任何有效的改革，不仅需要一定政治权力的强制性，而且都包含最低限度的社会民众的服从和支持，需要良好的政治秩序，这些都有赖于共识的凝聚。

二是凝聚共识有利于化解和消除由于价值、信仰和行为规范不同而产生的冲突和风险，维护改革的有效性和建立良好的政治秩序。随着社会政治经济和文化的发展，面临的社会价值矛盾、利益矛盾将越来越复杂。在获得经济高速发展的同时，社会公民权利的无法保障与政府权力的乱作为或不作为之间的冲突，引发的维稳与维权事件居高不下，一些群体无法共享体制改革和经济政治、文化发展的成果而产生的不满与怨气，很容易对整个社会的秩序产生冲击。此外，改革的方向和改革的重点、步骤等方面产生分歧时，往往会使很多改革承诺停留在空谈之中，最终无法得到落实。因此，在社会的体制改革、经济调整升级、观念转变的过程中，凝聚共同的价值观念、利益观念和行为准则，显得非常重要。

二

在中国重要战略机遇期正确处理凝聚共识与改革、发展和稳定的辩证关系，保持改革、发展和稳定中的动与静的大平衡，实现社会治理、经济发展和文化建设质量与效益的提高，必须凝聚如下共识。

1. 凝聚价值共识

价值是人们用来对事物的是非作出判断和评价，并作为行为取舍的一套依据。价值具有引导人们超越实然束缚、探求应然世界、赋予生存世界以意义的特征。价值共识就是人们在社会政治生活中对价值认识和价值实践中，所形成的对价值的共同看法和共同观点。而价值共识作为埋藏于政治制度、政治行为和政治心理这些表层结构之下的深层结构，对人类的政治生活有着举足轻重的影响。价值共识一方面在信仰共识的规定和指导下形成，另一方面也以具体而理性的形式来体现信仰的精神。现代化在某种意义上也就是价值信念、社会结构与市场经济发展相调适的过程。随着市场经济的发展，社会转型与多元化时代的到来，共同体在价值和信仰方面不再是同质的，原有的共识被打破，不允许价值选择存在争议的情形已经成为过去，社会变革的环境与实践又为新的共识塑造提供了基础。价值共识一旦形成，就会对人们社会政治实践活动起重要的导向作用，对政治秩序起促进作用。改革开放以来，经济的发展带来了利益的多元化，由此带来的价值观念多元化是一个不争的事实。价值观的多元化一方面可以保证社会经济发展的活力，但也会对社会经济的发展带来一定的价值冲突，甚至破坏社会的政治秩序。因此要保障改革的顺利进行，价值共识的凝聚是必不可少的。没有价值共识的强大支持，改革是不能持续的，也是不会长久的。凝聚价值共识主要体现在以下方面：首先，凝聚核心价值观的共识。一个国家的核心价值观的生成，是在科学揭示、正确把握社会的发展规律和正确认识价值观的内在生成规律的基础上，依赖国家意识形态的灌输、引导和强化，通过长期的积累和推进，逐步内化到人们的思想深处和意识深处，最终形成人们的自觉价值取向和价值追求。尤其在公平价值问题上凝聚共识，公正是人类社会具有永恒价值的基本概念和基本行为准则，公平正义是共识的基本的价值理念追求。在一个价值、利益多元的共同体中，存在生产方式、生活方式与精神生活等各方面的差异，在这些差异中达成价值共识需要以宽容为原则，养成一种审慎的交往理性，在对话中达到妥协，并形成共同认可的价值共识。保持政治秩序的稳定，实现社会的又好又快发展，公平是不可或缺的。在保障改革顺利、有序进行的各种测度指标中，对公平价值的共识是一个重要的变量。合理有序社会的建立以及运行的有效与否，改革是否能够延续，归根结底主要取决于社会上人们对公平的认同程度。只有民众形成对社会公平的认同，才能形成对改革和各种改革措施的信赖，从而使其有效地内化为社会成员自觉的价值尺度和行为准则，为改革的稳步实施提供有序的发展空间和规范

凝聚共识：重要战略机遇期深化改革的关键

的行动逻辑。其次，在公共理性上凝聚价值共识。公共理性指在一切事情上人们都有公开运用自己理性的自由。公共理性被视为现代公共生活的一种精神气质，内含一系列的价值要素和思维逻辑。作为现代社会政治生活的伦理道德，公共理性就是一种公共精神。这种精神能够使公民以独立和理性的态度积极参与社会公共生活，并勇于承担公共责任和履行公共义务。密尔在《代议制政府》中强调，一个政治体制的良善与否，不仅在于该社会人民的素质，更重要的还在于该体制是否能经由各种制度的安排、规划让公民得以亲身参与，并由此逐渐培养、陶冶一种公共情操。托克维尔认为民主的维持取决于某些大众价值的存在与否。阿尔蒙德和维巴在著作《公民文化》中提出"理性积极分子模式"。这种模式认为，"民主的成功是建立在拥有具有以下这些条件的公民基础上的，他们能通晓公共政策的问题和解决办法，对公共事务发生兴趣并积极投入，以及使那些没有根据大多数公众的合理利益来进行统治的精英们感到职位难保"。[①] 公民的公共理性影响他们对各项改革的接受程度。因此，公共理性对重要战略机遇期深化改革有着非常重要的影响。

2. 凝聚改革共识

改革共识是在改革开放的过程中，人们在改革的方向、重点和改革的行动规则上形成的一致观点和看法。改革开放以来，随着改革的不断深入和市场经济的持续发展，人们在物质生活条件不断改善的同时，人们的思想观念也发生了深刻的变化，中国的现代化建设已进入关键的重要战略机遇期，改革已成为中国社会发展的最重要推动力，但在改革的方向、改革的重点和行为准则上还有不同的认识，因此凝聚改革共识，形成改革活力，是当前的主要任务。凝聚改革共识，首先，是在改革的方向上凝聚共识。中国的改革开放是我们党在总结了

---

① [美] 劳伦斯·迈耶、约翰·伯内特、苏珊·奥格登：《比较政治学——变化世界中的国家和理论》，罗飞等译，华夏出版社2001年版，第43页。

政治发展篇

社会主义建设正反两方面的经验教训后，在新的历史条件下领导人民进行的又一次伟大革命，是社会主义制度的不断完善与发展，因此，坚持中国特色社会主义道路是改革开放的正确方向，也是改革开放应坚持的基本原则。我们的市场经济是社会主义的市场经济，发展社会主义生产力，促进社会的公平正义，不断满足人民群众日益增长的物质和文化水平的需要，实现社会主义的共同富裕是我们的奋斗目标，也是我们的出发点和落脚点。只有坚持中国特色社会主义的改革方向，才能进一步解放思想、解放和发展社会主义生产力、增强企业和社会活力。其次，是立足于中国长期处于社会主义初级阶段这个实际，在全面深化改革上凝聚共识。当前，中国处在重要的战略机遇期，面临着难得的机遇和复杂的问题与挑战，体制之间、政策之间和机构之间的关系错综复杂，使改革日益发展成为一个复杂的系统工程。任何一项改革措施都不是孤立的，产生的效果也不是单一的，都会涉及不同的利益主体和牵动其他领域，自然也会引起不同利益主体和不同领域的关注，也需要不同利益主体和其他领域的密切配合。这就要求我们在改革的过程中坚持整体性的系统改革，而不是头疼医头、脚疼医脚的片面性改革。目前，我们的发展进入新阶段，改革进入攻坚期和深水区，既面临着深层次体制和机制方面的障碍，也面临着思想观念的束缚、利益固化的藩篱。解决这些矛盾和问题，一方面，需要我们建立全面规范、公开透明的改革路线图，建立改革运行中的平衡机制，加快形成有利于改革发展、社会公平的改革制度体系，保持发展中的政治稳定；另一方面，需要我们敢于冲破思想观念的束缚，调动各方面力量参与改革的积极性，突破改革过程中利益固化的藩篱，提高改革决策的科学性和民主性，凝聚改革共识，形成改革活力。最后，是在改革的核心问题和改革的重点问题上凝聚共识。党的十八届三中全会指出，全面深化改革的重点是经济体制改革，核心问题是处理好政府和市场的关系。政府和市场的关系，关键问题是发挥市场在资源配置中的决定作用。通过使市场在资源配置中起决定作用，更好地激发市场主体的创新和创造活力，加快国家经济结构的转型升级，解决政府治理与市场功能边界模糊不清等问题，构建依法高效廉洁的法制型政府和服务型政府。所以，我们其他领域的改革都应该紧紧围绕经济体制改革这个核心问题来进行改革和推进。从另外一个方面看，完善与规范的市场和政府关系，本身也是一种非常有效的社会治理方式，是在重要的战略机遇期社会治理方式的新突破。

3. 在深化改革中凝聚新的利益共识

利益共识是指在利益结构的变化和调整过程中，人们在利益观念、利益分配和利益行为准则等方面所形成的共同看法和评价。在重要的战略机遇期，改革进入深水区，既有一些原有的利益矛盾还没有解决，又增加了许多新的利益矛盾，形成利益矛盾的叠加。在这种情况下，如何能够有效地推进改革，是摆在我们面前的一个需要认真思考的问题。改革是对旧的和现有的既得利益的触动，同时也是尽可能快地形成与改革一致的新的利益形成的过程。新的利益共识力量越大，改革的阻力就越小，改革就越难逆转。从中国改革发展的历史经验看，形成与改革一致的新的利益共识是我们改革的一条主要经验。对目前的深化改革来说，凝聚利益共识首先要选准改革的突破口。在通常情况下，人们会对改革持某种欢迎态度，也经常会对变革持怀疑和反对态度，因为：第一，组织变革一般是以组织的整体利益为发动和衡量变革的价值尺度，这就很难同时均衡地顾及每一个单位和每一位成员。利益受到损害的行为主体有可能采取反对态度。第二，变革要打破某些稳定性、传统性和习惯性，建立新的平衡体系，这容易造成人们心理的失衡。第三，由于人们对变革的方向缺乏了解，对不了解或不完全了解的东西，人们本能地持怀疑态度。[①] 因此改革要按照公平的原则，通过选择使绝大多数人从改革中受益的突破口，形成大量新的改革成就，让人们通过改革得到实实在在的利益，就会对改革充满信心和期望，即使不讲抽象的条文，受益的人们自然就会站在改

---

① 张国庆：《行政管理中的组织、人事与决策》，北京大学出版社1997年版，第273页。

革的一边，新的利益共识就会形成。其次要加强顶层设计和整体谋划，认真研究各项改革不同利益之间的关联性、系统性、可行性，形成新的利益共识。通过深化改革来解决中国经济社会发展面临的一系列突出利益矛盾，实现经济、社会、文化、生态的可持续健康发展，不断改善人民生活，是我们改革的基本目标。解决发展中的一系列问题只能用改革的方法。如果说，初期的改革主要是意识形态方面的问题，那么目前改革的主要问题应该是利益问题。社会利益问题，主要体现在收入分配方面。较之于其他利益来说，收入分配问题更容易导致社会心理的失衡和政治不安定。对此，诺贝尔经济学奖获得者威廉·刘易斯曾经评价说："收入分配的变化是发展进程中最具有政治意义的方面，也是最容易诱发妒忌心理和社会动荡混乱的方面。"[1]改革开放以来，随着我国经济社会发展的加快，社会的利益结构发生了重大变化，利益主体多元化、利益结构多样化，并导致了利益矛盾复杂化。产生矛盾的原因是多方面的，既有个人客观方面的原因，如个人能力、文化水平等；也有社会客观方面的原因，如户籍制度、收入分配政策等。解决利益问题是一项复杂的系统工程，需要加强顶层设计和整体谋划，加强各项改革过程中利益之间的关联性、系统性、可行性研究。在基本确定主要改革举措的基础上，深入研究各领域改革关联性和各项改革耦合性，深入论证各项改革举措的可行性，准确把握好全面深化改革的重大关系，使各项改革举措在政策取向上相互配合、在实施过程中相互促进、在实际成效上相得益彰。一方面，在社会治理和制度建设工作中，形成科学有效的利益诉求机制、利益协调机制、利益整合机制、利益调处机制和利益权益保障机制；另一方面，以人民群众切身利益为导向，将维护公共利益和促进社会公平正义相结合，创新社会治理，提升治理效能，形成新的利益共识和改革共识。

---

[1] ［美］威廉·刘易斯：《发展计划》，何宝玉译，北京经济学院出版社1989年版，第18页。

三

在重要战略机遇期深化改革,凝聚共识是不可或缺的重要方面。共识的凝聚,有利于化解和消除在改革中由于价值、信仰和行为规范不同和利益调整而产生的冲突和风险,建立和维护良好的政治秩序。

1. 凝聚共识的重要途径:培育和践行社会主义核心价值观

社会主义核心价值观,是坚持中国特色社会主义道路自信、理论自信、制度自信的内在要求。党的十八大报告分别从国家、社会、公民三个层面论述和阐释了社会主义核心价值观的内涵、层次,包含社会主义的物质文明、精神文明和政治文明。社会主义核心价值观,是在建设社会主义先进文化和弘扬民族精神的基础上提出来的,系统地表述了我国社会主义建设过程中所形成的价值体系中最根本、最重要和最集中的精神内核,是社会主义核心价值体系的高度凝练和集中表达。作为一种先进理念的社会主义核心价值观,它能凝聚人心,激励和引导人民群众寻找真善美,为人们的社会生活和价值追求提供精神指导,并促使人们把这种价值观转化为社会生活的自觉行动。当前,改革开放已进入攻坚期、深水区,经济转轨和社会转型使利益矛盾错综复杂,与之相伴的文化上的激荡、思想观念的冲突、价值观的碰撞也会越来越激烈,造成社会政治稳定风险增大。社会主义核心价值观是我们党凝聚全党全社会价值共识作出的重要论断。首先,社会主义核心价值观与中国特色社会主义的改革开放要求相契合,符合时代发展的要求。社会主义的核心价值观是中国制度建设的灵魂和内核,体现了与我国现行政治制度的一致性,同时很好地解决了核心价值观各要素之间的关联性;既符合社会主义的本质要求,又适应了现实中国发展的要求,也与中国优秀的传统文化和人类文明优秀成果相承接。其次,社会主义核心价值观为改革开放的推进整合力量、凝聚共识。改革是一场深刻的社会变革,包括观念转变、体制转轨、社会转型,涉及艰难复杂的利益关系调整,改革过程中要触动现有的既得利益,形成新的利益矛盾和问题是在所难免的。与改革初期我们选择风险比较小、容易推进的领域相比,目前一些深层次的利益矛盾越来越凸显,造成改革的风险系数逐渐增大。这些复杂的利益矛盾既有改革过程中的利益格局重大调整,也多涉及机制、体制等方面的改革,解决这些问题的难度很大。所以,目前凝聚共识的主要着力点,已经不是要不要改革的问题,而是如何改和改什么的问题。社会主义核心价值观从三个不同的层面体现了价值上的最大公约数,通过对社会利益观念和社会思潮的动态分析,强化对改革难点、热点问题的正确引导,在尊重差异中扩大改革认同、政治认同和社会认同,在包容不同利益主体利益追求多样性中形成思想共识,最大限度地为改革过程中的利益调整减震和抗压。

2. 凝聚共识,应坚持正确的方法论,应处理好改革、发展和稳定的关系

改革开放以来发展经济被放在了突出位置,并成为利益结构变化和社会发展的首要目标。30多年的经济发展带来了物质财富的增加,也提升了人民的总体生活水平,为社会的政治稳定奠定了良好的经济基础。当前存在的问题也正由此产生。经济的发展、社会财富的增加,并不是社会每个成员的收入平均增长。市场经济的原则是效率优先,谁经济效益好,通过分配得到的收入就多。这也从另一个方面不断刺激着人们努力工作,提高经济效益,促使资源的利用效率不断提高,社会财富不断增加。而问题是,在市场经济的发展中,由于个人能力、社会地位、信息不均衡等方面的因素,一些不那么顺风顺水的人,收入分配自然减少。在发展的过程中,由于没有同步建立和完善符合社会公正的分配体系,出现了经济效益增长和收入分配不平等的矛盾,导致平等的政治权利和不公平的收入分配之间的矛盾,由此使一些利益受损的人产生社会的不公平感以及不满情绪,影响稳定的政治秩序。当前中国正处于重要的战略机

凝聚共识：重要战略机遇期深化改革的关键

遇期，其实质是通过全面深化改革，发展社会主义生产力，调整利益关系，不断满足人民群众日益增长的物质和文化生活的需要。但在调整的过程中，利益的分配与增长并不是平均的。"一种新的制度安排，未必能使每个当事人的收入都有所增长，何况制度变迁在更多的时候意味着法律制度变革，这一变革不仅会强制性地改变产权界定或利益格局，而且会采取少数服从多数的公共选择规则，从而在根本上具有利益分化的内涵。"① 因此，正确处理改革、发展和稳定的关系，关键是要按照社会主义的公平公正原则，正确处理利益分配中的矛盾，建立和完善依法有序的利益诉求机制、利益协调机制和利益整合机制，通过制度化解决利益矛盾。

凝聚共识，还要处理好经济体制改革与其他方面改革的关系。全面深化改革要发挥经济体制改革的牵引作用。经济领域的改革和推进是围绕"使市场在资源配置中起决定性作用"这一主线来展开的。其目的是要进一步解放约束生产力发展的体制机制，在经济活动中让价值规律、竞争和供求规律等市场经济规律在资源配置中起决定性作用，最大限度地激发各类市场主体创新、创业的活力。解决体制机制中约束各类市场主体创新、创业的活力问题，一方面要在经济领域按照和遵循市场规则、市场价格、市场竞争进行资源配置，充分调动全社会所有人创业、创新的积极性和主动性，让创造财富的源泉充分涌流，让改革发展成果更公平地惠及全体人民；另一方面通过经济体制改革这一主线，带动重要领域和关键环节改革上取得新的突破。为此正确处理经济体制改革与其他领域改革的关系，应按照全面深化改革这个重要的要求，在改革的过程中防止修修补补式的碎片化改革，用系统思维和全局观念，通过经济体制的改革带动其他领域的改革，以其他领域的改革服务于经济体制改革，使其他方面的改革协同推进、形成合力，而不是各自为政、分散用力。

---

① 盛洪：《中国过渡经济学》，上海人民出版社1994年版，第8—9页。

3. 凝聚共识，要正确处理好政府与市场的关系

发展中国特色的社会主义市场经济，不仅要重视市场在资源配置中的决定性作用，还要发挥政府在市场经济发展中的经济职能和作用。党的十八届三中全会决定强调指出："科学的宏观调控，有效的政府治理，是发挥社会主义市场经济体制优势的内在要求。""政府的职责和作用主要是保持宏观经济稳定，加强和优化公共服务，保障公平竞争，加强市场监管，维护市场秩序，推动可持续发展，促进共同富裕，弥补市场失灵。"

中国的市场经济是由政府高度干预的计划经济发展而来的，市场功能没有得到充分发挥，市场竞争和市场发育不充分、不完善。当前，深化经济体制改革要解决的问题，仍然是如何进一步更好地发挥市场机制的作用，解决政府对经济干预过多、干预不当和干预不到位的问题。因此，决定提出了使市场在资源配置中起决定性作用。但是，市场存在失灵现象。由于市场机制作用的过程中具有一定的自发性、盲目性，各类市场主体在追求自身利益最大化的过程中，因价值取向不同，可能与社会整体利益产生矛盾和冲突。要弥补市场失灵，为经济有序运行和市场有效配置资源，政府的干预作用是不可或缺的。问题是，采用什么样的方式干预。中国的市场经济必须坚持社会主义的改革方向，坚持社会主义的经济市场化。说市场在资源配置中起决定性作用，并不是说在市场经济中起全部作用。市场经济既是法治经济，也是诚信经济，自然受到法律、法规的规范和社会道德、职业道德的约束。但是，市场机制不可能很好地解决基本公共产品均等化和收入分配的公平问题。政府必须提供和优化公共服务，通过公共政策的制定和执行，解决由于市场失灵而出现的问题。因此，厘清政府与市场的关系和权力边界，进一步转变政府职能，解决政府在经济活动中的越位、缺位、不到位现象，维护和规范市场秩序，并通过税收政策、转移支付和有力的社会保障等手段，对社会利益进行公平合理的分配和调节，保障社会政治秩序的稳定，是处理好政府与市场关

系的方法。

4. 凝聚共识，应从中国优秀的传统文化中汲取正能量

全面深化改革，既有来自思想观念的障碍，也有来自利益固化的藩篱。要冲破这些障碍和藩篱，一方面要尊重市场经济发展的规律，另一方面要尊重社会历史发展的规律。市场经济发展的规律，要求市场在资源配置中起决定性作用，通过利益的分配充分调动人们的积极性，创造更多的社会财富；但由于在市场经济的发展中存在市场失灵的现象，因此在资源的配置中会形成利益分配中的巨大差异，这种差异形成不同的利益集团，这些利益集团为了本集团的利益产生利益博弈，最终可能导致两极分化，影响改革的深入。因此，在人们思想活动独立性、社会选择多样性、利益分配差异性、价值观念和价值追求多元性的今天，如何形成新的改革共识，是我们必须面对的一个重要问题。中国优秀的传统文化，是中华民族在漫长的历史发展进程中逐渐培育形成的，积淀着中国发展的巨大内力，它可以强化改革中的人们在文化价值信仰、心理习惯、思维方式等方面的共同性。优秀的传统文化是中华民族的精神标识，具有很强的感召力和凝聚力。通过中国优秀传统文化的汲取并加以现代价值转换，对于强化社会主义核心价值观的引领，汇集成改革发展的正能量；对于激发起人们参与改革、支持改革的情感向心力和责任感，为改革凝聚共识并注入更大的动力，必然起着重要的作用。

网络时代意识形态安全的战略思考[*]

互联网作为信息技术和通信技术革命成果的结晶，具有远超传统传媒的强大传播功能，网络因此成为不同意识形态和价值观念竞相角逐、交锋的主要场域。一些西方国家试图凭借其在网络领域的核心技术优势，以"普世价值"为幌子，通过设定"网络自由"规则，把"自由""民主""人权"等所谓的基本价值共识作为增进其特殊国家利益、维护霸权地位的强力工具，这必然对非西方国家的意识形态安全构成严重威胁。

一 意识形态的战略价值

意识形态作为统治阶级或集团基于自身利益对现存社会关系自觉反映而形成的一套认知体系，反映该阶级或集团的利益愿望和基本价值追求，是该阶级或集团制定政治纲领和行为准则的基本依据。作为占统治地位阶级的价值观念、思想体系，意识形态安全与否，事关国家政权兴衰、政局稳定，具有全局性、战略性意义。

1. 为政治稳定凝聚思想共识

意识形态作为社会的价值观念和思想体系，对促进政治发展和社会稳定具有重要的作用。马克思指出："如果从观念上来考察，那么

---

[*] 原载《中州学刊》2016年第6期，作者秦国民、刘子晨。

一定的意识形式的解体足以使整个时代覆灭。"① 意识形态作为重要的思想政治工具，在国家管理过程中对社会成员具有潜移默化的思想教育功能。意识形态所倡导的政治信仰、价值观念有利于促成社会成员思想统一和行动一致，激励社会成员坚持不懈、攻坚克难达成目标。古今中外，任何一种政治秩序的创建与维持，无不以社会成员思想认识大体一致为前提。也只有社会成员思想认识基本一致，社会公众在日常政治生活中或者面临重大政治、社会危机时，才会保持社会行为的基本统一。② 20世纪末，社会主义发展史上之所以出现震惊世界的苏联解体、东欧剧变，放弃马克思主义意识形态主导地位是重要原因之一。毛泽东曾说："凡是要推翻一个政权，总要先造成舆论，总要先做意识形态方面的工作。革命的阶级是这样，反革命的阶级也是这样。"③ 在历史的记事簿里，一个军事、经济实力不强的国家，在军事较量中难免一打就败；而一个没有意识形态支撑的国家，则会不打自败。

2. 为政治统治合法性提供论证

意识形态对政治统治正当性具有诠释、辩护乃至美化功能。意识形态倡导的政治理想与价值观念，不仅是统治集团的政治统治得以建立的基础和前提，也是其政治统治得以保持的思想保障。社会成员对意识形态接受与认同，也意味着社会公众认同该意识形态下的统治集团对国家政权的角逐与掌控，该统治集团的政治统治因而获得合法性。意识形态不仅可为政治力量获得政治统治提供合法性说明，还可为其建构理想社会提供需要遵循的基本原则。意识形态关于理想社会标准的设计，是社会成员采取共同行动的指南和努力奋斗的目标。意识形态倡导的政治理想、价值观念构成政治认同的最原始要素。正如

---

① 《马克思恩格斯全集》，人民出版社1995年版，第540页。
② 李方祥：《社会主义和谐社会构建中的意识形态问题思考》，《政治学研究》2010年第2期。
③ 《建国以来毛泽东文稿》，中央文献出版社1996年版，第194页。

马克斯·韦伯所指出的,没有一种统治"仅仅以价值合理性的动机,作为其继续存在的机会,毋宁说,任何统治都企图唤起并维持对它的合法性的信仰"。① 统治阶级如果不能保证本阶级思想的话语地位,同样也会危及它在政治、经济和社会等其他领域的统治地位。因此,统治阶级总是凭借其占有的物质和精神生产资料,将本阶级意识形态灌输和渗透到家庭、宗教、教育等各种影响人们思想和情感的活动中,渗透到人的社会化的整个过程中,并在一定意义上使统治阶级的意识形态转变为一种社会共同意识。这样,意识形态作为观念的上层建筑,就为政治统治正当性提供了有力支撑。

3. 为政治发展指明方向

意识形态对国家政治发展和社会价值取向具有明确的规范和导向功能。意识形态不仅阐明政治统治的性质、宗旨与目的,也为国家基本制度结构设计与完善、国家政治权力资源配置与调适设定了应遵循的基本原则。不仅如此,意识形态所倡导的政治理想、信念和价值观念,还可对社会成员的思想行为进行符合国家社会发展目标要求的规范、调适和引导,对偏离政治目标的思想行为进行阻滞,为社会成员的实践活动指明方向。毛泽东曾说:"主义譬如一面旗子,旗子立起了,大家才有所指望,才知所趋赴。"② 无论在国内政治还是国际政治中,如果一定的政治伦理和政治价值能够对该理论指导下的政治行为和政治目标的正当性、合理性进行有效阐释和论证,就可以最大限度地获取国内民众以及国际舆论的理解、同情和支持,从而促成该国政治行为的施行以及内外战略目标的达成。

4. 消解异质意识形态霸权

意识形态并非一般层面的思想观念,而是反映和维护统治阶级根

---

① [德] 马克斯·韦伯:《经济与社会》,林荣远译,商务印书馆 1998 年版,第 239 页。
② 《毛泽东早期文稿》,湖南人民出版社 1995 年版,第 554 页。

本利益的政治意识和价值观念。意识形态所倡导的政治信仰、价值观念既是国家政权得以建立的前提和依据，也为政治制度的发展完善指明了方向。社会成员中大多数人对政治正当性的认可和接受，主要表现为对意识形态的认可与接受；他国对一国政权、社会制度的承认和认可，也集中表现为对其意识形态的承认与认可。因此，当一国意识形态受到来自国内外不同或是敌对意识形态的挑战时，即可通过对本国主流意识形态的正当性、合理性进行阐释、论证，来消解不同乃至敌对意识形态的渗透侵蚀，维护本国主流意识形态的安全，维护国家政局稳定。

二　网络时代我国意识形态安全面临的主要挑战

互联网作为集诸多传统媒体优势为一体的新型数字化传媒，信息传播优势与生俱来。互联网既为不同民族、国家思想文化交流提供了平台，也使不同政治理论和意识形态间的矛盾与冲突加剧。

1. 西方自由主义意识形态网络攻势

互联网深刻改变着当今世界的信息传输和交往方式，它作为一种最为普遍的传播工具和沟通方式，既为全球意识形态的治理提供了一种新的平台与手段，也给各国意识形态安全提出了挑战。第二次世界大战以来，西方国家一直奉行通过经济技术等手段遏制社会主义并促其向资本主义转变的政策。在这场"没有硝烟的战争"中，原来的社会主义国家苏联及东欧诸国，以东欧剧变、苏联解体方式率先落败。1993年，美国总统克林顿上台后，提出加强信息高速公路建设，目的就是通过互联网自由，实现西方价值观统治世界。2011年，美国政府出台《网络空间国际战略》，从战略高度将互联网自由纳入网络安全政策体系，用美国理念和标准建构和规范网络世界。美国国会还批准政府和军方斥资数千万美元打造"网络水军"、研发"翻墙软件"、建立"黑客部队"来推进"网络自由"战略。美国中情局更把互联网视为比派特工到目标国家,或培养认同美国价值观的当地代理人更为容易地输送美国价值观的手段。美国社交网站 Facebook、Twitter、视频共享网站 YouTube 和图片共享网站 Flicker 等,利用网络平台向全球传播西方价值观念,推广西方制度模式。北非、中东发生的所谓"阿拉伯之春",移动社交类软件在其中扮演着关键角色。2006 年初,时任美国国防部长拉姆斯菲尔德关于布什政府全球反恐战争的话可谓一语道破天机:"在这场战争中,一些最关键的较量可能既不在阿富汗的深山里,也不在伊拉克的街道上,而是在纽约、伦敦、开罗和其他地方的新闻编辑室里。"①

2. 社会价值观多元化

我国两千多年的传统文化中,以"家天下"为核心的整体主义价值观长期处于主导地位。新中国成立后,我国建立了高度集中的政治经济体制,国家利益、集体利益依然高于个人利益,传统整体主义价值观并未发生根本改变。党的十一届三中全会后,中国开启了由计划经济向市场经济转变的发展历程,传统的整体主义价值观随着改革进程的深化和市场经济的不断发展而逐渐式微,依据个人及组织的利益诉求、价值偏好,甚至良知进行价值目标选择的现象日益增多。由于个人及组织的利益诉求、价值偏好各不相同,判断是非善恶的标准和能力也不尽相同,价值多元化在现实社会中成为一种必然现象。互联网开放、交互、迅捷、便利、巨量的信息传播功能,更为价值多元化提供了肥沃土壤。崇尚个性、扁平化的网络人际关系使主流意识形态的导向功能和控制力受到冲击,而仅依个人主观偏好又难以获得权威性和引导力,价值观的多元化就容易陷入相对主义绝对化的困境,从而引发价值混乱和社会动荡。

---

① [美]约瑟夫·奈:《权力大未来》,王吉美译,中信出版社 2012 年版,第 33—34 页。

3. 主流意识形态话语体系创新复杂艰难

改革开放以来，我国经济上已逐步探索出了一条中国式的发展道路，但与经济相比，意识形态话语体系创新与转换却比较艰难。第一，改革开放开启了党和国家工作重心向经济建设转移的进程，这使意识形态淡化在一定程度上难以避免。第二，互联网传媒的迅速发展极大地增加了党和国家对意识形态控制和引导的难度。中国特色社会主义是在世界社会主义处于低谷时期进行的伟大事业，面临着国际国内尖锐复杂的意识形态斗争，各种思潮通过互联网平台强化意识形态信息的制作、掌控和传播，分化、瓦解着我国的主流意识形态。在互联网时代怎样加强意识形态的控制和引导，用中国特色社会主义理论占领意识形态阵地，是我们面临的挑战。第三，受意识形态发展自身规律的制约，一套完整的意识形态体系的建设是一项复杂而艰巨的系统工程，难以一蹴而就，需要漫长时间。

三 网络时代增强我国意识形态安全的对策建议

意识形态领域历来是不同政治力量较量和争夺的重要思想阵地。网络时代加强我国意识形态安全，必须从以下几方面做起。

1. 坚持马克思主义立场不动摇

互联网时代，不同意识形态之间存在冲突是一种客观存在。"一种制度，如果其自己的思想辩护不居支配地位，那么这种制度就不能存在下去。"① 只有坚持马克思主义在意识形态领域的指导地位，执政党引领全党全国人民共同奋斗的思想基础才不会动摇。此外，还要增强马克思主义的诠释力。诠释力增强了，在众多意识形态和价值观

---

① ［美］霍华德·谢尔曼：《激进政治经济学基础》，商务印书馆1993年版，第63页。

面前，特别是在西方自由主义意识形态的攻势面前，马克思主义才不会显得苍白无力，才会有消解、整合非马克思主义意识形态的能力。坚持和发展马克思主义，必须积极推动理论创新，用马克思主义中国化的最新成果武装头脑、指导行动。意识形态创新，要坚持党性和人民性的统一，在此基础上探寻国家利益、社会利益与人民群众愿望诉求之间的价值共识。近现代以来，中华民族的仁人志士在艰难探寻国家发展道路的过程中，之所以拒绝西方自由主义，接受共产主义，与西方自由主义在我国缺乏文化土壤、马克思共产主义思想与我国源远流长的社会大同理想有相同之处密切相关。要积极推动意识形态话语的创新和转换，把主流意识形态置于真实的人际生活背景之中，使主流意识形态的传播摆脱、超越抽象话语和公文话语，转变为更易让人产生共鸣的话语方式和通俗易懂的语言形式。

2. 认清西方自由主义输出中的教条主义和霸权主义本质

以美国为代表的一些西方国家在对外意识形态输出时，常把"自由""民主""人权"等人类历史发展进程中形成的基本价值共识当幌子，不分时间、地点、条件地强迫非西方国家接受西方发展模式，甚至不惜用强制手段和霸权方式达到目的，这是典型的教条主义和霸权主义行径。美国学者亨廷顿在对世界各地现代化进程进行考察后指出，"现代化并不意味着西方化"，"相反，现代化加强了那些文化，并减弱了西方的相对力量。世界正在从根本上变得更加现代化和更少西方化"。[①]进入21世纪以来，美国针对阿富汗、伊拉克等国实施的"大中东计划"，直接把这些国家由希望推到了绝望的边缘。西式民主化还是埃及政局动荡、乌克兰民族分裂的直接诱因。网络传播中被教条主义化的西方自由主义，在理论上是有缺陷的，在实践中成为西方国家追逐自身特殊利益、谋取霸权地位的道德掩护工具，理应受到

---

① ［美］塞缪尔·亨廷顿：《文明的冲突与世界秩序的重建》，周琪译，新华出版社1998年版，第70—71页。

自觉抵制。

3. 增强维护网络信息安全的能力

维护网络时代的意识形态安全，需要有维护网络信息安全的能力。第一，要制定和完善互联网管理法律法规体系，明确鼓励、引导或禁止网络传播的主体、行为和内容。对发布煽动危害国家安全、扰乱公共秩序、破坏社会稳定等有害信息的网站，采取外交或法律手段予以坚决打击，保持国家对网络信息传播的控制权，保证主流意识形态的传播，引导社会思潮的健康发展。第二，要注重开发、创新和管理软硬件核心技术，研究新的传播手段在意识形态传播中的运用。要充分利用网络、微博、微信、QQ空间等现代传媒手段，拓展主流思想舆论传播的时空效应。第三，要研制能防止、过滤各种反动有害信息的软件及监控系统，及时发现、过滤和剔除有害信息，抵制网上非法行为和非马克思主义意识形态的渗透，提升网络空间防护能力。

4. 提高我国意识形态的网络传播能力

要大力建设全球中文互联网络，使体现社会主义意识形态的核心价值观以内容丰富、形式灵活的面貌呈现于网络信息传播系统，打破西方文化网络传播优势地位的格局。传播学"沉默的螺旋"理论认为：经过大众传播强调的意见易被当作"多数"或"优势"意见来认知，这种"意见环境"所带来的压力和安全感，会引起人际接触中"劣势意见的沉默"和"优势意见的大声疾呼"的螺旋式扩展效应。这就意味着在意识形态领域，主流思想舆论不去占领，非主流意识形态就必然去占领。面对国内外社会思潮的涌动与流变，特别是西方自由主义思潮的侵入与攻击，我们必须积极应对，主动发出主流意识形态的声音，展示主流意识形态的显性和隐性成果，在强化主流意识形态的过程中引导人们去思考和判断，增进人们的思想认同。

坚持中国共产党的领导 走中国特色社会主义政治发展道路
——中国共产党与中国政治发展学术研讨会暨中国政治学会 2011 年年会综述[*]

为了认真学习、深刻领会、全面贯彻落实胡锦涛总书记在庆祝中国共产党成立 90 周年大会的讲话精神，科学认识中国共产党在中国政治发展中的地位与作用，由中国政治学会主办、郑州大学承办的中国政治学会 2011 年年会暨"中国共产党与中国政治发展"学术研讨会，于 2011 年 9 月 21—23 日在河南郑州隆重召开。中国政治学会会长、中国社会科学院党组副书记、副院长李慎明，河南省政协副主席袁祖亮，郑州大学党委书记郑永扣、副书记吴宏亮，中国政治学会副会长王一程研究员（中国社会科学院政治学研究所）、包心鉴教授（济南大学）、桑玉成教授（上海市社会科学界联合会）、张桂琳教授（中国政法大学）、高建教授（天津师范大学）、周光辉教授（吉林大学）、徐勇教授（华中师范大学）、杨海蛟研究员（中国社会科学院政治学研究所）及来自全国各地的 150 余位政治学学者参加了会议。

会议期间，李慎明同志以"居安思危：苏共亡党二十年的思考"为题作了大会主题发言，通过回顾苏共兴衰的历史过程，提出了"问题究竟出在哪里？"这一重大而严肃的问题，通过剖析亡党与亡国之间的内在逻辑关系，进一步指出"苏联解体有着多种原因，但苏共的

---

[*] 原载《政治学研究》2011 年第 6 期，作者秦国民。

蜕化变质是根本的原因",强调要用辩证唯物主义和历史唯物主义的立场观点和方法分析苏联剧变的原因及教训。同时,李慎明同志从当前的国际格局入手,深入分析了当前我国在国际上所面临的机遇与挑战,从中总结了中国从苏联解体中应该吸取的教训,并呼吁政治学者在经济全球化、政治多极化、文化多样化进程日益加快的今天,要深刻领会中国共产党与中国特色社会主义政治发展道路的内在关系,要坚持中国共产党的领导地位不动摇,要强化对国家、对民族、对社会的高度责任感,居安思危,解放思想,实事求是,勇于创新,为新时期、新阶段中国特色社会主义政治发展提供更多更好的理论支撑和理论服务。他认为确定本次会议研讨主题的意义也在于此。

中国共产党与中国政治发展涉及多方面内容,与会的150多位学者一致认为,中国共产党成立90年来,领导中国人民探索出了一条中国特色社会主义政治发展道路,在推进中国政治跨越性发展的同时,取得了令人瞩目的成就,这一政治发展道路不仅体现了中国共产党人在追求和实现社会主义民主政治价值目标上的魄力,更蕴含着中国共产党人建立和发展中国特色社会主义的智慧。在这一共识下,与会学者以中国特色社会主义理论和党的十七大精神为指导,围绕着"中国共产党与中国政治发展"这一主题,就"中国共产党推进中国政治发展的历程与经验""中国共产党在中国政治发展中的地位与作用""现阶段中国政治发展的目标与重点""中国政治发展面临的挑战及中国政治学的使命"等问题展开广泛而又深入的研讨与交流。现将会议期间形成的主要观点综述如下。

一 中国共产党推进中国政治发展的历程与经验

中国共产党90年的历史就是领导和推动中国政治发展的历史。中国共产党自成立之日起,从中国的具体国情出发,领导中国人民相继进行了新民主主义革命、社会主义革命和建设、改革开放事业,不

政治发展篇

仅在经济社会建设领域取得了令人瞩目的成就，而且有针对性地认识和解决了不同历史时期中国政治发展所面临的主要矛盾和问题，创造性地开辟了中国新民主主义和社会主义政治发展道路，积累了丰富的政治发展经验，在中华民族政治发展史上写下了不朽的篇章。与会学者普遍认为，回顾和总结90年来中国共产党推进中国政治发展的辉煌历程，深刻认识和实事求是地总结中国共产党在90年不平凡的岁月中推进中国政治发展的基本经验，对于我们进一步明确方向，更加坚定中国共产党的领导，自觉增强中国共产党的执政能力，继往开来，不断开创中国特色社会主义政治发展新局面，具有重大的现实意义和深远的历史意义。

有学者认为，在90年的时间里，中国共产党领导中国政治发展经历了四个具有特别意义的时期，并在四次转型中积累了丰富的政治发展经验。第一个历史时期（1921年至1949年）中国共产党领导广大人民找到了"农村包围城市，武装夺取政权"的正确道路，并沿着这条道路取得了新民主主义革命的胜利，翻开了中国政治发展的新篇章。第二个历史时期（1949年至1978年），此时期解决的中心问题是如何建立和巩固社会主义政治制度的问题，中国共产党领导全国各族人民有步骤地实现从新民主主义到社会主义的转变，开辟社会主义革命和建设道路。第三个历史时期（1978年至2003年），中国共产党工作的重点由"阶级斗争为纲"转移到了"以经济建设为中心"，实行改革开放，以经济建设推进政治发展，开创了社会主义现代化建设的新局面。第四个历史时期（2003年至今），中国共产党领导中国人民正在实现由"以经济建设为中心"的政治发展向"以人为本"的政治发展理念的转变，理念的转变必将带来政治发展模式和政治发展道路的相继转变。第四个历史时期积累了丰富的政治发展经验：第一个历史时期的法宝是统一战线、武装斗争、党的建设；第二个历史时期的宝贵经验是实事求是、群众路线、独立自主；第三个历史时期的法宝是解放思想、改革开放、党的领导；第四个历史时期的宝贵经验是以人为本、执政为民、科学发展。

❀ 坚持中国共产党的领导 走中国特色社会主义政治发展道路 ❀

有学者认为，中国特色社会主义政治发展道路的本质是中国共产党领导、人民当家做主和依法治国的有机统一。在中国共产党的领导和推动下，30多年来，中国政治体制改革经历了四个发展阶段：第一阶段是1978年至1987年，是政治体制改革思想启动和重点推进阶段，在此阶段，中国政治体制改革在困难中逐步开拓，实现了一系列大的突破；第二阶段是1987年至1992年，政治体制改革全面展开和稳步调整阶段，在此阶段，政治体制改革在各个领域、各个层面全面展开，并在成功抵制资产阶级自由化思潮干扰的基础上呈现稳步调整状态；第三阶段是1992年至2002年，政治体制改革渐进深化和完善体制阶段，在此阶段，中国共产党不断加强自身建设，提高执政能力，把政治体制改革渐进地向前推进，在完善基本政治制度和政治体制方面收到了实际成效；第四阶段是2002年至今，在中国共产党的推动和领导下，政治体制改革进入理论创新和全面深化阶段。他们普遍认为，中国共产党的成功之处在于，既积极稳妥地将政治体制改革推向前进，又有效地避免了政治体制改革可能带来的政治风险，正是在这样一种政治变革进程中，不断拓展了中国特色社会主义政治发展道路。

有学者提出，成立90年来，中国共产党推进中国政治发展的辉煌成就有两个方面、基本经验有五个方面。其中，取得的辉煌成就包括：一是领导中国实现了跨越式政治发展。中国共产党以最广大人民群众的根本利益为出发点和落脚点，有针对性地认识和解决不同历史时期中国政治发展所面临的主要矛盾和问题，带领全国各族人民推动中国政治发展事业实现了几次重要的历史性跨越。二是探索找到了中国政治发展的规律。在领导人民进行革命、建设和改革等政治发展的伟大实践中，中国共产党正确认识和把握了不同历史时期中国政治发展的主要任务和关键环节，不断总结经验教训，探求中国政治发展规律，并将实践中的一系列经验升华到理论层面，寓长远宏大的建设社会主义强国和发展社会主义民主政治的目标于阶段性目标体系设定中。中国共产党推进中国政治发展的基本经验有：一是将马克思主义政治发展理论与中国实际相结合,不断创新政治发展理论,充分发挥理论的引领功能;二是根据时代和形势任务的变化,及时制定党的基本路线;三是密切联系群众,紧紧依靠群众,把实现人民群众的根本利益作为促进政治发展的出发点和落脚点;四是从中国的国情出发探索中国政治发展的规律与道路,制定中国政治发展的战略目标和根本原则,不盲目照抄照搬;五是不断加强党的先进性建设,始终坚持和改善对政治发展的领导,保证党处于"总揽全局、协调各方"的地位。

有与会者认为,90年来中国共产党领导和推进中国政治发展的基本经验有五个方面:一是中国政治发展必须坚持党的领导,并不断加强和改善党的领导;二是中国政治发展必须以中国化的马克思主义为指导;三是中国政治发展必须以人民的利益为依归;四是中国政治发展必须坚持走自己的路;五是中国政治发展必须与时代主题、中心任务结合起来。

此外,还有学者以马克思主义人民主权思想中国化为切入点,分析总结了中国共产党推进中国政治发展的历程和经验。认为中国共产党推进马克思主义人民主权思想中国化经过三个时期:新民主主义革命、社会主义革命和社会主义建设初期、改革开放和社会主义现代化建设时期。在推进人民主权思想中国化的实践中,中国共产党积累了以中国民主政治实践为基础、坚定不移地发展党内民主以引领人民民主的历史经验。

二 中国共产党在政治发展中的地位与作用

政治发展是一个自然的过程,更是一个自觉的过程。政治发展目标的确定、政治发展力量的凝聚、政治发展途径的选择等都离不开动力主体的能动作用。而现代政治不能没有政党,政党推动了现代政治发展,政党在现代政治中的核心地位决定了人们必须充分重视政党在政治发展中的重要作用,忽视政党的作用,就无法认识和把握现代的政治发展。在此共识下，与会者一致认为，中国共产党是中国政治发展的领导者、组织者和建设者，并从不同角度给予了分析。

有学者认为，中国民主政治发展的主体应当是中国共产党，共产党是中国最大规模的政党，并有相当广泛的代表性。中国共产党对中国政治发展具有决定性的作用是毋庸置疑的，中国共产党在现代政治中的核心地位决定了它将直接或间接地决定着整个政治发展的取向、路径与方式，进而带动了整个中国民主政治的发展。

有学者认为，中国共产党是执政党，是建设社会主义民主政治的核心领导者和主要推动者，中国共产党领导是中国特色社会主义政治发展道路的前提。这一论断的依据是：中国特色社会主义基本政治制度，是中国共产党领导建立的；中国特色社会主义政治发展道路，是中国共产党领导开创的；中国特色社会主义民主政治的进一步完善，也只能靠中国共产党的领导才能实现。在中国特色社会主义民主政治进程中，必须坚持党总揽全局、协调各方的领导核心作用，提高科学执政、民主执政、依法执政水平，保证党领导人民有效治理国家和社会。在当代中国，没有中国共产党的统一领导，必然是一盘散沙，甚至会四分五裂，民主政治就无从谈起。

有学者提出，中国共产党对中国政治发展的领导，主要包括政治领导、组织领导和思想领导，当然中国共产党不仅是以领导者的角色和面目出现，而且是中国政治发展的组织者和建设者，它组织千百万名党员，带领广大人民群众以高度的政治智慧、严密的纪律、统一协调的行动，群策群力、集思广益，把分散的力量凝聚成一股巨大的洪流，共同投身社会主义政治建设的伟大事业之中。

有学者突出强调了中国共产党对乡土社会的动员与整合作用。中国是一个农民占人口大多数的国度，在长期的乡土社会里形成牢固而持久的乡土意识，中国共产党通过"宣传下乡"，改变农村的乡土地方意识和家族意识，强化农民的阶级、政党和国家意识，将亿万个体分散的农民整合到阶级、政党和国家的整体体系中，成功地实现了党和国家与乡土社会基层在意识形态上的联通。这是中国共产党在中国政治发展上的一大贡献。

有研究者从政治理性化、政治民主化两个方面对中国共产党在中国政治发展中的地位和作用进行了分析。研究指出，中国共产党对于构建中国现代政治权威起到核心作用，领导中国真正实现了主权独立，政治权威发生了从家族理性向国家理性的转变；在政治民主化方面，中国共产党已经形成了由党内民主带动人民民主、由社会民主推动国家民主的实践路线，现在的关键是夯实基层民主，推动党内民主的进程。

还有学者从国家建构的角度提出，中国共产党是主要承担者，是核心的推动者，正是中国共产党极大地改变了历史进程。

三　现阶段中国政治发展的目标与重点

政治发展目标从总体上规制政治发展的方向，明确的政治发展目标是保障中国政治良性发展的前提，是确定政治发展的内容与重点和选择政治发展的模式及路径的基础。因此，与会者一致认为，要继续推进中国的政治发展，就必须明确现阶段中国政治发展的目标和重点，进而制定和选择政治发展路径。当具体论及"何为现阶段中国政治发展的目标与重点？"时，与会学者存在不同的认识。

有学者认为，就政治发展的一般进程而论，民主相对于法治具有目标上的逻辑优先性，这是中国政治发展首先应当明确的一个问题，现阶段中国政治发展和政治体制改革的基本目标应当是民主化，而且中国的政治体制改革必须超越西方式民主。其中，已经提上了重要议事日程的党内民主，就是一种区别于西方多党民主模式的构想，其基本宗旨是在坚持共产党领导的前提下，通过党内民主的制度化来逐步实现国家政治生活的民主化，形成一种非政党竞争的民主体制。党内民主在实践中取得了可喜的进步。

有学者提出，追求基于需要的利益是政治发展的动力源，确立、改变、调整、完善利益分配格局的过程就是政治发展的过程。促进经济发展，缓和利益冲突、稳定社会秩序是现阶段政治发展的目标。而中国现阶段政治发展目标的核心，则在于妥善协调各方面的利益关系，实现公平正义。

有学者认为，民主、法治、稳定、公平，都是中国政治发展所追求的重要目标。就中国具体实践而言，稳定与公平显得尤为重要。因为对于中国超大社会的现代化变迁来讲，稳定是放在首位的。与中国超大社会的变迁相适应，中国政治发展的方式表现为渐进式发展，这种发展方式是一种稳中求进的发展，就是要不断变革不平等、不合理的社会关系，逐渐建立和实现平等、合理的社会关系，逐渐增进中国社会发展的稳定与公平。

有学者侧重对现阶段中国政治发展理念的考察，指出中国政治发展历程与人民追求个体价值和权利紧密联系在一起。在中国政治发展的历程中，以人为本的政治理念逐渐成为全国人民构建社会主义和谐社会、促进科学发展的共同心声和自觉选择，把以人为本确立为新时期当代中国政治的发展指针是新时期中国政治发展的一个重要特色，是新时期中国民主政治建设的行动指南和判断标准。

大多数学者认为，中国政治发展的理想状态是实现"党的领导、人民当家作主和依法治国"三者的有机统一，人民代表大会、政治协商、党内民主、基层民主、法制建设和政府改革，理应是中国政治发展的内容和重点。因此，与会者就发展党内民主、完善政治协商、确立法律信仰、推进基层民主及深化管理体制改革等具体层面，进行广泛且深入的研讨。

在发展党内民主方面，有多位学者从党内民主的内涵、党内民主的意义、党内民主的路径、党内民主的结构与战略选择、党内民主与人民民主的关系等多个角度进行了讨论和交流。大多学者认为，党内民主是中国共产党的生命，是增强党的创新活力、巩固党的团结统一的重要保证。党内民主与人民民主是两种不同性质的民主，党内民主为人民民主的发展提供了重要的前提和保证，示范和带动其他的社会组织、政治组织完成民主转型，实现中国特色的社会主义人民民主，推进社会主义政治文明建设向纵深发展。

在完善政治协商和政党制度方面，有学者从理论和实践两个方面强调了人民政协协商民主在社会主义民主政治框架中的作用，由此提出了从强化协商意识、提高协商的包容性和开放性、完善协商机制和程序，是当下人民政协协商民主制度完善的重点。有学者从制度认同的角度提出，中国特色政党制度从人们的认同和支持中得到滋养和巩固，成为推动中国特色政治发展的强大的制度保障，但伴随国际国内形势复杂而深刻的变化，原有的制度认同的生态环境发生了巨大变化，这些变化对中国政党制度认同基础的巩固和认同资源的调适，提出了新的要求，因此，准确把握新现象对中国特色政党制度认同的影响，在多党合作制度空间的增量中寻求更多资源，是中国特色政党制度发展完善的重点。有学者综合以上两个方面提出，观察改革开放以来中国的政治发展，中国共产党领导的多党合作制度和政治协商制度数十年来的变化和进步应是一个集中的体现。

在法制建设方面，有学者强调了法律信仰确立是重点，认为依法治国不仅要有一套完备的法制制度体系，还应当有社会公众对法律秩序所内含的基本价值的信仰，法律信仰是法治化进程的精神动力，增强全体公民的法律意识和法制观念，是全面落实依法治国基本方略的关键。

在推进基层民主方面，虽然不同学者提出的推进基层民主的路径不同，但他们一致认为，基层民主是全部民主政治的基础，直接关系到广大人民群众切身政治权利，对于中国民主政治发展有着特殊的意义，这方面存在的问题需要特别重视。

在体制改革方面，相当一部分学者认为中国现阶段政治发展的核心问题还是行政体制改革问题，继续深化行政体制改革是当务之急。不同的是，有学者从地方治理的角度，提出优化核心行动者（地方党政精英）民意主导的制度建设，摒弃转型期逐利性的政策导向，提升地方治理的自主理性，应是改革的重点。有学者着重从应急管理的角度，提出通过完善与创新政府与媒体协调机制，促进政府信息公开化向制度化、规范化迈进的步伐，已成为目前政府自身建设中的重大课题。有的学者则从改革推进方式上提出，当前中国的改革属于典型的执政党—政府主导型改革，这种改革方式曾为中国带来了巨大的成功，但这种推进方式不适应利益已经高度分化的社会现实，因此，转变改革的推进方式是重点。

四 中国政治发展面临的挑战及中国政治学的使命

在充分肯定和总结建党 90 周年中国政治发展巨大成就的同时，与会学者居安思危并一致强调，要清醒地认识到中国政治发展的未来任务仍很艰巨。因为在新的历史条件下，中国的政治发展还存在与整个社会发展不适应的地方，还有许多需要进一步健全与完善的方面。因此，中国共产党在继续推进中国政治发展的过程中所面临的挑战及中国政治学肩负的使命，也成为与会学者讨论交流的重点。

有学者认为，缺乏民主的政治文化将对中国的政治发展产生制约。其理由是，受缺乏民主政治传统的历史的影响，当下的中国仍未形成民主的政治文化或公民文化，这意味着，在目前和将来相当长的一段时间里，中国社会在总体上不具备实现大规模民主转型与巩固的条件。

有学者则担心利益分化与社会整合之间的矛盾可能会给政治发展带来负面影响。伴随着中国社会结构的巨大变迁和阶级阶层的快速分化，利益分化不仅发生在个体之间，而且发生在群体之间，由于身处不同社会阶层，除了一些共同利益、根本利益外，各利益主体具体利益的获利动机更为强烈。但在利益资源分割方式和原有利益格局发生变化的情势下，利益冲突会不断产生，利益分化和社会整合之间的矛盾成为制度认同中的突出问题。而当前中国公民的利益协调和利益表达机制的渠道和机制还不健全，已有的制度化的公民参与渠道和方式不能适应新技术的发展，特别是互联网等新媒体的发展。

有学者提出，地方权力资本化的趋势更为明显，经济强势集团对地方政府非制度性影响在有些地方有些加强，随着地方政府领导人自利化倾向的日益明显化，社会大众的政治影响力将会持续低迷而其政治信任将会不断流失，这必将阻碍中国政治的进一步发展。

许多学者担忧不断滋生的权力腐败将是中国政治发展的最大障碍。腐败现象在一定范围内十分严重，其中，执政党内出现的权力腐败最具破坏性，这与一些党政官员的权力无法得到有效监督和制约密切相关，并容易动摇党和国家权力的合法性，严重影响人们的价值认同和制度认同，进而影响和破坏稳定与秩序。

针对中国政治发展面临的挑战，与会专家学者结合中国政治学研究的历程，探讨了中国政治学努力的方向。有学者提出，在未来确定政治发展的最高价值和目标时，中国共产党应不断提高执政能力建设应对新形势下的各种考验，中国政治学界也应该不断生产、传播政治学知识来推动政府应对社会问题、丰富政府管理社会的经验。有学者认为，中国政治学有两大任务：一是中国政治学知识体系的构建与完善；二是政治社会化问题。有学者认为，在汲取人类政治学优秀成果的同时，要坚持立足于中国政治现实，提升研究成果的应用性。与会专家一致认为，中国政治学人要继续保持忧国忧民的研究情怀，中国政治学界要继续保持一贯的团结、争鸣、和谐、学术包容之风。

中国政治参与的非均衡结构及其调适[*]

公民政治参与是政治现代化的必然要求，促进依法有序的公民政治参与并保持其均衡性是维护社会稳定的重要内容。改革开放后，中国的公民政治参与有了很大的进展，但由于利益关系、收入水平、制度安排等方面的影响，公民的政治参与还存在着非均衡性，从而影响政治参与的效果。因此探讨公民政治参与的非均衡性结构，寻找合理的平衡支点，对于促进社会政治稳定具有重要的现实意义。

一

政治参与是普通公民通过各种合法方式参加政治生活，并影响政治体系的构成、运行方式、运行规则和政策过程的行为。它是政治权利得以实现的重要方式，反映着公民在社会政治生活中的地位、作用和选择范围，体现着政治关系的内容。[①]作为现代民主政治的核心，政治参与均衡性主要体现在两个重要的方面：一是政治参与空间上的均衡性。空间上均衡参与主要是指在不同区域之间公民政治参与意识和参与能力的相对平衡。二是政治参与结构上的均衡。参与结构的均衡是指政治参与主体及参与社会环境的平衡性，主要指不同社会职

---

[*] 原载《郑州大学学报》2010年第6期，作者秦国民。
[①] 王浦劬：《政治学基础》，北京大学出版社2006年版，第167页。

业、阶层的公民在政治参与方面的均衡性。政治参与均衡性体现于政治参与活动的良性运行中，潜在地影响着社会的稳定，而政治参与的良性运行需要稳定的内部结构以及外部发展环境。

"区分现代化国家与传统国家，最重要的标志乃是人民通过大规模的政治组合参与政治并受到政治的影响。"[1] 政治参与的程度是现代民主政治发展的重要标志。政治参与结构的均衡性影响着政治参与的程度，因此优化政治参与结构，培育现代化的公民文化可以为和谐社会构建创造良好的环境。随着我国社会主义民主政治建设的加快，公民的政治参与也日益扩大并呈现良好的发展态势。公民政治参与无论从内容还是形式上都有了长足的发展，且具有自身的特点和优势。但同时在实践中也存在不容忽视的问题，即政治参与还存在无序的状态和表现。其中之一就体现在政治参与结构的非均衡性。这种非均衡性表现在政治参与主体的不均衡性和制度化参与水平的不均衡性上。

1. 政治参与主体的结构不均衡性

政治参与主体的结构不均衡是指由社会利益结构的调整导致的政治参与主体的构成在政治参与过程中所呈现的结构性失衡。"社会和经济变革必然分裂传统的社会和政治团体并破坏对传统权威的忠诚。"[2] 改革开放之后，随着社会转型和国家发展政策的调整，社会利益和资源进行了重新分配，中国原有的社会结构也发生了很大的变化，出现了具有不同经济地位和利益特点的社会阶层。多元社会阶层的出现导致了利益多元化格局的初步形成。由于各阶层政治参与主体所具有的文化修养、经济水平、价值观念和职业不同，他们在参与实践中形成独特的参与理念和参与行为，从而决定了社会不同阶层政治参与的种种差别。社会结构变迁中产生的新兴社会阶层由于其独特的经济地位和经济利益要求，政治参与意识高涨，加上该阶层参与渠道

---

[1] [美] 塞缪尔·亨廷顿：《变化社会中的政治秩序》，王冠华等译，生活·读书·新知三联书店1989年版，第34页。

[2] 同上。

多样化，他们可以通过各种渠道参与政治事务，其参与效能在各类参与主体中是比较突出的。而社会中间阶层多数是改革开放的受益者，他们强烈拥护既有政治体系，其政治参与方式主要以制度内参与为主，组织性参与多，政治参与意识也极为强烈，其政治影响力已大大超过其在总人口中的比例。除此之外，社会其他阶层（主要指相对弱势阶层）的人数比重在社会总人数中是最多的，由于中国体制改革和产业结构调整，这部分人所占有的社会资源总体减少，社会地位相对下降，经济收入也有所下降。这部分阶层作为现代化社会建设的主体，相对于那些经济地位上升的、从原有利益结构中分化出来的新阶层，他们在心理上会产生挫折感和相对抛弃感。因而他们中的大多数人呈现出政治参与冷漠态度，加之其参政能力也较低，从中国政治参与的整体来看，其政治参与程度显示出明显的不足。造成了各政治参与主体参与程度的非均衡性，并促使政治参与主体结构不均衡性的形成。

2. 政治参与制度化水平的不均衡性

政治参与的制度化是指政治参与的制度规范在政治社会化的过程中和人们参与的时间过程中获得价值认同的模式化的过程。[①] 如果政治参与的制度化水平高，公民就可以通过完善的制度内的政治参与方式和渠道来实现其合理合法的利益要求，公民的非制度化政治参与就会相对较少，进而保证政治参与的有序性及有效性。如果政治参与的制度化建设滞后，公民通过制度化的政治参与进行利益要求与表达就会存在参与渠道的不畅通，就会引发公民的非制度化政治参与。[②] 中国政治参与的制度化水平不均衡主要就表现在政治参与体制不健全、相关的法律法规不健全以及程序化程度低。政治参与必须遵循特定的规则和秩序，这种规则和秩序的设计正是国家

---

① 李元书、刘昌雄：《论政治参与制度化》，《江苏社会科学》2001 年第 5 期。
② 同上。

政治参与能否正常运行的关键。它是由该国特定的社会历史条件和民主政治发展的现实条件决定的。中国的参与制度设计尽管具有自身的特点，但仍存在某些制度方面的缺失和不足，会出现各参与主体的政治意愿、利益表达不能很好地通过参与制度设计的途径和渠道得以实现的现象。在中国，人民代表大会制度制度化程度较高，其他参与体制的制度化程度较低。在多党合作和政治协商的政党制度中，民主党派的民主监督，特别是民主党派和共产党的相互监督力度不足，相互之间需要进一步加强沟通和理解。[①] 缺乏公民可依据法律规则和程序对政府政策过程施加影响的有效参与形式，导致部分公民政治参与意愿以体制外方式表达，对中国政治发展和社会稳定造成严重影响。此外，政治参与过程中也存在无序现象。政治参与规则设计的不完善，阻碍了中国依法有序化政治参与的发展，影响着国家政治秩序的正常运行。

二

政治参与主体的结构不均衡和政治制度化水平的不均衡是多种因素综合作用的结果。从政治参与实践上看，主要受社会经济地位、制度不完善和公民参与文化素质不高的影响，公民参与政治反映着社会和经济发展的本质特征，社会经济地位优势越大，公民政治参与的意愿就越强烈，反之则冷漠。在一定程度上，这种参与程度的差异会造成政治参与主体参与水平的差异和政治参与的不均衡。具体而言，政治参与非均衡结构的产生原因主要体现在以下几个方面。

1. 社会经济发展不平衡导致区域及社会阶层政治参与差异

"高水平的政治参与总是与更高水平的发展相伴随，而且社会和

[①] 徐久刚、冯进成、刘润民：《中国民主政治研究》，人民出版社2006年版，第96—97页。

经济更发达的社会，也趋向于赋予政治参与更高的价值。"[1] 社会经济发展是政治活动的基础，社会政治参与的程度和质量的高低往往与社会经济发展紧密相关。在中国，社会经济发展对政治参与的推动作用主要表现在：一方面，社会经济发展增加了人们的政治参与需求，并为政治参与提供了多方面的支持，主要包括资源、知识、组织，以及技术性手段的支持，使社会成员的政治参与更加有效和便捷。另一方面，社会经济发展削弱或瓦解了旧有的阻碍社会成员政治参与的价值观和文化。在中国，城市相比乡村社会经济发展更为先进，伴随而来的就是中国城市的政治参与需求和政治参与质量较之乡村而言明显较高，加之城市的教育水平、知识水平、组织程度和技术水平等方面优势也使城市政治参与结构得以优化，人们更加积极自主地参与政治活动。就区域对比情况而言，东部地区相比西部地区社会经济发展状况明显要好，东部地区的民众有更多的政治参与需求，其在价值观的世俗化程度上，组织程度和技术水平发展上也快于西部地区，从而促使东部和西部在政治参与需求和政治参与质量上有两极分化的倾向。

2. 社会阶层结构的发育存在区域不均衡性导致政治参与的非均衡结构

经济发达的东部地区，其社会阶层结构复杂，具有现代社会阶层结构的特点，即贫困阶层规模越来越小，中间阶层规模越来越大。而经济不发达的中西部地区，社会阶层结构简单，具有传统社会的特点，即贫困和平民阶层规模较大，中间阶层规模较小，强势阶层和弱势阶层的区别非常明显。随着社会阶层的急剧分化，在计划经济体制下被掩盖的不同社会阶层的差别开始显现，在20世纪90年代中后期这种差别表现得最为明显。这种固有化的阶层结构很难使弱势群体在改革中普遍受益，形成贫富差距过大，并成为当前中国社会的突出矛

---

[1] [美]塞缪尔·亨廷顿：《变化社会中的政治秩序》，王冠华等译，生活·读书·新知三联书店1989年版，第34页。

盾。我们尽管采取了一系列措施来补偿利益受损者，但进行补偿的制度设计难度大、利益调整阻力大等原因，造成利益结构多元化，社会阶层结构存在不均衡，进而导致社会阶层政治参与非均衡性。

3. 现有参与制度及运行机制不完善

依法有序参与制度的理论建设滞后，具体的制度和运行机制在实际的操作中还存在问题，导致政治参与制度化程度较低，一些参与制度只是建立在工作经验和习惯的基础上，带有随意性和偶然性，影响政治参与的规范性，加上在公共权力运行中倾向于自上而下的单向性，忽视了自下而上的沟通体制建设，民意表达机制受阻，造成政治参与结构不均衡。这使政治参与容易出现两种情况：一是随机应付，甚至会由于急于适应某些社会成员的政治参与要求而导致政策多变或政策失误；二是以旧体制和老办法来对待公民政治参与的新变化。[①]这两种情况无论哪一种都不利于公民政治参与均衡结构的形成。

4. 公民整体参与文化素质不高，参与意识薄弱

受教育的程度影响着政治参与的水平和质量，决定着现代民主政治的发展。"受过良好教育的公民因为有健全的认知技巧，学历高的公民政治关心程度也高，这在某种程度上强化着教育与政治参与的关系。"[②] 而受教育程度低者在政治参与中处于不利地位，他们对现有较复杂参与形式很难把握和利用。弱势参与主体由于其整体文化程度不高，利益表达缺乏群体代表性，表达的内容也不全面、不深刻，缺乏对本群体整体利益的全局性认识。同时，受传统政治文化中对权威的畏惧与服从政治心理的影响，公民的自主意识比较差，对自己在政治生活中的地位和作用缺乏正确的认识，民主法治意识和参与技能的缺乏，制约着政治参与水平及其功效。一部分人虽然有较强的参与意

[①] 唐德先：《我国公民政治参与的现状及制约因素略析》，《松辽学刊》1999年第3期。
[②] ［美］塞缪尔·亨廷顿：《变化社会中的政治秩序》，王冠华等译，生活·读书·新知三联书店1989年版，第34页。

识和愿望，却不懂得作为一个公民在政治生活中有什么权利和义务，更不知道如何实现有效地参与，造成政治参与的动机、意识、意志水平的低下，从而影响政治参与的均衡性结构。

三

政治参与水平的均衡性是现代民主政治发展的趋势。随着经济的发展，信息时代的到来，社会利益关系日益复杂化，公民生活会越来越受到政治生活的影响。在现代化过程中，社会各阶层必然寻求政治上的支持。政治参与结构上的均衡是政治参与有序有效的前提，对于促进公民社会形成和和谐社会构建具有重要意义。

1. 以社会公正为价值取向，完善利益分配制度

一个社会的政治参与水平同它的经济发展水平之间有着密切的内在联系。由于中国社会转型期经济体制改革的深入，落后弱势群体权益分割的问题日益突出。同时，社会救助体制不完善以及利益结构不合理使弱势群体政治参与问题不能得到有效解决，利益表达和利益诉求机制不完善，致使落后地区弱势群体非制度化参与的现象严重，这在一定程度上体现了政治参与结构的非均衡。

中国的政治参与非均衡性结构是在一种特殊的历史背景下和社会环境中形成的。要消除这一非均衡性，就必须以社会公正为价值取向，平衡利益关系、调整利益矛盾、化解利益冲突。社会公正与否是影响政治参与的一个重要因素，政治参与的均衡程度取决于社会公正的实现程度。因此，政治参与结构的均衡问题，是社会公正的实现问题，而社会公正的实现，在理论上又可以转换为利益均衡和利益保障的实现机制，二者都是基于社会各阶层利益协调的价值认同，也是维护市场经济条件下共同利益生活的原则。所以要实现政治参与的均衡性，一是要完善社会公正保障机制和利益的均衡制度机制；二是要完善权利保障的制度机制。

因此要建立和完善以保障社会公平正义、增进社会福利的资源分配机制，采取切实可行的措施，适时、适当地提高低收入者的收入水平，深化社会保障体制改革，加快建立覆盖城乡居民的社会保障体系。只有这样，人们才能从注重利益追求转向注重权利保障，在保障权利的前提下形成政治参与的均衡结构。

2. 完善和加强依法有序政治参与的制度化建设

制度化建设是扩大公民有序政治参与的根本保证。民主政治要求政治体制不断改革和完善，以适应经济发展和政治参与规模扩大的需要。要确保社会公民进行制度化的政治参与，国家现有的政治参与体系需提供制度化参与渠道和保障。通过有序政治参与的制度安排，不同利益主体之间的矛盾在一定程度上可以得到缓解，公民政治上的合理要求可以通过参与得到满足。而且这种制度安排不是简单地反映不同利益主体的要求，而是利用制度的优势，把分散的不同利益主体的要求，转化为集中在制度框架内的参与，通过这种参与、筛选、吸纳和提取机制使不同利益主体的利益诉求得以表达，从而引导人们的政治参与保持在一定的秩序内。因此，必须完善中国法制建设，在充分尊重宪法和法律赋予公民的政治权利的前提下，依法保护公民的民主权利并约束非理性行为。健全和完善选举制度，完善基层民主制度和公民信访制度，要根据社会发展的需要，不断建立和完善政治参与制度的规范体系，丰富参与形式，拓宽参与渠道，清除各种障碍，确保政治参与渠道的畅通。根据多层次、全方位拓宽政治参与渠道的要求，应把握正确的舆论导向，引导和激励公民依法有序政治参与。要不断探索新的形式和新方法，在继承和发展传统的政治参与形式和方式的同时，深化政治体制改革，为依法有序政治参与提供保证。

3. 促进参与文化建设，提高公民参与者的素质

社会转型后，利益格局的多元化和利益主体多元化深刻地影响着不同利益群体的政治价值取向。当前中国政治文化建设中多元文化的

交织在一定程度上也影响着不同群体的政治价值。因此，必须继续推进新型政治文化建设，使其适应社会主义民主政治发展的需要，并为政治参与提供良好的文化环境。公民有序政治参与扩大的实现，与其政治参与意识和政治责任感及其所具备的参与国家政治生活的能力息息相关。培养公民的主体意识是政治社会化的重要任务，强化公民政治主体意识，提高公民政治素质对促进公民政治参与的扩大有重要意义。我们必须加强公民教育，建设公民社会，使公民自觉意识到自己是国家政治生活的主体，塑造其独立的政治人格，形成公民积极的政治参与心态，使其踊跃参与国家和社会的政治生活。

网络参与对民主发展的启示[*]

随着人类步入全新的信息时代，在新的政治、社会、经济环境下，信息技术作为一种强大的发展动力也渗透于政治生活领域，深深改变着人们的思维模式及行动方式，随着以网络信息技术为代表的新兴媒体的迅猛发展，网络参与对社会生活的影响越来越明显，它作为当代信息社会的主要表现形式，势必给社会的整体发展打上自己的烙印。撇开它在促进科技进步方面的巨大作用，只从民主政治发展的角度来看，网络参与为社会的民主化进程提供了一些启示。

一　网络参与对社会民主化进程的推动

网络参与给民主化进程提供了方法上的启示。网络参与作为民主参与的一种新形式，是网民及虚拟团体以网络技术为基本手段，通过网络平台直接表达自己的利益要求，参与政治经济、文化生活以达到影响或改变公共决策、公共事务的一种行为过程。较之于传统的参与形式，网络参与表现出以下方面的特点。

首先，参与方式发生了变化。传统的参与方式大多是单向的，主要是发布新闻、引导舆论，话语权由发布方控制，公众难以有充分的话语权。网络参与的方式则是开放的、双向的、互动的，公众既是信息的接受者，同时也是信息的发布者，这就使网络突破了传统媒体由

---

[*] 原载《人民论坛》2010年11月中，作者石杰琳。

时空间隔造成的信息传输的障碍，为公民进行利益表达、输入政治意愿、参与公共生活提供了更加便捷的渠道，改善了政治参与的手段，使网络成为一个新的民主参与形式。其次，参与速度快捷化。与传统的报纸、广播、电视等传播速度相比，网络传播的速度明显加快，特别是在社会突发事件和热点问题上，网络作为一种自发性的意见表达形式，可以在极短的时间内进行广泛传播并形成参与热潮，满足不同公众对问题的知情权和意愿表达的诉求，并形成舆论强势。

网络已成为发展势头强劲的大众媒体，其网络参与对社会舆论的态势和走向产生着重要的影响。因此网络参与将极大地拓展人类政治经济文化生活的空间，为实践参与式民主的创新提供机遇。网络参与的直接性，使公民无须选举他人代表自己参政议政，只要借助于网络平台，就可以直接表达自己的意愿和情感、参与社会生活、推动政治决策过程。另外，要发挥信息网络的综合功能，除了架设功能齐全的信息流通基本设施以外，人们还要养成乐于并善于利用信息服务网络、方便自己的生活的习惯和素质，在这一点上，网络参与的发展也给民主化进程提供了方法上的启示，有助于使人类的民主程序和机制更加完善。

网络参与为政府决策的民主化提供实证价值。民主秩序的建立，是以民众一定的经济文化教育水平为基础的，并以广泛的社会参与为直接表现形式。在现代民主制国家里，公民对政治生活的干预、职工对企业运作的共决、公民对公共政策的选择都是以社会的自觉参与为前提的。因此，网络参与归根结底是一个不断扩大民主参与的过程。

现代政府组织结构与传统政府组织结构的一个直观的区别是，前者是以一种纵横联系的网络式的社会结构发挥作用，而后者呈现的则是上下隶属的金字塔式的权力结构。传统政府的组织结构的信息来源是单向的，基层公众由于受文化水平和权力结构的影响，没有获取信息的权利，更没有参与决策的权利。政府决策如果需要信息资料，只能依靠自上而下的单向度政府安排，在整个组织中逐级寻找，上传下达。而现代政府组织结构是一种纵横联系的网络式的社会结构，可以解决政府决策信息的来源问题。网络参与的直接性、平等性和离散性，加上成本低、速度快等特征，对公众有极大的吸引力，而政府通过网络，可以最快速度、最大限度地扩大信息来源，保障政府决策者了解到真实民意，进而把握公众舆论的导向，并通过梳理、筛选与分析，就公众关心的问题做出回应，使政府决策更加科学化、民主化。

网络参与者作为公共事务管理的平等主体，在参与过程中，为实现合作共治创造了条件。一方面，可以克服政府对公共事务管理中信息的垄断，形成政府与社会之间回应、参与的良性互动；另一方面，公众可以以平等的参与主体而不是以被动者的接受身份，对公共利益实现的全过程进行监督，提高政策过程的开放程度，不断引入善治和协商民主等一系列新理念在实践层面的应用。由此，由金字塔式过渡到网络式的参与过程，既是一个不断提高公民参与水平的过程，也是一个社会民主化渐进提升的过程。

网络参与使人们在思维观念上认同民主的原则和秩序。网络的广泛采用改变着人们的思维观念、工作性质和方式，进而改变人们的管理方式。网络使职业的分工差异因工作形式的相似而填平了彼此之间的鸿沟，人与人的平等关系在经济地位平等的基础上得以真正确认。而平等恰恰是民主的一个重要前提，同时也是它的主要表现形式之一。

协作是用来描述事物之间客观存在的一种互动共生的和谐关系，并成为推动事物良性发展的内在动力。协作是网络参与的内在要求。网络使参与者结成一种彼此依存的关系来从事网络参与，取代传统的被动参与形式。一个网络参与者只要一台计算机和一条网线，就可以通过互联网了解社会上发生的事件、存在的问题，并可以发表自己的观点和看法。这种参与形式改变了传统的时间和空间观念。它极大地改变了参与的方式，提高了参与的数量和质量，同时也有助于人们养成协作互助的良好习惯，而民主是主张协作拒斥隶属的。因此，协作习惯的普遍确立，将使人们在思维观念上认同民主的原则和秩序。

网络参与改善了社会的舆论环境并体现民主的平等参与精神。公开性原则和平等原则是民主秩序的基本构件,也是民主的精神。传统的秘密政治和垄断决策成为民主化的主要障碍。网络参与的兴起,将从参与技术上、参与形式上冲破秘密政治的堤坝,打破信息垄断的障碍,实行信息公开化、透明化,进而改善整个社会的舆论环境,增大公民参与以及公民与政府之间直接沟通的可能性。如今,以互联网为代表的新兴媒体打破了以往以报纸、广播、电视为代表的传统媒体格局,并成为强大的社会交流工具,实现了以网络为代表的新兴媒体与传统媒体在舆论引导公众参与上的优势互补。近年来,国内一些重大事件,如河北"三鹿"奶粉事件、山西"黑砖窑"事件、陕西的"华南虎"事件,再到江苏的"天价烟"事件,等等,几乎都是公民通过网络媒体参与讨论,发表看法,并形成强大的舆论导向,对有关部门的决策和施政产生了重要影响,发挥了有效的舆论监督作用。与此相应,由信息化带来的政治、经济和社会运作的彼此依赖关系,必然要求整个社会的各种活动协调一致,相互配合。更多人的网络参与,更多内容的涉及,将引起舆论环境的实质性变化。

二 依法有序的网络参与为民主的发展提供必须的条件

诚如任何事物都具有两面性,网络参与也是一把双刃剑,它在加快民主化进程的同时,若不具备相关条件,其负面影响也是巨大的。正如科恩所言,民主是有条件的,民主要想取得成效,需要具备相关前提,其中,理性就是民主的重要前提。对于网络参与而言,理性同样是必须的条件。

在目前的网络参与中,囿于网络实名制参与等的不足,参与主体带有很大的隐匿性,因此不乏有一些利益集团和不法分子利用网络空间的虚拟性、隐匿性,为了自身利益而大肆传播虚假信息,严重干扰正常舆论导向,制造政治欺诈并煽动、组织民众从事非法事务,抢占网络信息传递制高点,变网络传播为新型的权力独裁。这就需要政府及时引导，注重对民众参与理性及成熟度的培养，使公众在参与政治时增强理性判断，时刻保持清醒头脑，明辨是非；另外，政府要加强网络安全维护，保障网络信息安全和国家安全，积极倡导互联网行业自律和公众监督，以健康发展的网络参与推动民主进程的加快。同时，形成和发展健康、积极的网络参与是一个比较复杂的过程。20世纪许多发展中国家的政治发展实践表明，政治参与的扩大和民主化进程的加快并不总是正相关，政治参与的扩大并不必然带来政治发展和政治稳定。对于网络参与而言，制度化、法治化、有序化同样是必须的条件。

就中国而言，目前处于历史发展的新阶段，人们的利益更加复杂化、多元化，社会所面临的矛盾和不稳定因素增多，网络参与的发展终究不能忽视现实政治环境的复杂性和阶段性。有序的网络参与能达成政府和民众的有效沟通，推进民主化进程。无序的网络参与亦能带来不可避免的混乱和动荡，网络参与和政治稳定之间保持着一定的张力。因此，一方面要完善网络参与渠道，推动有序政治参与的进一步扩大。通过积极利用网络技术，拓宽民众网络参政平台，依法实行更多的网上民主选举、民主决策、民主管理和民主监督，使公民的知情权、参与权、表达权、监督权得到更有效的发挥与保障。另一方面要健全网络参与的相关法治建设，坚持依法管理、科学管理和有效管理网络，努力完善法律规范、行政监管、行业自律、技术保障、公众监督和社会教育相结合的网络管理体系。要不断完善互联网发展与管理政策，使其更加符合互联网发展与管理的内在规律及客观需要，不断致力于营造健康和谐的网络参与环境，推进更加可信、更加有用、更加有益于经济社会发展的网络参与。

后　　记

　　本书是我们关于制度建设与政治发展理论研究的成果的累积。自从事政治学理论教学与研究以来，已有30余年了，先后发表了系列论文，这次选定的文章是从这些系列研究论文中选出的，大体上分为制度建设、国家治理现代化、政治发展三个部分，这既是对我们过去研究成果的一次简单梳理和总结，也是为以后继续进行学术研究进一步明确了研究的方向。

　　本书的出版，得益于郑州大学资本主义研究中心的资助。我们要感谢中国政治学会会长、郑州大学资本主义研究中心主任李慎明教授的关心与帮助，与李慎明教授的交流，使我们受益良多；感谢郑州大学资本主义研究中心常务副主任余丽教授的鼎力支持，余丽教授的学术视野给我们许多启发，促成了本书的出版；感谢郑州大学政治与公共管理学院的学术同人，与他们的学术交流是我们研究动力的一部分，他们的学术见解和理论研究视角给予了我们启发。感谢中国社会科学出版社的责任编辑赵丽老师，她严谨的学术态度给我们留下深刻的印象，她不但为本书作了精心的校对，也提出更符合出版要求的修改意见。当然，如本书中仍存在某些不足，其责任应该由我们承担。

秦国民　石杰琳
2019年12月